U0645128

中国老教材封面图录

第一卷

ZHONGGUO
LAO JIAOCAI
FENGMIAN
TULU

李保田 主编

GUANGXI NORMAL UNIVERSITY PRESS
广西师范大学出版社
·桂林·

图书在版编目（CIP）数据

中国老教材封面图录：全五卷 / 李保田主编 . —桂林：广西
师范大学出版社，2019.9
ISBN 978-7-5598-1436-4

Ⅰ . ①中… Ⅱ . ①李… Ⅲ . ①教材－封面－中国－清代－图录
②教材－封面－中国－民国－图录 Ⅳ . ①G423.3-092

中国版本图书馆 CIP 数据核字（2018）第 282580 号

广西师范大学出版社出版发行

（ 广西桂林市五里店路 9 号　邮政编码：541004 ）
网址：http://www.bbtpress.com
出版人：张艺兵
全国新华书店经销
广西广大印务有限责任公司印刷
（桂林市临桂区秧塘工业园西城大道北侧广西师范大学出版社
集团有限公司创意产业园内　邮政编码：541199）
开本：787 mm×1 092 mm　1/16
印张：157.5　　　　　字数：1100 千字
2019 年 9 月第 1 版　　2019 年 9 月第 1 次印刷
定价：1980.00 元（全五卷）
如发现印装质量问题，影响阅读，请与出版社发行部门联系调换。

编委会

主　　编：李保田

编　　委：李　伟　　田和旭　　刘盼苗　　黄龙欣　　张海梅　　李新明

　　　　　刘伯颖　　李铭阳　　宁晓梅　　李　荣　　金秀华　　曹学民

　　　　　张洲来　　白　晓　　时健英　　贾江溶　　曹亚楠　　赵雨辰

　　　　　宋浩然

支持单位：天津市传统文化研究会

　　　　　南开大学天津校友会礼仪研修会

　　　　　邯郸市作家协会

　　　　　河北武安市神钲书院

　　　　　河北武安市南西庄村委会

弁　言

余之幼时，适逢"文革"，入学之初，未得课本，老师板书"毛主席万岁"五字，是为吾辈开蒙。

余之所学，大多懵懂，唯开蒙五字，却终生难忘。后虽得课本，却为《工业生产常识》《农业生产常识》，权代课本之用。

时幼稚率真，心无旁骛，视山野丛林，为心灵圣殿，观花草虫鱼，似旧友重逢。纵蚂蚁蜘蛛作朋，与牛马豕羊为友。既顺其自然，又怡适天性，虽惜衣食贫匮，却喜童趣良多。及至高考，始觉所学甚少，悔不当初，虽勉强录取，却遗憾甚多。每每思及，总惴惴不安，既憾课本失当，又悔幼不知学，遂多方留心，以期补益。

至年届不惑，始识老课本，一经品读，大为震撼，惊为天人所作，以致沉溺其中，不能自拔。十数年间，搜寻不辍，以清代、民国计，累积凡一万又三千余册，遂凑册成套，得千又二百余套，其中尤以民国教材为盛，其主流教材，多已尽含矣。

余潜心研究，亦多有感悟。今我国国运昌盛，国势日新月异，现代教育自是厥功至伟，然坊间多有古今教育孰优之争，其说各有道理。窃以为优劣之说为一物两面，不可一概而论。谓教育者，简言之即教学与教化活动是也。有"本"与"术"之别，盖"本"者，启迪心灵、开发智慧、涵养情操、激发良知是也。先生授课，直击品行；师风师范，言传身教；铸灵魂、培智慧、育文化，谓教化是也。盖"术"者，专业学科是也。科举结束前与学堂教育重叠期始有，含课堂之理科如数学、物理、化学诸学科，先生授课，传授知识，一授一学，先生唯师风师范施其影响，传知识，授技术，谓教学是也。二者功用不同，用则宜各适其所。

余以为，今之教育偏重"术业"教学，亦成果丰硕；而轻"立本"教化且缺传承，后果亦已显现。倘不探求我国教育之来龙，得失难以自知也。反思求索，我五千年文明虽难免糟粕，然固不乏精华，若一以弃之，无异因噎废食，观诸立本教化类老教材，典雅清新、幽默率真，无空泛之大道理，多寓教于小故事，图文并茂，灵动活泼，简约而不简单，"立本"教育，舍我中华先贤而其谁也！寤寐思乎，盖祖宗烹制满汉全席，惜儿孙咀嚼肯德基，旁支偶得毫末技艺，既奉为至宝，以致如痴如狂，著书申遗，及至哄抢吾辈先祖，不意吾辈尚间歇执迷，多有不悟，实乃愧对先祖，有负子孙，心何以忍，情何以堪！

而今欲传承先贤之教育智慧，必先厘清教材衍变之脉络；欲厘清其脉络，必先厘清其架构。本书目录架构以余之万册千套老教材为依据，以各期教育史为背景，以时间为主线，涵盖各时期不同政权之教材，一改原有只列小学、初中、高中之平面模式，同时期内不同空间、不同政权之教材分列，宛如立体架构。依品种、品相精选凡五千余幅，每种只采封面及版权页，集为是书。意在清晰展示我华夏教育文明之延续历程，及教材衍变之全系脉络，既便于教学研究，亦可作方志史料查阅，更适于老教材收藏研究之参考。

十数年艰辛，终馈世人，得以上承先祖之志，下育后辈俊才，亦无憾矣。

愚叟李保田谨识

编辑大意

本编辑大意为阅读《中国老教材封面图录》之锁钥。

《中国老教材封面图录》，为我国第一部教材封面图录。本书所指老教材，为清代及民国时期教材。

而将数千种不同时期、不同学科，且又交叉重叠之不同政权所编老教材，以清晰而直观之方式展现给读者，为本书编纂之要旨。

一、我国老教材存世及整理现状

编纂《中国老教材封面图录》，可供参考借鉴之资料甚少，其所必须之两大基础，目前均不完备。一是我国至今尚未有教材史，缺乏系统记录教材发展演变之理论体系和相关史料，即使是各期中国教育史，自最早之黄绍箕版起，至今各高校普遍在用之北师大、华东师大版，在可见之版本中，均基本不涉教材，于教育史之中，难窥教材衍变发展之脉络。二是老教材实物史料存世量极少，且目录整理工作基础薄弱。我国老教材之规模收藏，机构收藏以人教社、辞书出版社为最，均有万余册，北师大四千余册，其余均为零星收藏。但人教社所藏老教材，为做数据库已有部分切掉书脊；辞书出版社所藏老教材，受南方气候影响，部分藏品翻动已经受限。私人收藏方面，受人力、财力所限，藏品达千册以上之藏家，人数极少，以上公私收藏合计，亦难提供理想之实物支撑。而就整理工作而言，即使是文字目录，新中国成立以来，也仅有两

1900 年八国联军入侵前，自京师同文馆以下，各地方学堂、北洋武备学堂及各地方武备学堂，都在使用这类教材。

（二）民国时期老教材。其发展脉络有以下三个特点：一是学科衍变与传承。许多学科因应时代发展，在传承清末原有学科基础上，又有了一些发展变化。如"格致"，本是取我国传统之"格物致知"之意，来概括西学中各项自然科学。后因时代发展，自然科学内容需求增加，逐步延展成众多学科，先改为理科、博物，后又详分为物理、化学、植物、生物、矿物等，清末教材偶有物理、植物等教材和格致混杂，民国后基本统一并定型。国文于 1922 年后改为国语，即改重"书面文言"之国文，为重"言文一致"之国语；至 1949 年，经叶圣陶提议取两者中各一字，即"语"和"文"，始有"语文"诞生。其后国民政府又新增若干学科，如三民主义、党义、公民、童子军、常识、社会、自然等；红色根据地还增设政治常识类学科，并编有配套教材；敌占区伪政权还开设了论语及家政、裁缝类学科,并编有配套教材。二是教材编辑水平达到高峰。民国初年所编教材，在经历了数年历练以后，编辑人员已将我国传统文化之优势，与泰西文明之科学性有机结合起来，尤其体现在国文和修身这两门学科教材编写上，既有传统，又有视野，课文简洁明快、朗朗上口、意境高远、韵味十足，已达到了一个巅峰状态，至今难以逾越。三是政权之交替与并立。民国时期之主旋律为内战与外战，各政权交替并存与穿插，这其中大部分政权均编写了教材，但从现有实物看，其存世量极不均衡，特点是国统区之外，其他教材存世量极少。

本书之编辑分类，按政权性质分为三种，以便于研究和查阅。

一是从北洋政府到国民政府所编教材。其特点为，各时期学制完备，学科齐全，是民国时期教材之主流，也是现存老教材之主流。

二是在国民政府框架内一些地方政府自编教材。如山西省、山东省等，其中山西省自编教材所涉学科较多，且学制相对完备，水平较高，极具地方特色。

三是红色根据地教材。从江西之苏维埃政府教材，到陕甘宁根据地教材，以及后期晋冀鲁豫、晋察冀、晋绥、苏南苏北、山东、中原、东北等各根据地之教材，侧面反映了各根据地教育工作之发展历程，是党史军史研究之重要补充部分，如课文《狼牙山五壮士》，当时还有一个名称叫《七勇士死守狼牙山》，共产党早期领导人陈独秀，还是我国地理教材最早编辑者之一，这都需要加以详细研究。

依上述脉络，总体编纂方案是，先构建一个立体架构，以时间为主线，分列清代和民国时期两大部分。在清代部分，先列出传统科举教育、早期学堂教育和西学启蒙教育三大板块，子目编辑再分学科按照时间排列。在民国时期部分，先以政权分块，而后在每一政权板块内再分学科，按时间排序。依此排列目录，给所有老教材定一个唯一坐标，既可使现有老教材，按时间和学科两个参数准确入位，又便于将来新增老教材，据此法则进入或补充创建其专属位置。

三、本书编纂实务

（一）本图录所涉图片，均由老教材原件实物拍摄，按种类采封面、版权页集合而成。拍得原图 8000 余幅，精选 5000 余幅编辑成书。

（二）本图录之目录分类，先以时间为主轴，分列清代和民国时期两大部分，清代部分先按性质分类后再分列学科，民国时期部分先按政权分类后再分列学科。同学科教材排序，依时间先后排列。再版教材依初版时间为排序依据。

（三）本书按教材之种类为编选单位，一套教材为一种，一种教材列为一个页码，同一套教材封面如有不同，则不同封面均采集，列入同一页码之内。

（四）图片之外，加以著录，列书名、作者、出版单位、出版时间、册数等五项，遇特殊教材，如名家作者，或标志性教材，再加以备注。在出版时间上，若原书未采用公元纪年，均加注公元纪年。

（五）本书选材范围，为初版时间在公元 1949 年 10 月以前之教材。

本书之拍摄、编辑工作任务繁重，其间历经多次修改调整，两年多艰辛，现终得付梓，广西师范大学出版社严谨、认真、负责、担当之立社精神再次得到印证。本书所涉版本众多，又无前人经验可供参考，其中谬误难免，恳请广大读者、各位方家不吝赐教，以期再版时加以改正。

感谢出版社领导和各位编辑老师！

感谢各支持单位！

感谢全国各地老教材流通界、藏界朋友！

《中国老教材封面图录》编委会

主编　李保田

2018 年 12 月 20 日

总目录

目　录

第一部分

清代科举及学堂教育教材

传统科举教材及类教材

① 科举教材

书名：四书朱子本义汇参

著者：王步青

出版印行：敦复堂

出版时间：乾隆十一年（1746）

册数：二十

备注：为目前已知且存世最早课本，亦为目前可见最早标有"课本"名称之实物史料。是书入选《四库全书》。

8

书名：息心斋稿
著者：不详
出版印行：恒德堂
出版时间：乾隆三十七年（1772）
册数：不详

增訂詩文附後
息心齋稿
恒德堂藏板

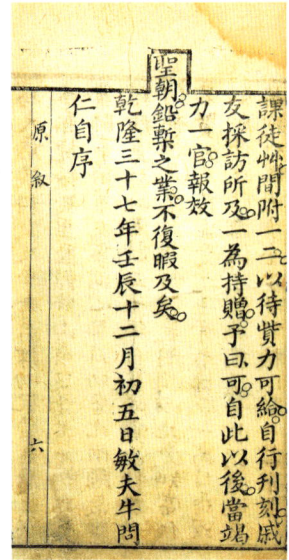

課徒州間附一二以待賢力可繪自行刊刻感
友採訪所及一為持贈予曰可自此以後當端
力一官報效
聖朝銓綦之業不復暇及矣
乾隆三十七年壬辰十二月初五日敏夫牛問
仁自序
原敘
六

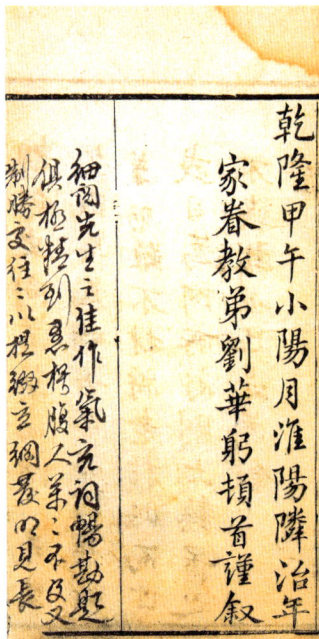

乾隆甲午小陽月淮陽隆治年
家眷教弟劉華躬頓首謹叙
細閱先生之佳作氣克詞暢勘題
俱框粗刻息極順人羊二不及又
劇陽文往二小樣網立綢晟叫見長

书名：选刻小题课幼集

著者：不详

出版印行：信和堂

出版时间：嘉庆六年（1801）

册数：不详

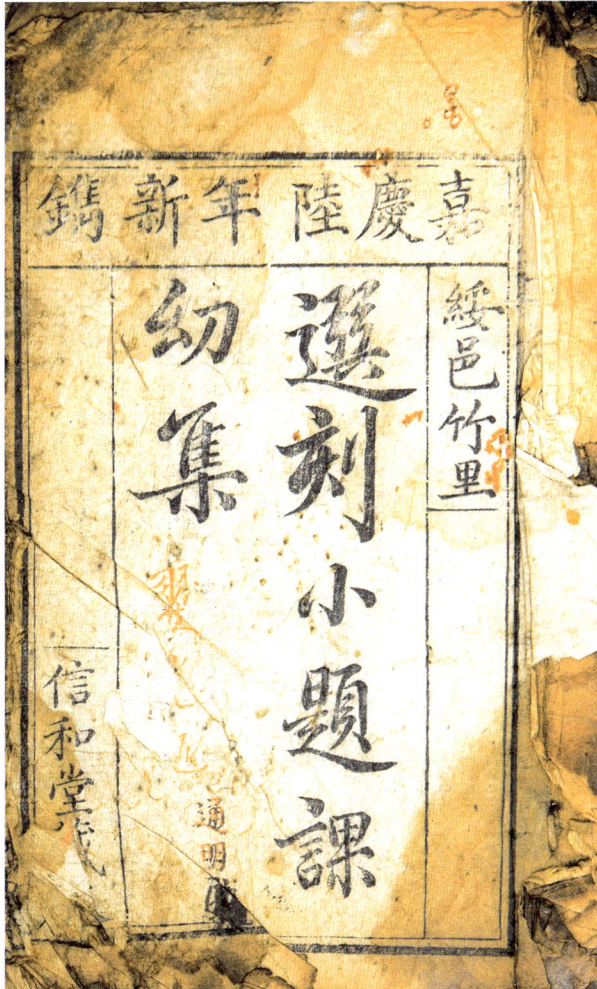

10 书名：小题指南
著者：不详
出版印行：不详
出版时间：道光辛丑年（1841）
册数：不详

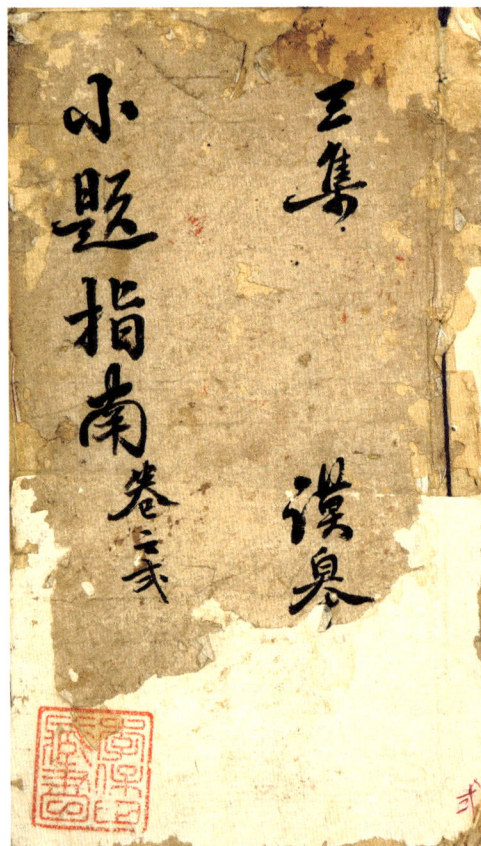

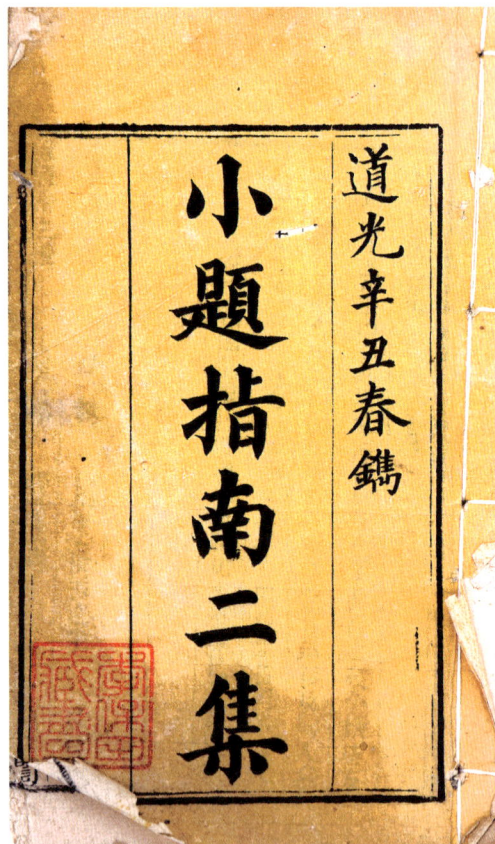

书名：天崇百篇

著者：吴懋政 / 评选

出版印行：文锦堂

出版时间：道光己酉年（1849）

册数：不详

12 书名：批二十艺句解

著者：邢退庵 / 著

出版印行：大兴堂

出版时间：咸丰四年（1854）

册数：不详

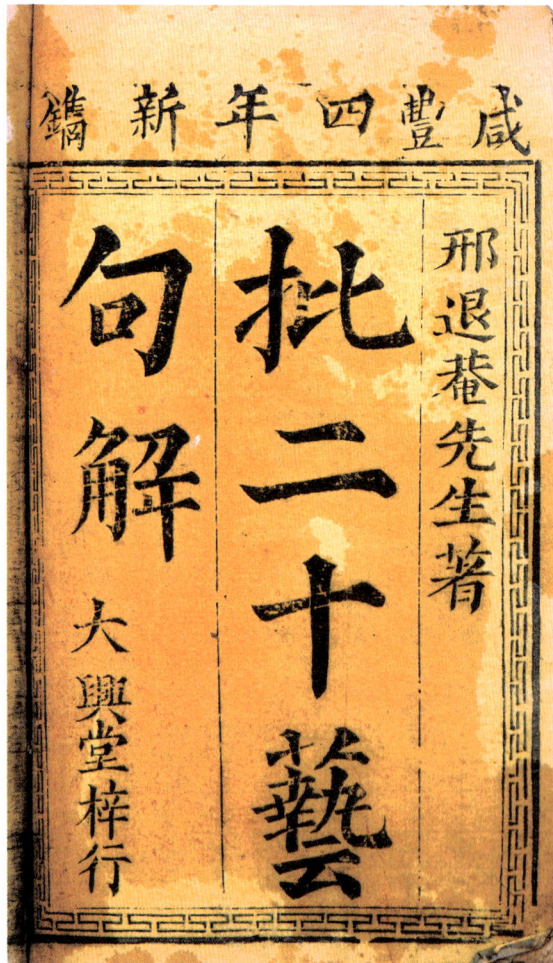

书名：小题正鹄初集

著者：李元度

出版印行：李氏家塾

出版时间：同治己巳年（1869）

册数：不详

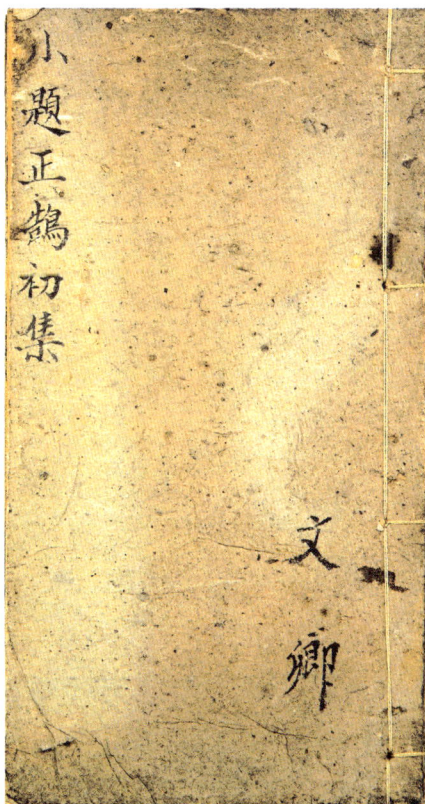

14　书名：蓬山课艺童试录二刻

著者：诸菊塍 / 鉴定

出版印行：文会成

出版时间：同治壬申年（1872）

册数：不详

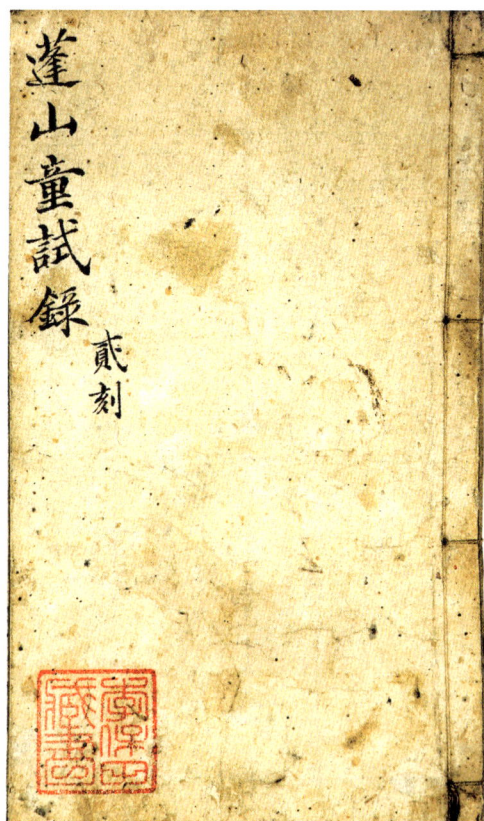

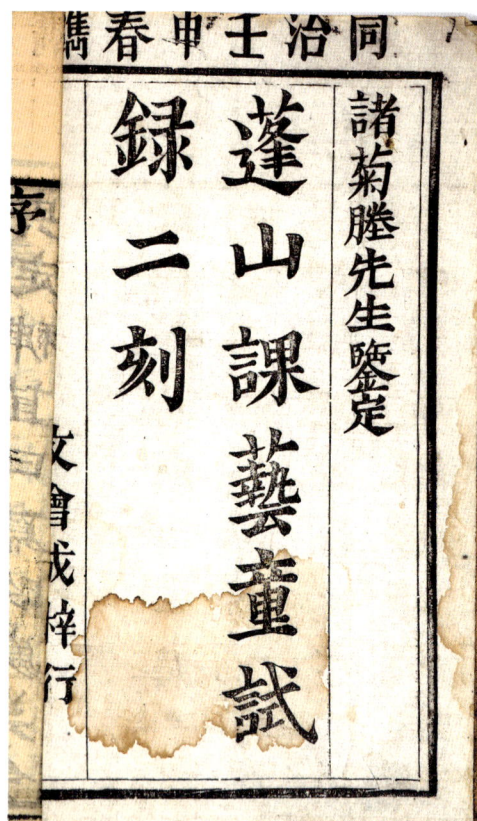

书名：六也堂训蒙草

著者：不详

出版印行：成文堂

出版时间：光绪二年（1876）

册数：不详

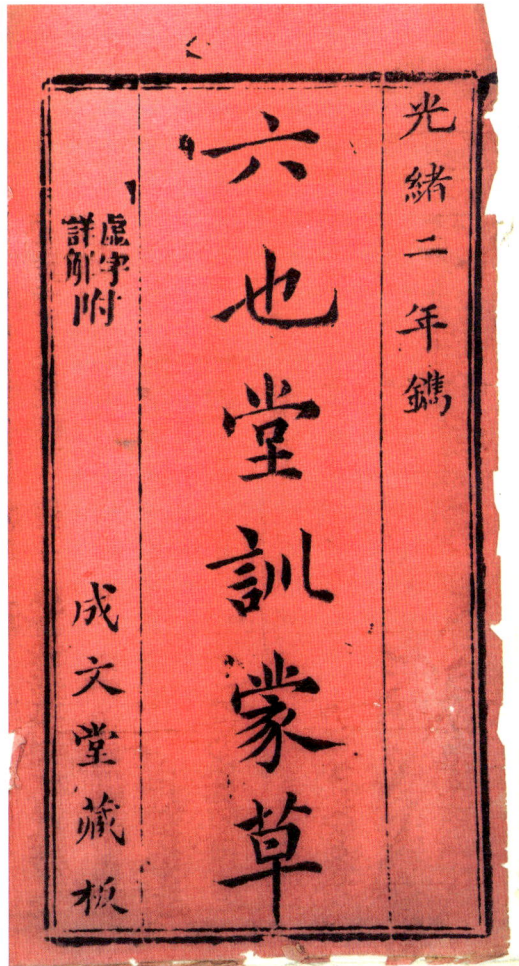

16   书名：直省闱艺大全

著者：上海久敬斋

出版印行：上海久敬斋

出版时间：光绪三十年（1904）

册数：八

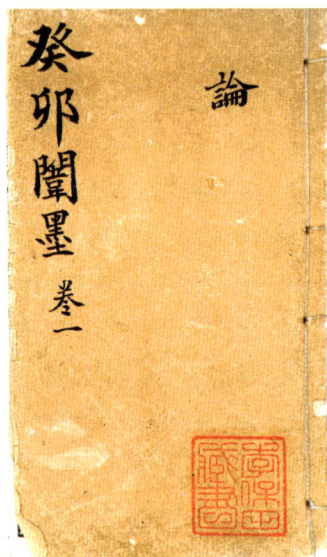

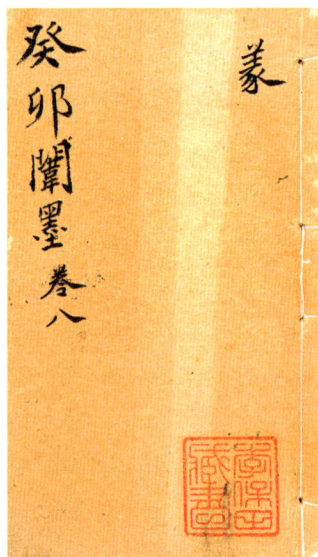

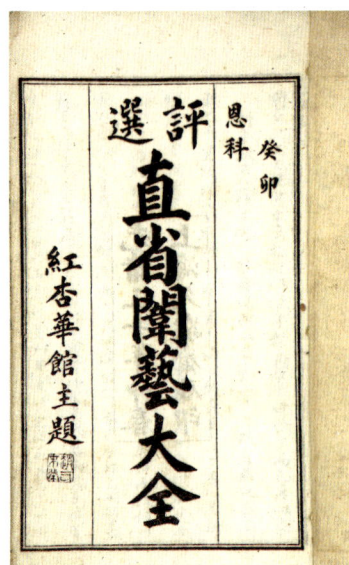

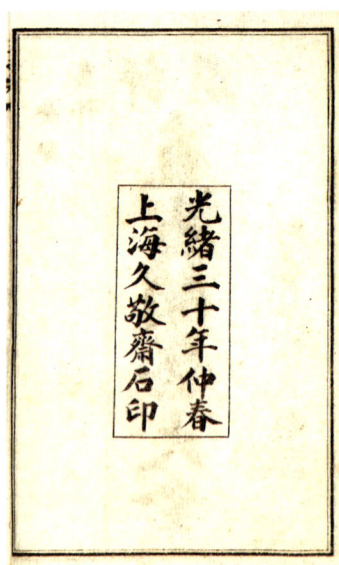

书名：直省乡墨同风

著者：李宁侯 / 选

出版印行：同文堂

出版时间：不详

册数：不详

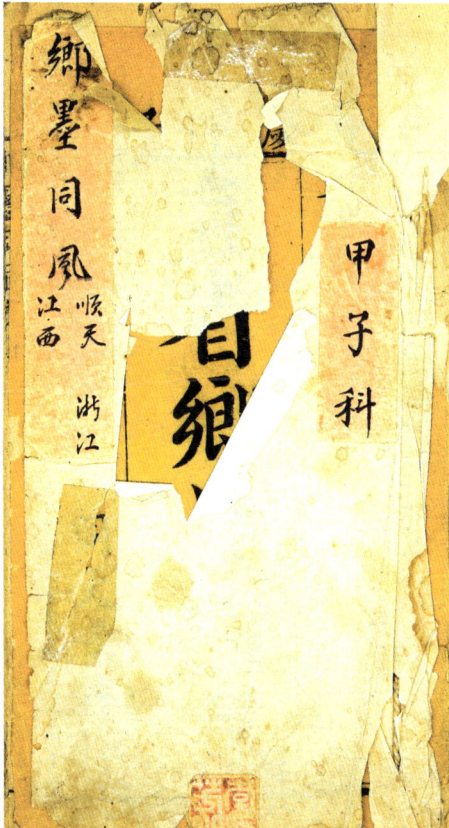

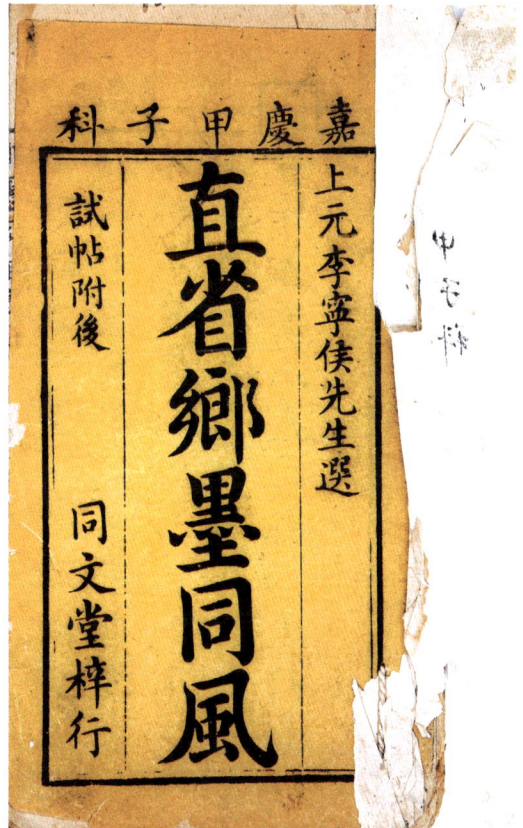

18 　书名：详注初学指掌
　　　著者：郝象周 / 评选
　　　出版印行：经纶堂
　　　出版时间：不详
　　　册数：四

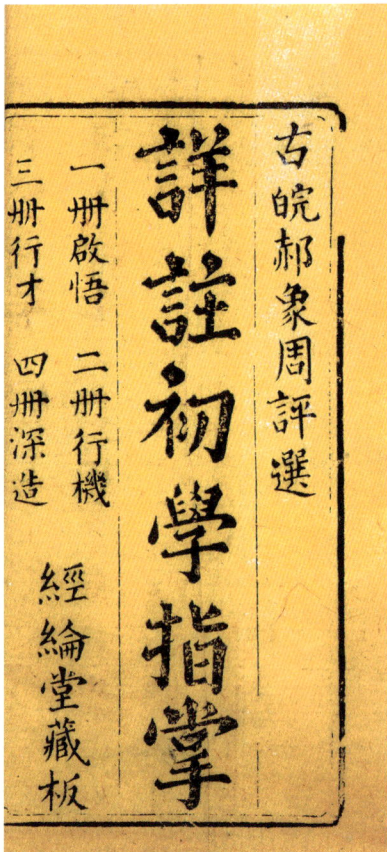

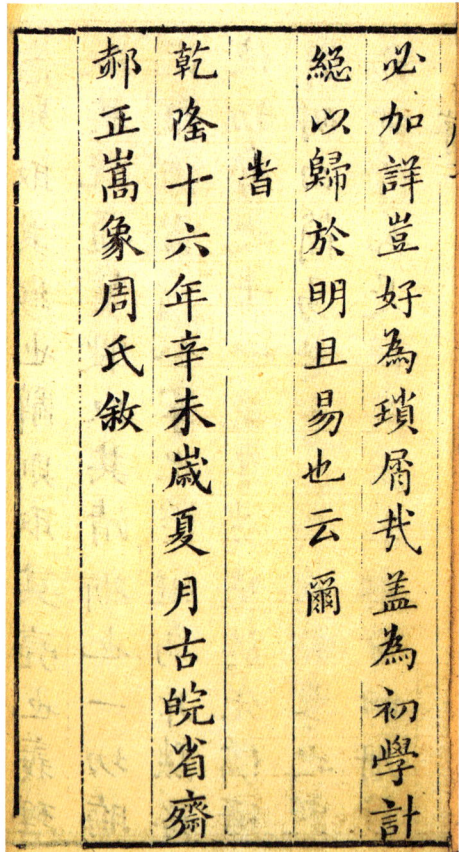

书名：监本小学
著者：韩慕庐 / 增订
出版印行：灵兰堂
出版时间：不详
册数：不详

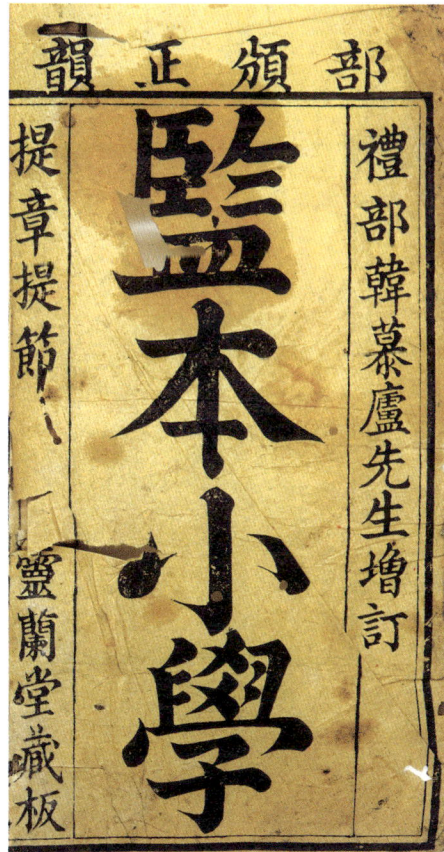

20　书名：蘦园课蒙草初二编

著者：不详

出版印行：炼石书局分设汉口四官殿

出版时间：不详

册数：不详

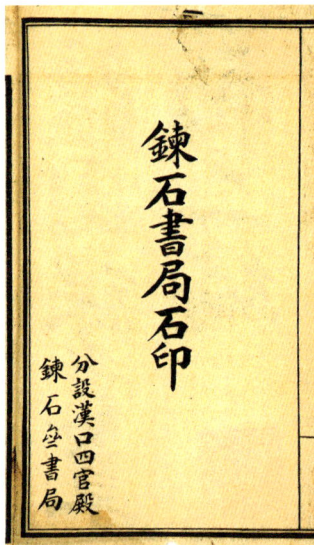

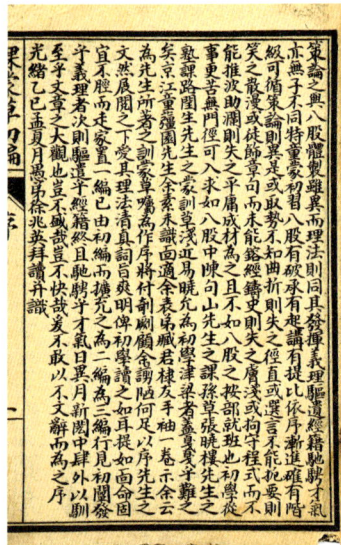

书名：六也堂训蒙草
著者：李岸南 / 原本　路闰生 / 重订
出版印行：宝善堂
出版时间：不详
册数：不详

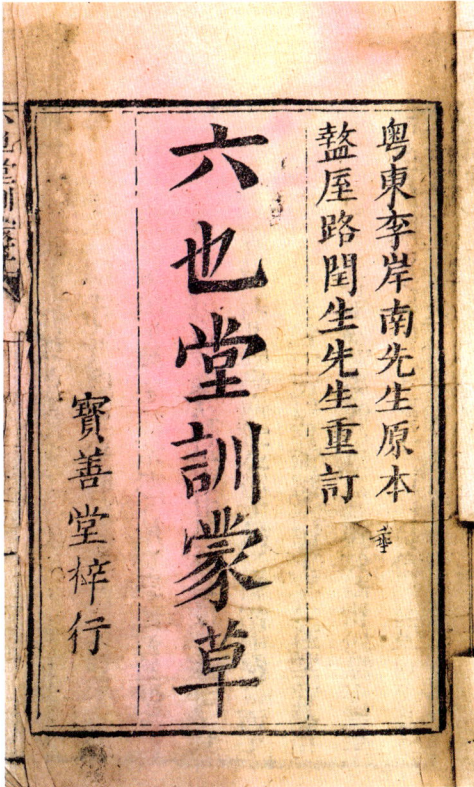

粵東李岸南先生原本
盤屋路閏生先生重訂

六也堂訓蒙草

寶善堂梓行

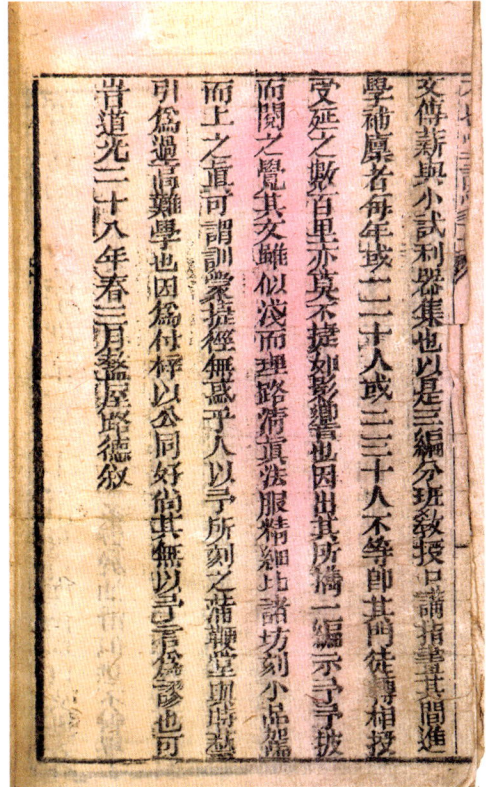

文傅薪與小試利器集也以是三編分班敎授曰誦指畫其間進

學補廩者每年或二二十人或三三十八不等節其間徒傅相授

受延之嫩百里亦莫不提㩦影響也因出其所編一編示子子披

而閱之覺其交雖似淺而理路清眞法服精細比諸坊刻小品鑑

而上之直可謂訓蒙捷徑無惑乎人以子所刻之補鞭堂訓時趨

引爲過當難學也因爲付梓以公同好尚其無以言言㕥診也同

峕道光二十八年春三月盤屋路啓德叙

书名：绘图四书读本

著者：不详

出版印行：上海六艺书局

出版时间：不详

册数：不详

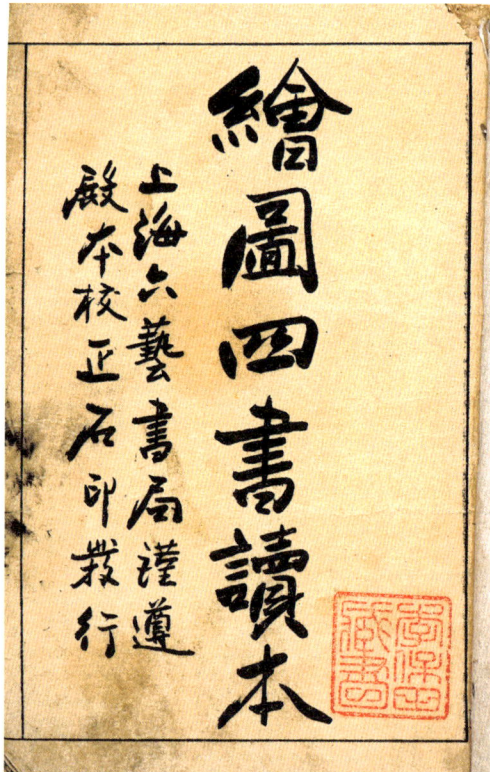

书名：经学教科书四书正文（石印大字）
著者：不详
出版印行：不详
出版时间：不详
册数：不详

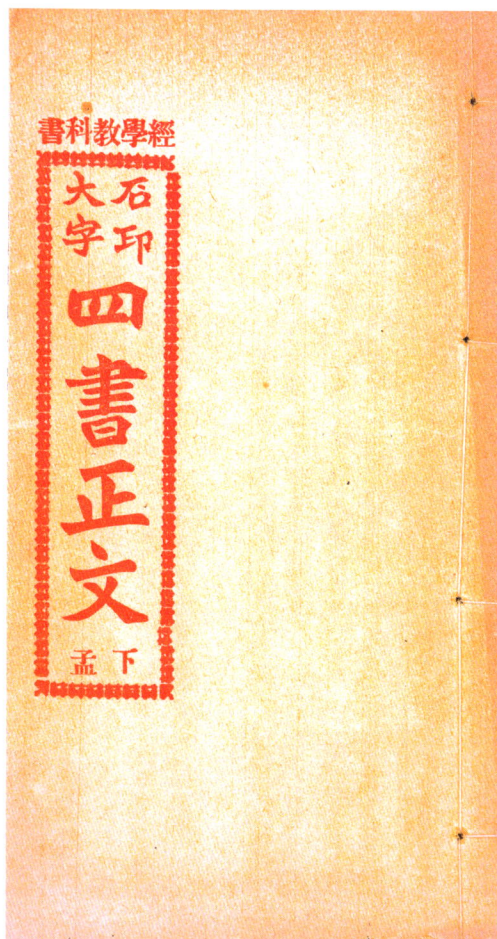

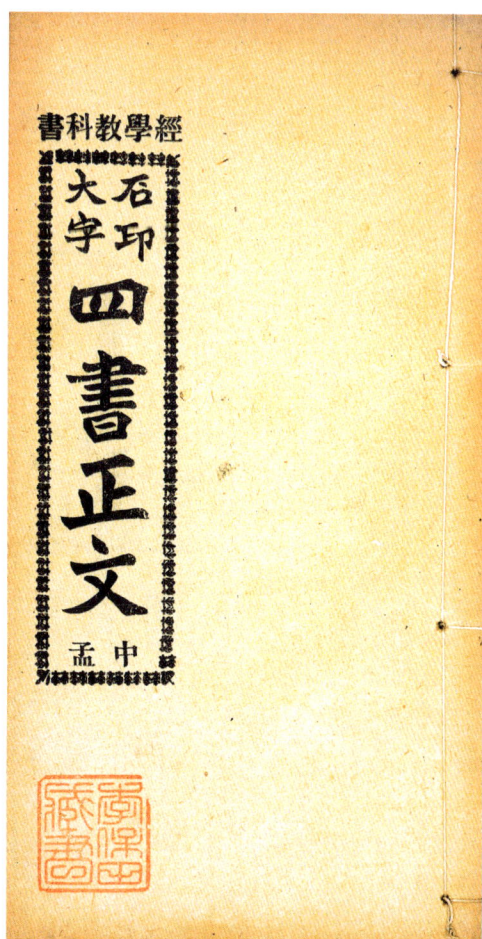

书名：官板正字下孟集注

著者：不详

出版印行：三元堂

出版时间：不详

册数：不详

备注：《洪武正韵》于明太祖洪武八年（1375）成书，是书出版时间不详。

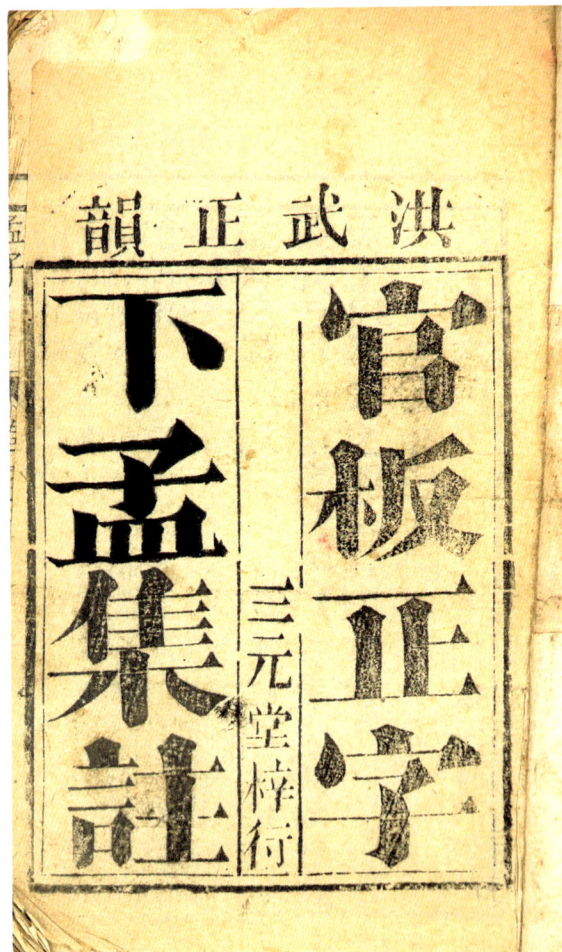

② 传统教育类教材

书名：增音六言杂字
著者：不详
出版印行：道德堂
出版时间：同治己巳年（1869）
册数：不详

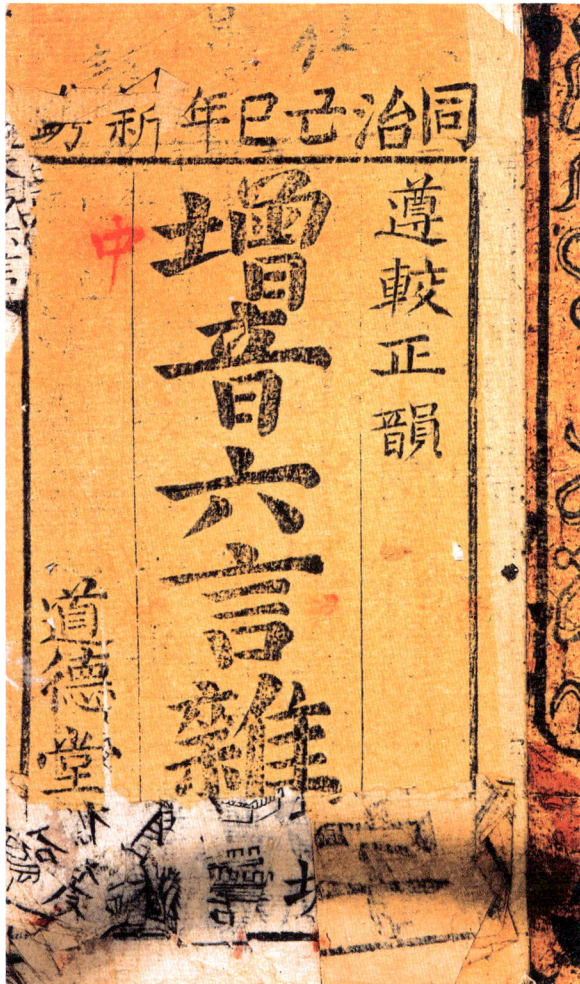

28　书名：四言杂字

著者：不详

出版印行：庆文斋

出版时间：同治甲戌年（1874）

册数：一

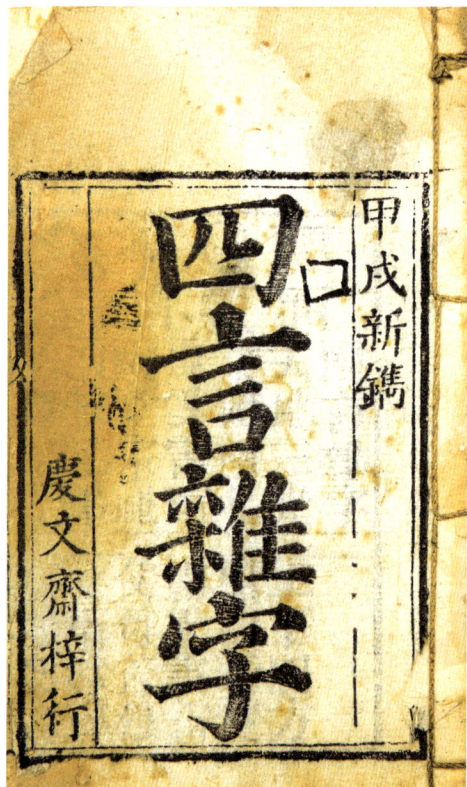

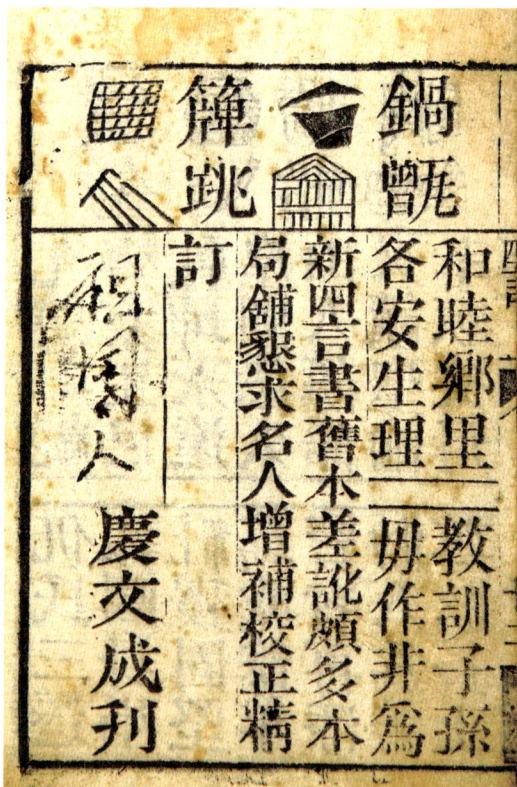

书名：必须杂字

著者：不详

出版印行：居易堂

出版时间：光绪壬辰年（1892）

册数：不详

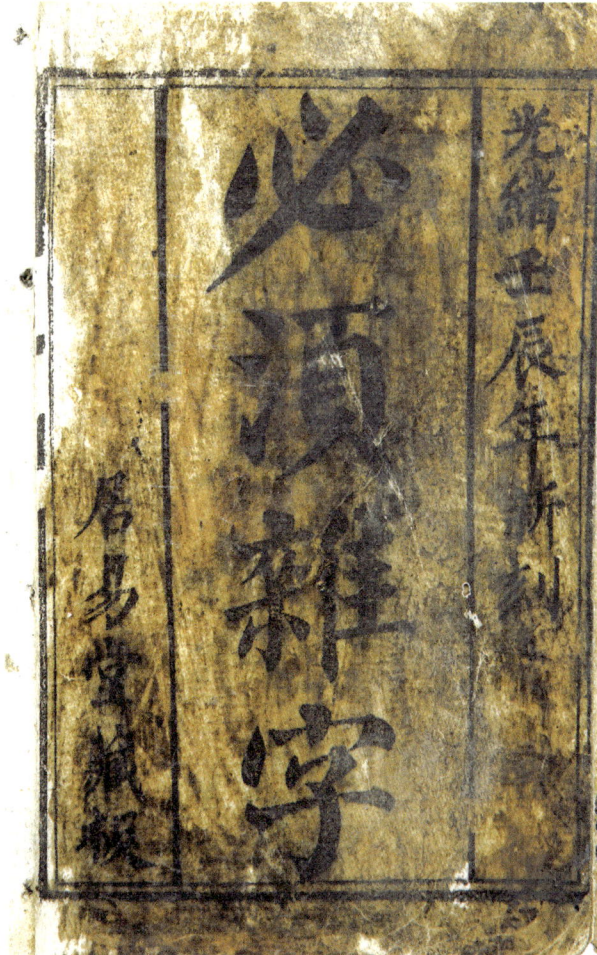

30　书名：七言杂字

　　著者：不详

　　出版印行：崇文堂

　　出版时间：光绪甲午年（1894）

　　册数：不详

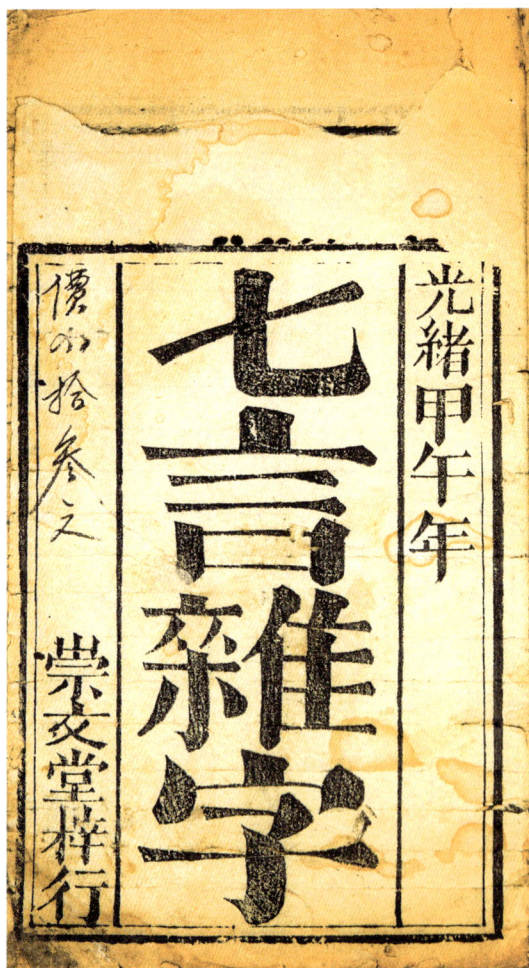

书名：万全要紧杂字
著者：不详
出版印行：古绛克明斋
出版时间：光绪甲辰年（1904）
册数：不详

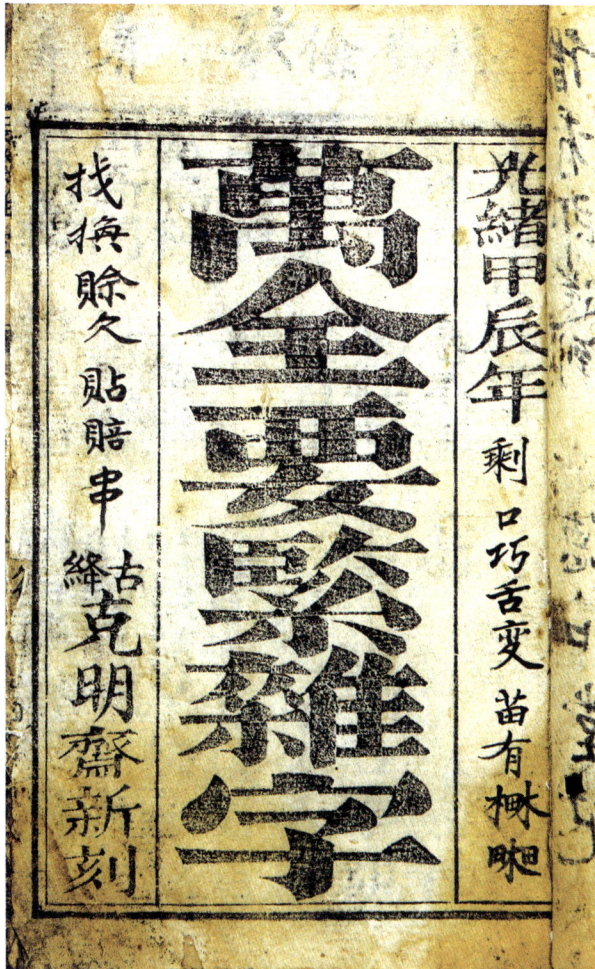

32　书名：要紧杂字

　　著者：不详

　　出版印行：不详

　　出版时间：光绪丙午年（1906）

　　册数：不详

书名：官板正字四言杂字

著者：不详

出版印行：古绛翰兴斋

出版时间：（光绪）丁未年（1907）

册数：不详

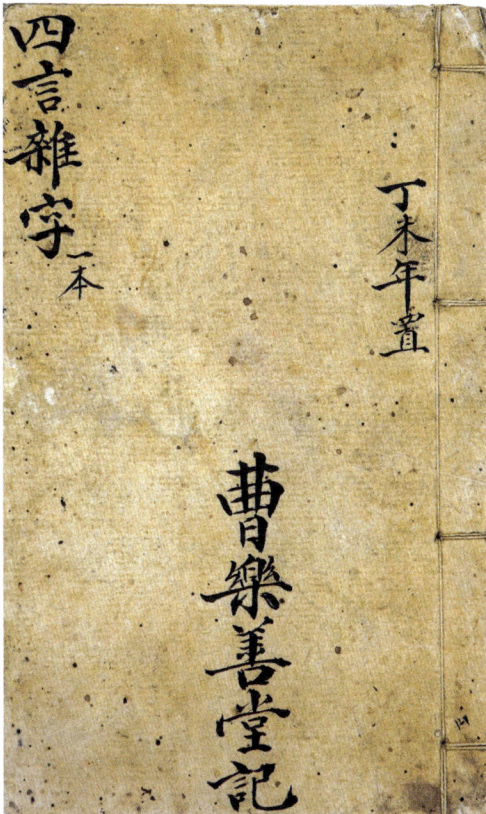

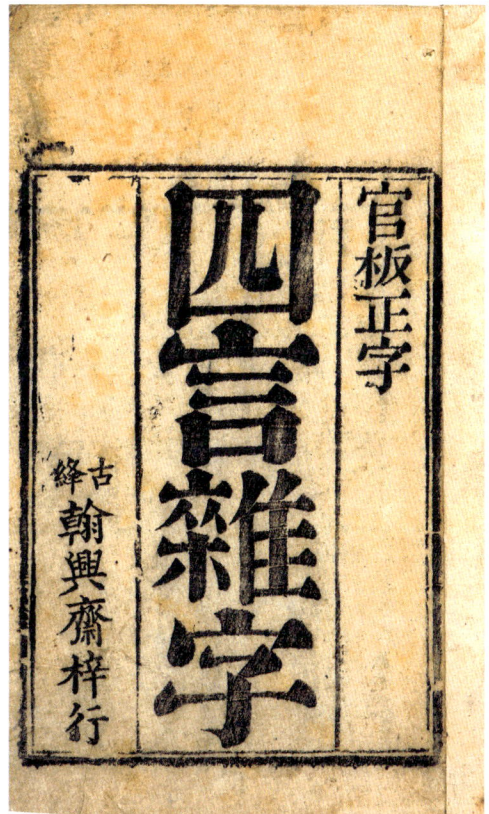

四言雜字一本

丁未年置

曹樂善堂記

官板正字

四言雜字

古绛翰興齋梓行

书名：蒙学认字本

著者：不详

出版印行：合州兴盛堂

出版时间：宣统二年（1910）

册数：不详

书名：童蒙四言
著者：不详
出版印行：义成堂
出版时间：不详
册数：不详

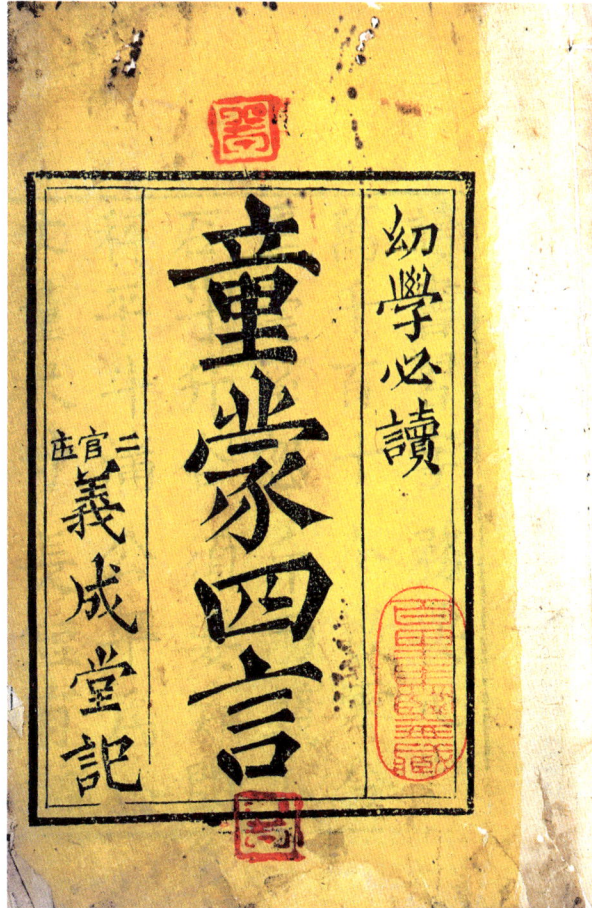

幼學必讀

童蒙四言

左官二
義成堂記

书名：新刻百子歌
著者：不详
出版印行：崇兴堂
出版时间：不详
册数：不详

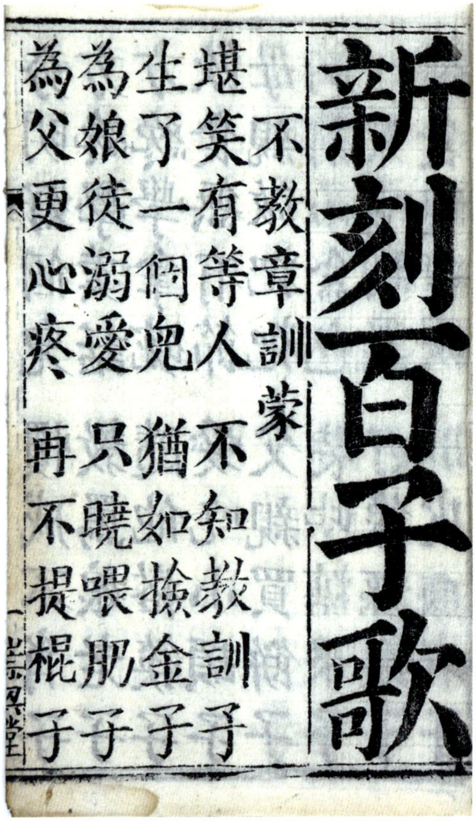

新刻百子歌

不教章訓蒙　不知教訓子
堪笑有等人　猶如撿金子
生了一個兒　只曉喂肥子
為娘徒溺愛　再不曉提棍子
為父更心疼

崇興堂

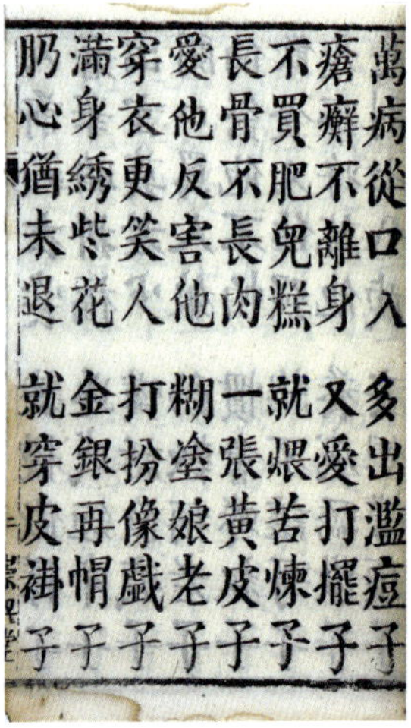

肌心猶未退　滿身繡紫花　穿衣更笑人　愛他反害他　長骨不長肉　不買兒糕　癰癬不離身　萬病從口入
就穿皮裙子　金銀再帽子　打扮像娘子　糊塗黃老子　一張苦煉子　就睬打皮子　又愛打擺子　多出痘子

小時穿吃慣　心高玩氣又傲　不是玩相公　心性愛玩相公　輸錢想打牌　拉地土撈梢黑　田地都賣完　兜女賣與人
只怕娘老子　不會使銀子　就是娘老子　最喜開殼子　悄悄擲殼子　過籠搭褲子　坟山搭棚子　又來嫁妻子

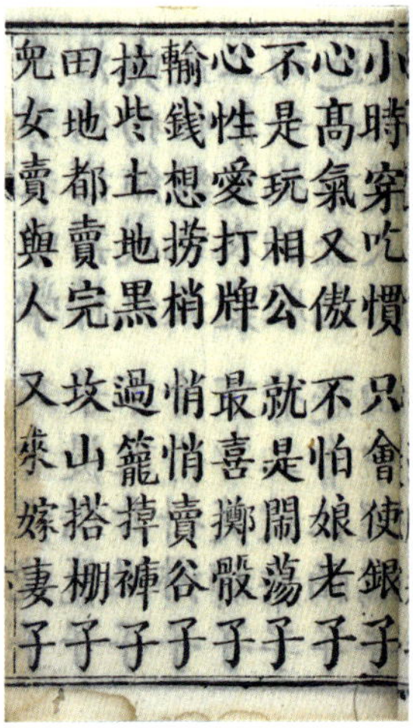

书名：俚俗杂字

著者：不详

出版印行：三多斋

出版时间：不详

册数：不详

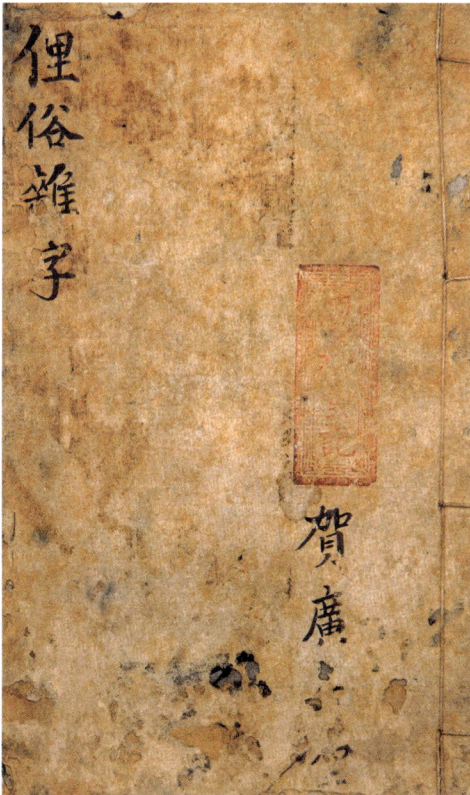

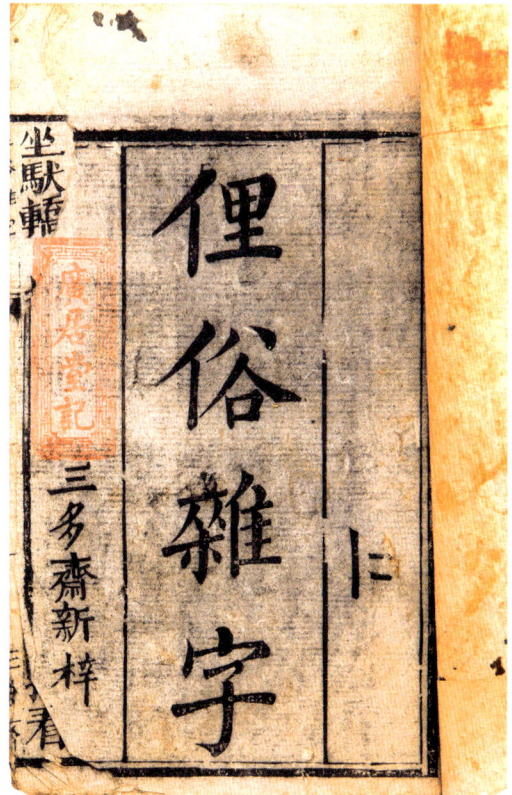

书名：广宜杂字

著者：不详

出版印行：不详

出版时间：不详

册数：不详

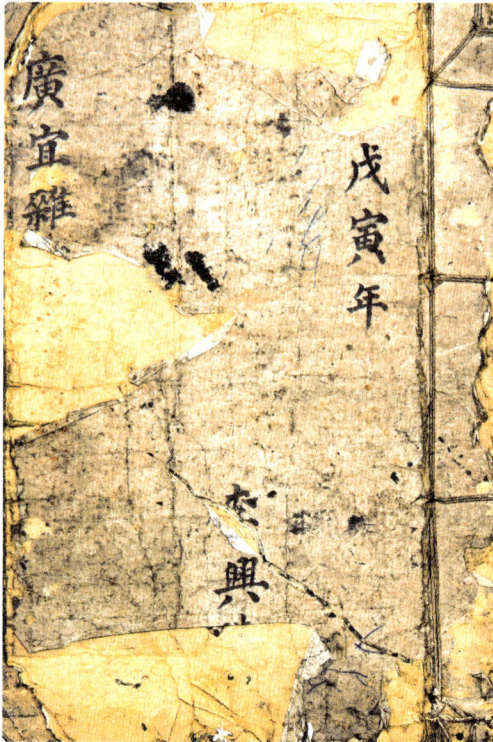

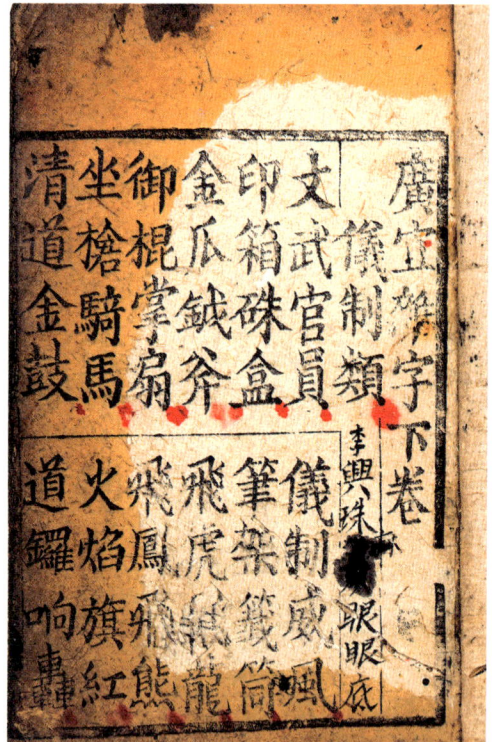

书名：使用杂字

著者：不详

出版印行：经纬堂

出版时间：不详

册数：不详

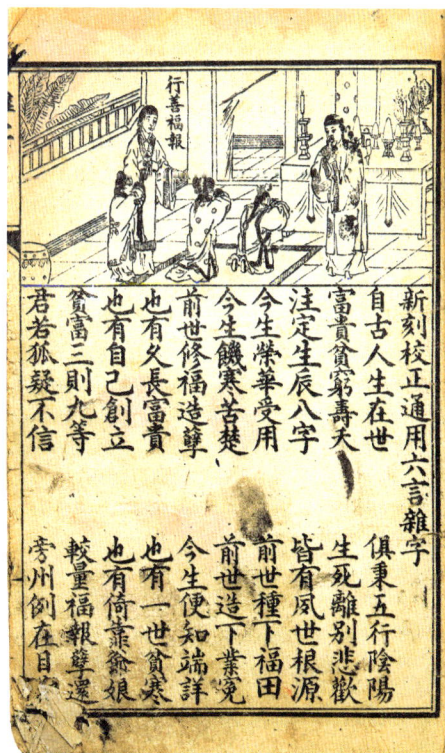

軍官曰校尉

新刻較正

使用雜字頭

經綸紫樣行

上

行善福報

新刻校正通用六言雜字

自古人生在世　俱東五行陰陽

富貴貧窮壽夭　生死離別悲歡

注定生辰八字　皆有夙世根源

今生榮華受用　今生饑寒苦楚

前世修福造尊　前世造下業冤

也有父長富貴　前世種下福田

也有一世貧寒　今生便知端詳

也有自己創立　也有俺爺爺娘

貧富三則九等　較重福報聲遠

君若狐疑不信　寄州倒在目

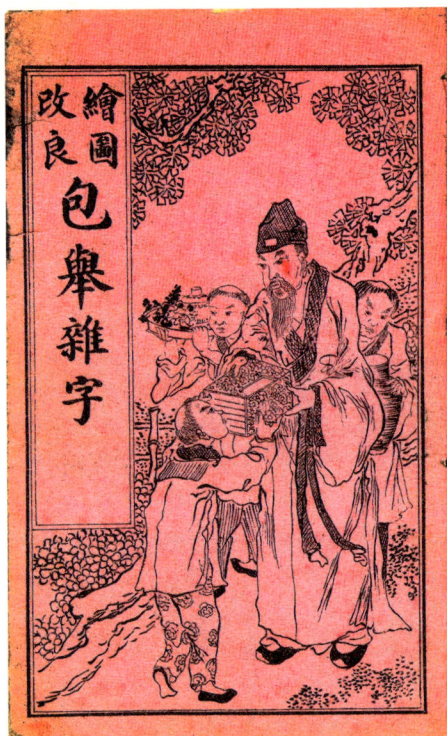

書名：绘图改良包举杂字

著者：不详

出版印行：鸿文书局

出版时间：不详

册数：不详

书名：绘图七言杂字

著者：不详

出版印行：北京老二酉堂

出版时间：不详

册数：不详

备注：附老二酉堂其他几种绘图杂字。

42　书名：捷径杂字
著者：不详
出版印行：广益书局
出版时间：不详
册数：不详

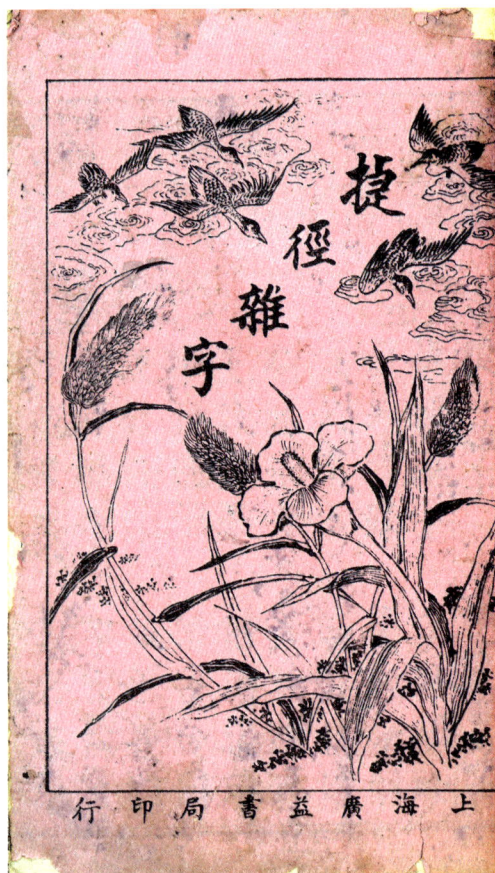

捷徑雜字

上海廣益書局印行

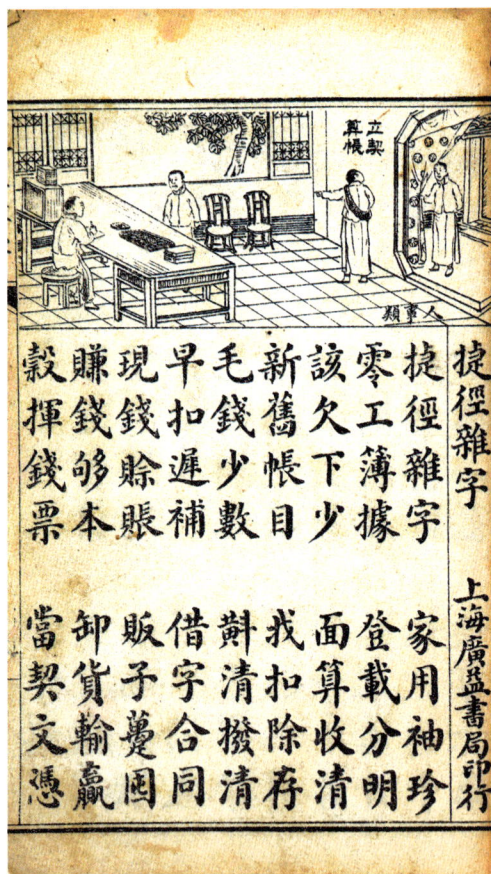

捷徑雜字　上海廣益書局印行

捷徑雜字　家用袖珍
零工簿據　登載分明
該欠下少　面算收存
新舊帳目　戡清撥清
毛錢少數　我扣除存
早扣遲補　借字合同
現錢賒賬　販子蠆囤
賺錢夠本　卸貨輸贏
穀揮錢票　當契文憑

书名：启蒙便读拾字各言杂字

著者：不详

出版印行：京都泰山堂

出版时间：不详

册数：不详

备注：附泰山堂绘图杂字两种。

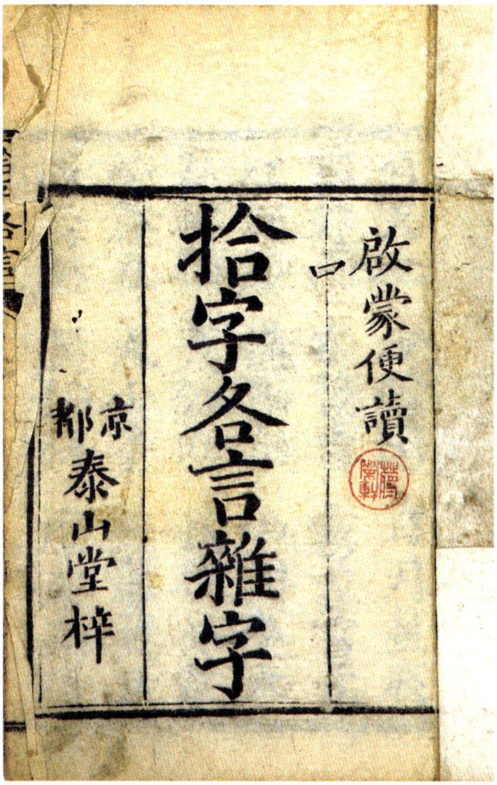

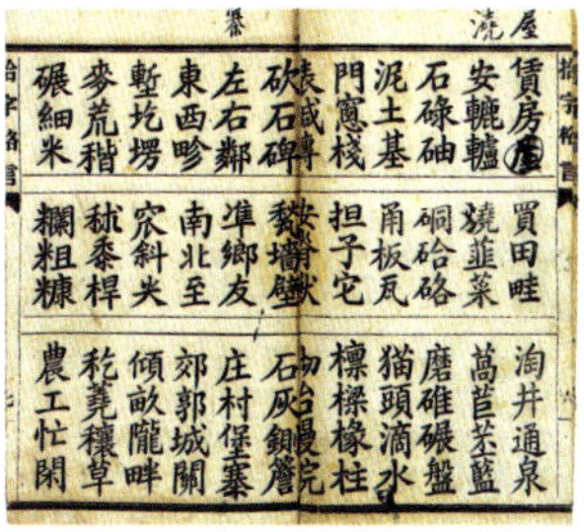

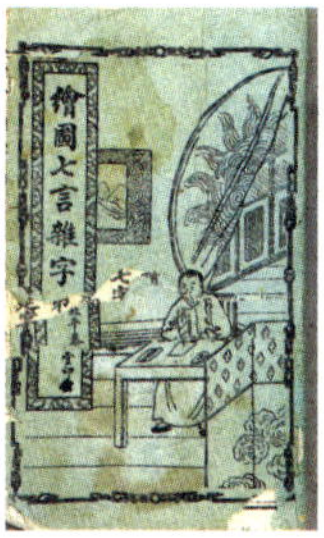

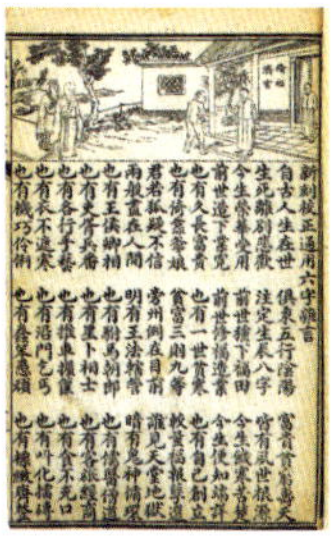

44

书名：改良增广四言杂字

著者：不详

出版印行：不详

出版时间：不详

册数：不详

书名：才子杂字
著者：吴川楼 / 辑
出版印行：不详
出版时间：不详
册数：不详

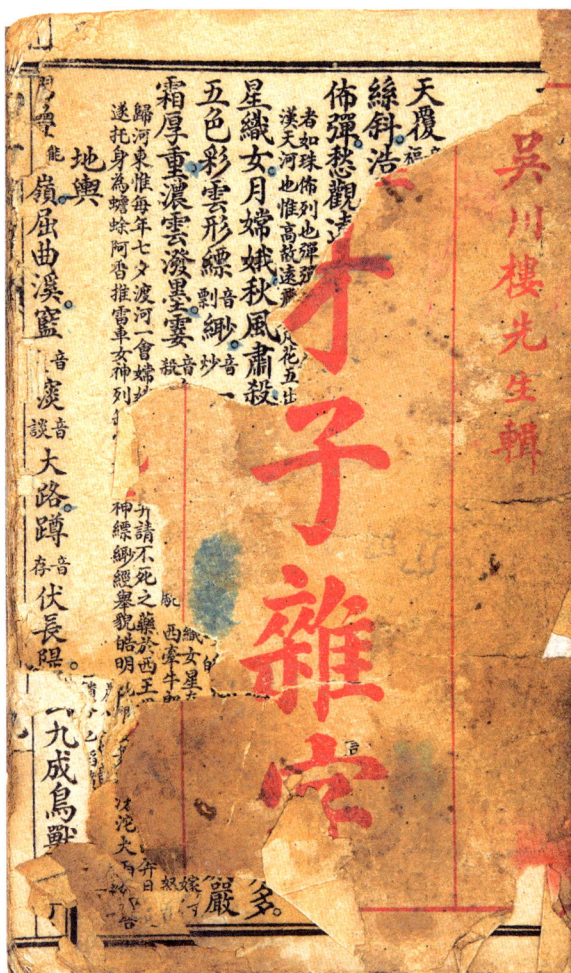

吴川楼先生辑

才子雜字

46

书名：孰谓胡干忍让吃亏歌

著者：不详

出版印行：陕西省义兴堂

出版时间：不详

册数：不详

孰謂胡幹忍讓吃虧歌

陝西省義興堂石印

书名：士农工商买卖杂字

著者：不详

出版印行：上海江东书局

出版时间：不详

册数：不详

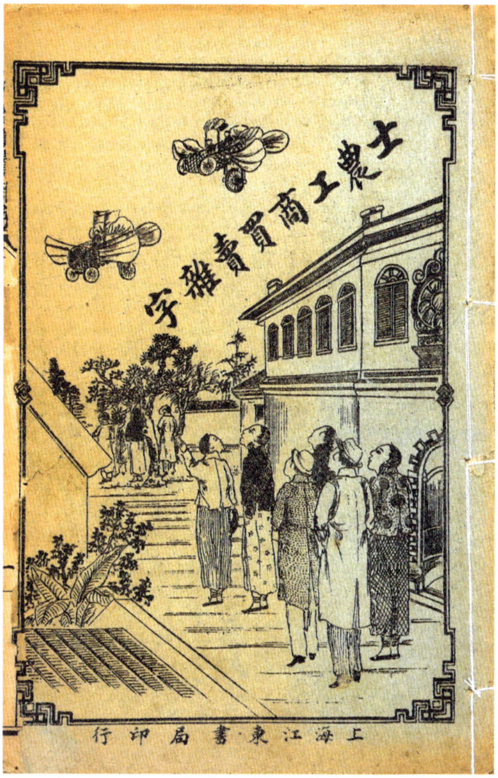

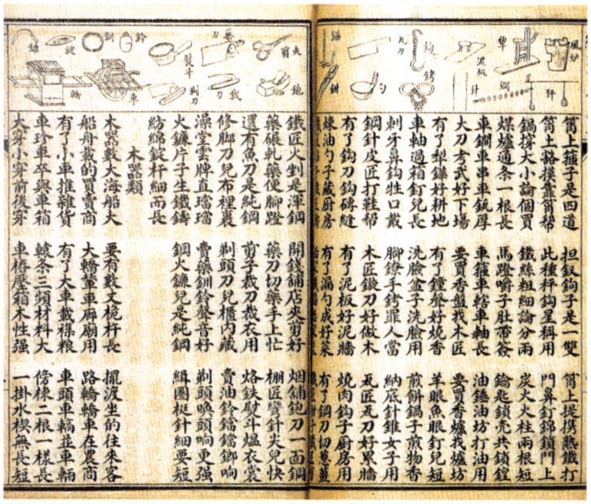

48　书名：绘图幼学杂字

著者：不详

出版印行：上海铸记书局

出版时间：不详

册数：不详

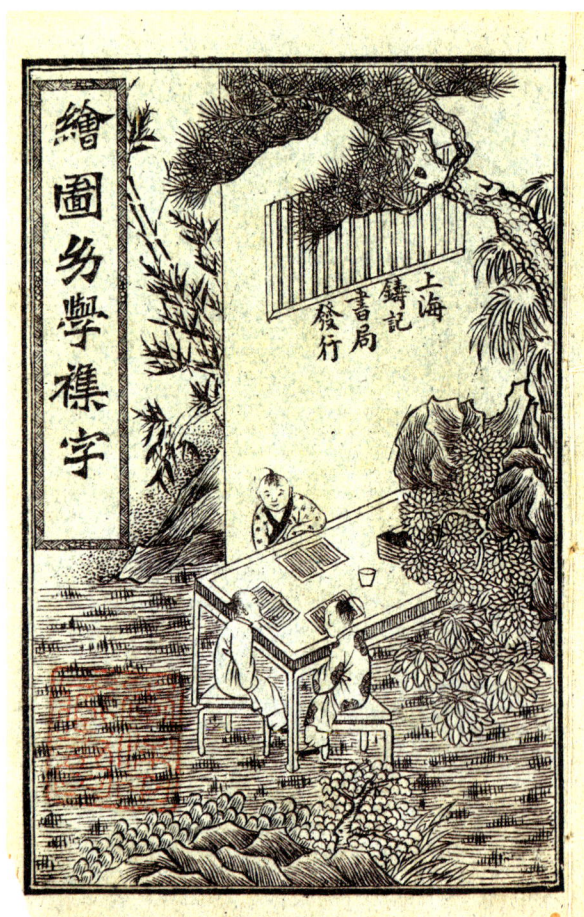

书名：绘图幼学杂字

著者：不详

出版印行：元昌印书馆

出版时间：不详

册数：不详

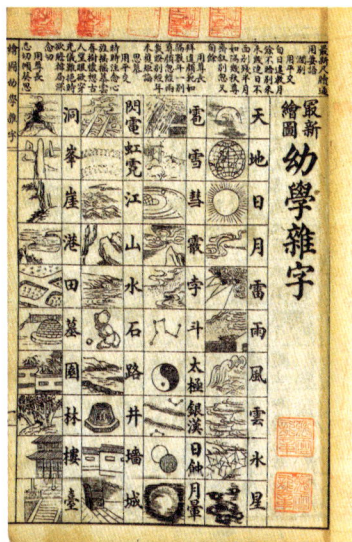

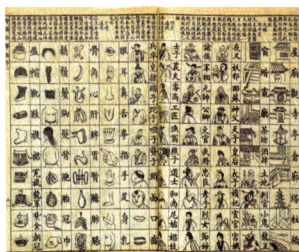
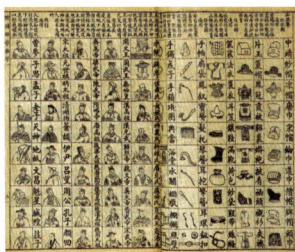

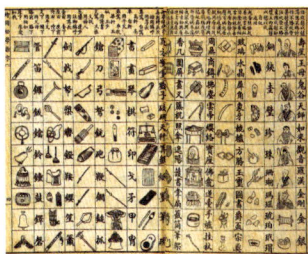
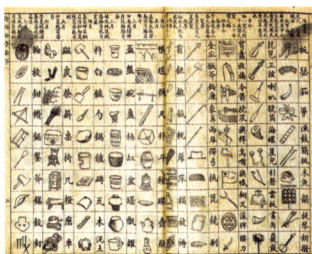
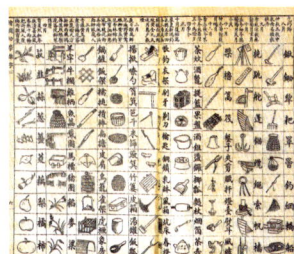

50

书名：改良绘图启蒙幼学杂字

著者：不详

出版印行：不详

出版时间：不详

册数：不详

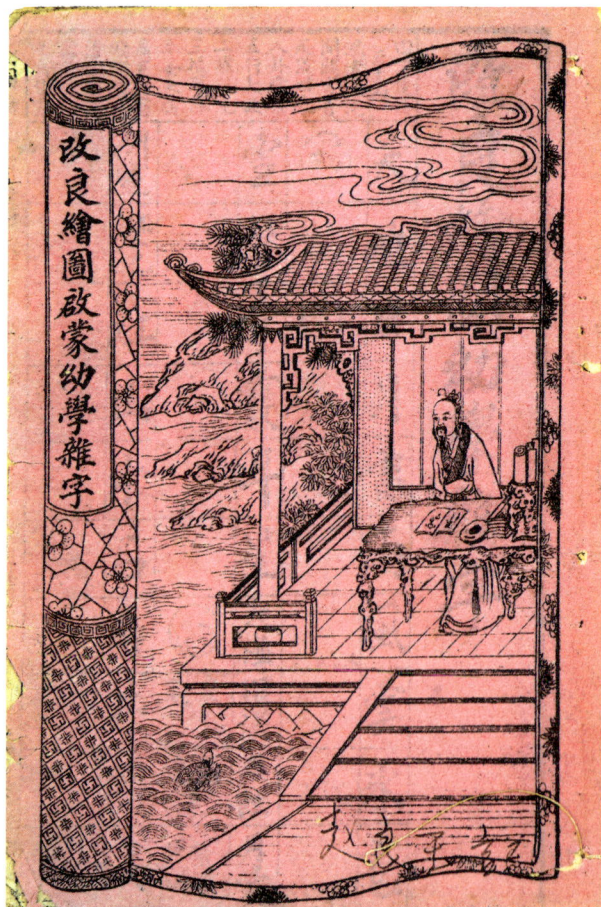

书名：新编改良日用杂字
著者：不详
出版印行：不详
出版时间：不详
册数：不详

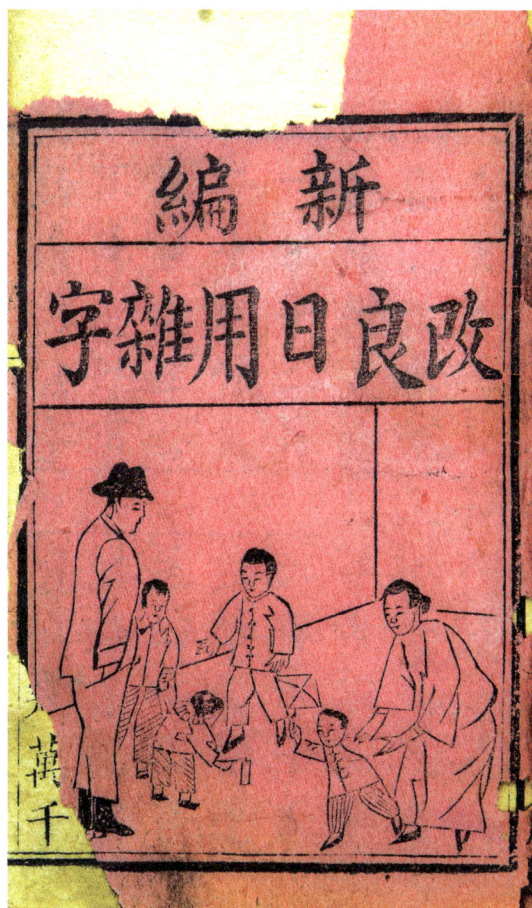

52

书名：绘图三言杂字

著者：不详

出版印行：唐山文信书局

出版时间：不详

册数：不详

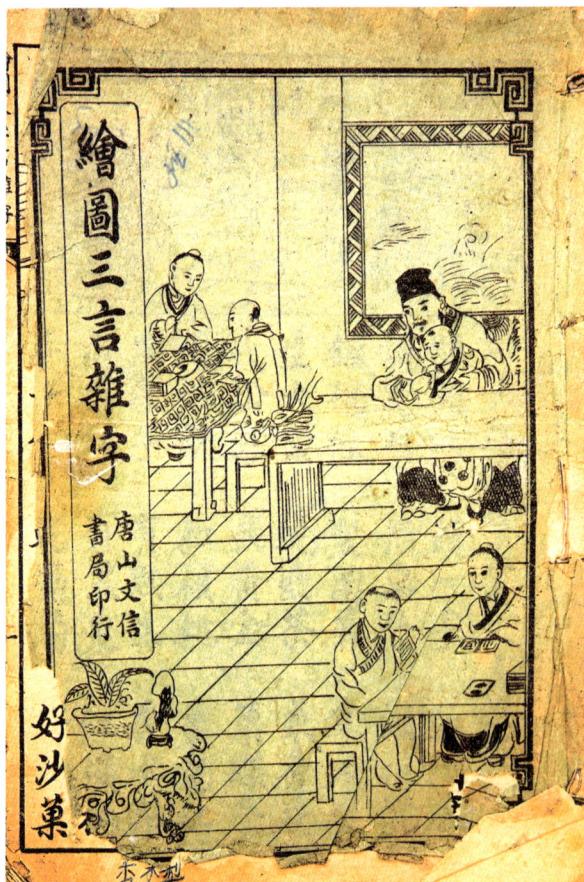

书名：益幼杂字
著者：不详
出版印行：不详
出版时间：不详
册数：不详

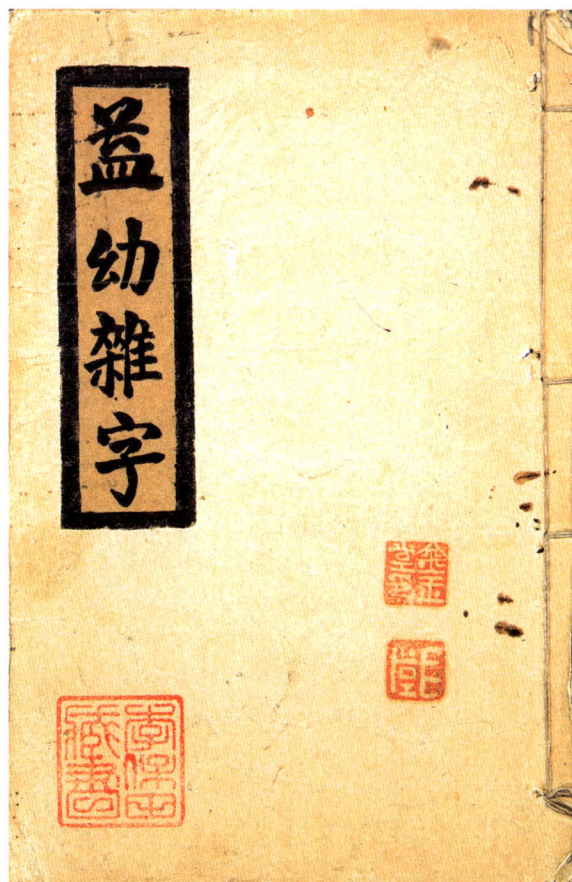

54　书名：绘图庄农杂字

　　著者：不详

　　出版印行：上海锦章书局

　　出版时间：不详

　　册数：不详

书名：绘图订正七言杂字

著者：不详

出版印行：上海铸记书局

出版时间：不详

册数：不详

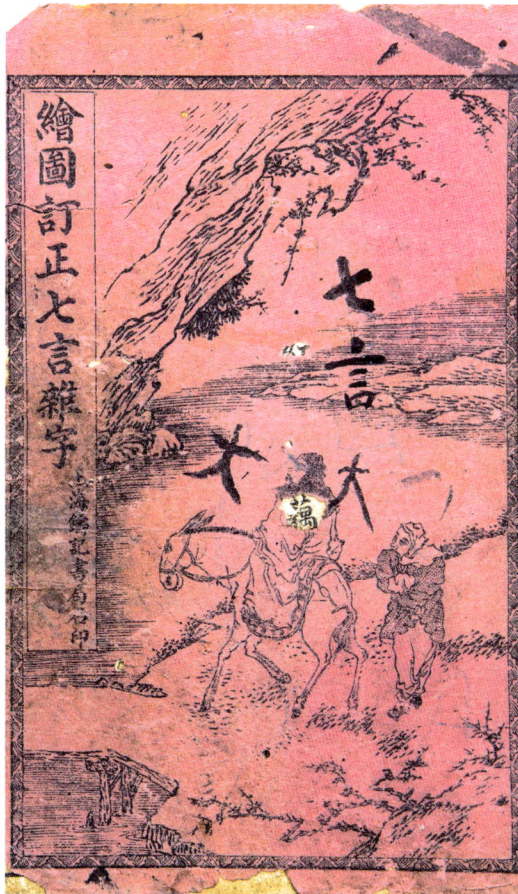

56　书名：改良绘图幼学杂字
著者：不详
出版印行：久敬斋
出版时间：不详
册数：不详

改良繪圖幼學雜字

四言便讀
天文門
鴻濛混沌
朋闢鳴蒼
兩儀四象
八卦陰陽
五行七政
二曜三光
三垣列宿
牛女參商
廣寒月窟
皎潔蟾光
滂沱霑濡
淋漓甘露
霜寒戀朶
青漢河漢
陰晴曉暗
宇宙四方
地理門
兼宮室
京邑遵達
州邑府縣
都圖閭里

閃電	雪		天地		
虹霓	彗孛		日月		
江	霰		雷雨		
山	斗		風雲		
水	星				
石	太極				
路	銀漢				
井	日蝕		冰雹		
墻	月暈				
城					

久敬斋
石印

3 传统读物类教材

书名：吕氏小儿语

著者：吕近溪

出版印行：修真坛／募刻　南街文翰堂／存版

出版时间：咸丰庚申年（1860）

册数：不详

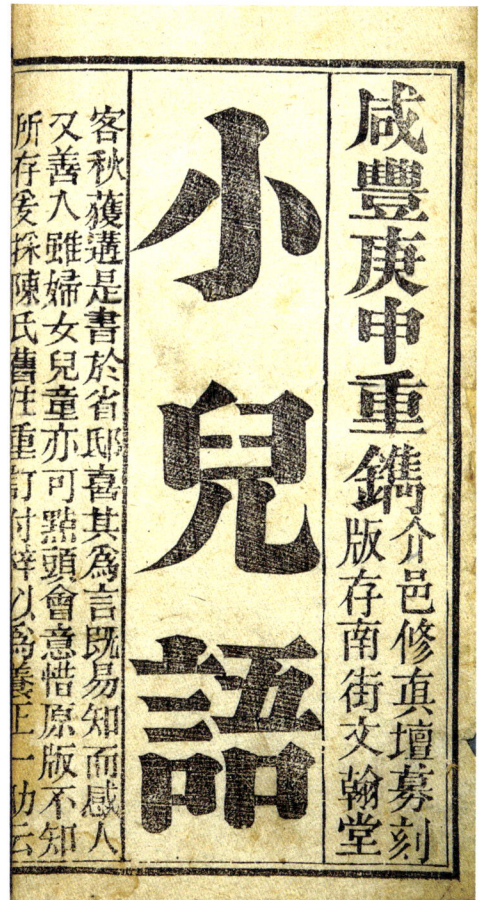

60　书名：诗经读本

著者：不详

出版印行：兰滋轩

出版时间：咸丰辛酉年（1861）

册数：不详

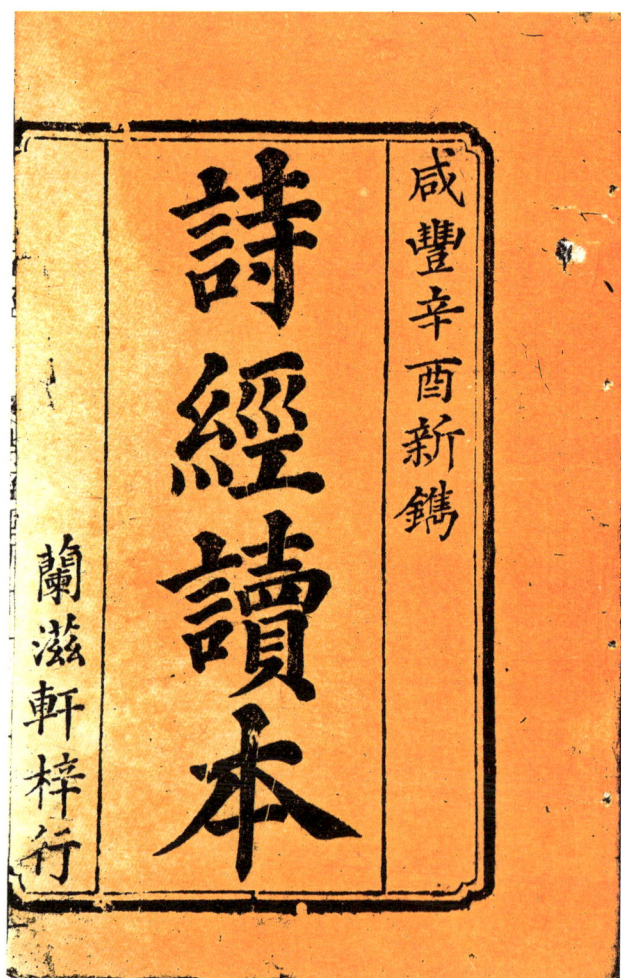

书名：增注三千字文

著者：关其渊

出版印行：不详

出版时间：光绪丙午年（1906）

册数：不详

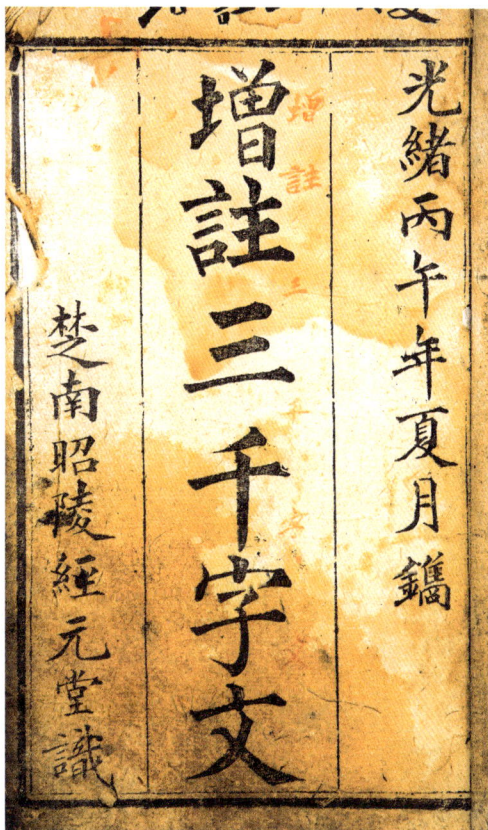

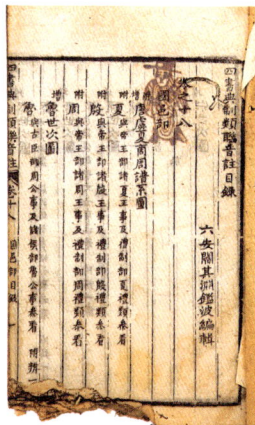

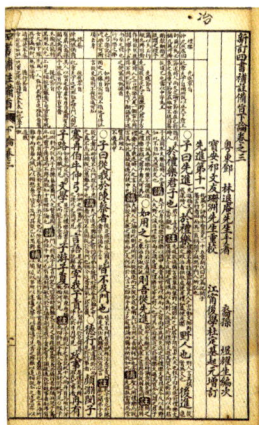

62

书名：文字蒙求

著者：张冠三、李亮功 / 审定　王利臣、乔兰修 / 校

出版印行：不详

出版时间：不详

册数：不详

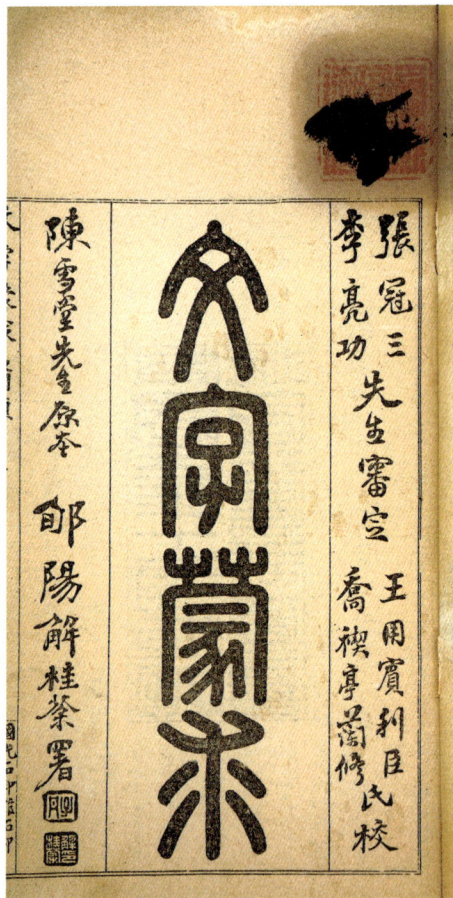

书名：幼学珠玑

著者：不详

出版印行：广益书局

出版时间：不详

册数：不详

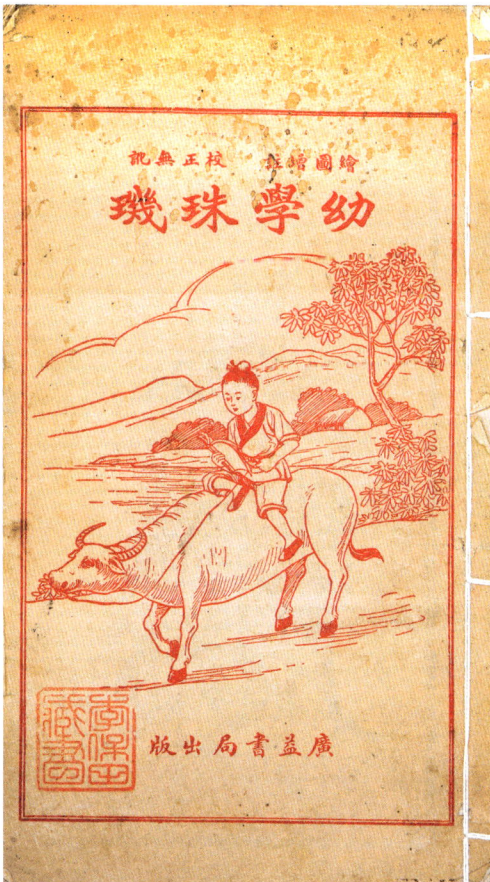

64　书名：绘图注释千字文（启蒙小学用书）

著者：不详

出版印行：天津五洲书局

出版时间：不详

册数：不详

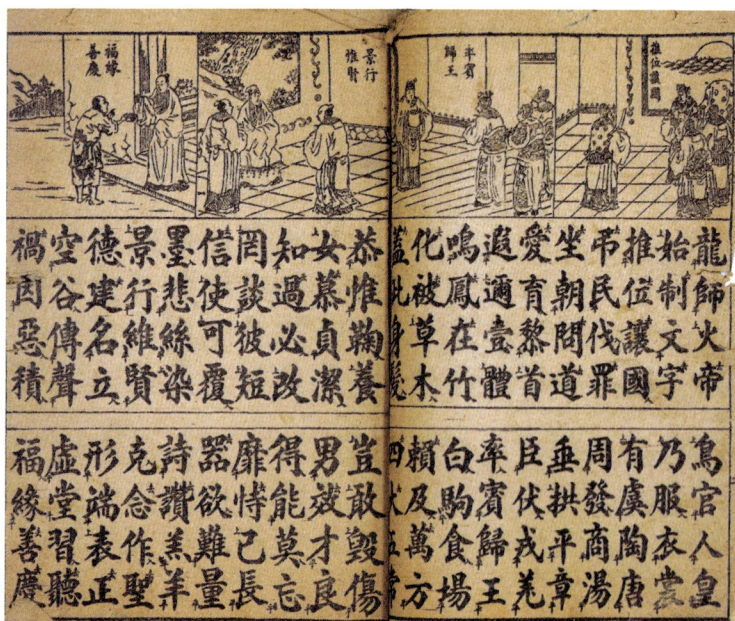

书名：幼学琼林
著者：程允升
出版印行：昌华石印局
出版时间：不详
册数：五

66

书名：训蒙千字文

著者：不详

出版印行：同文堂

出版时间：不详

册数：不详

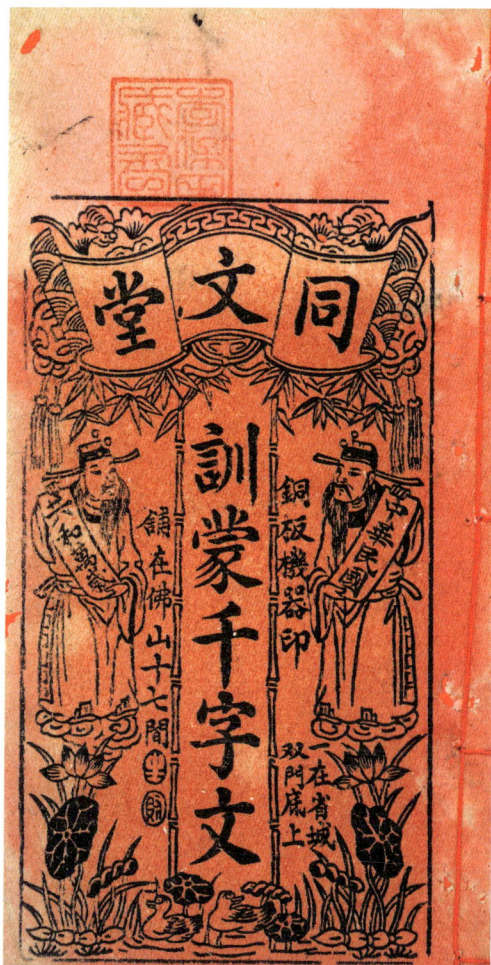

书名：绘图百家姓（启蒙小学用书）

著者：不详

出版印行：锦章图书局

出版时间：不详

册数：不详

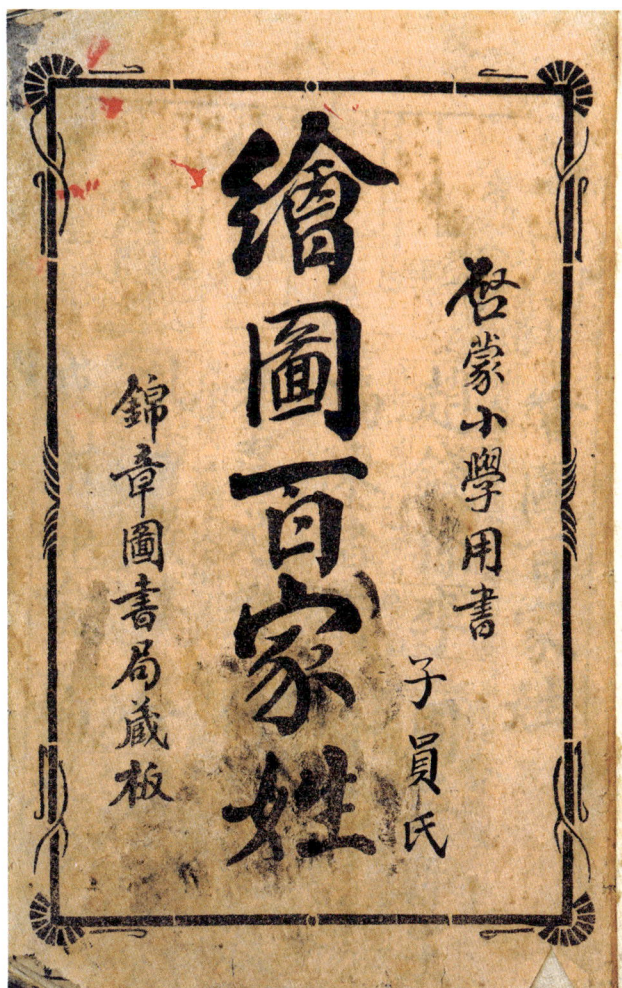

绘圖百家姓

啓蒙小學用書

子員氏

錦章圖書局藏板

68 | 书名：训蒙幼学诗
著者：不详
出版印行：大新书局
出版时间：不详
册数：不详

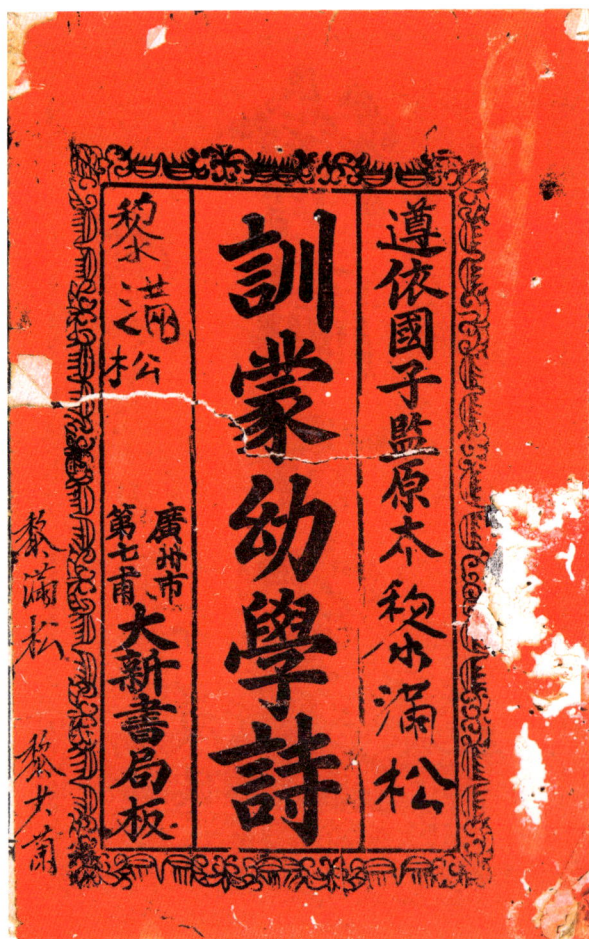

訓蒙幼學詩

導依國子監原本稔小滿松

黎本滿松之公

廣州市 第七甫 大新書局板

黎滿松

黎大蘭

书名：训蒙千字文

著者：不详

出版印行：大新书局

出版时间：不详

册数：不详

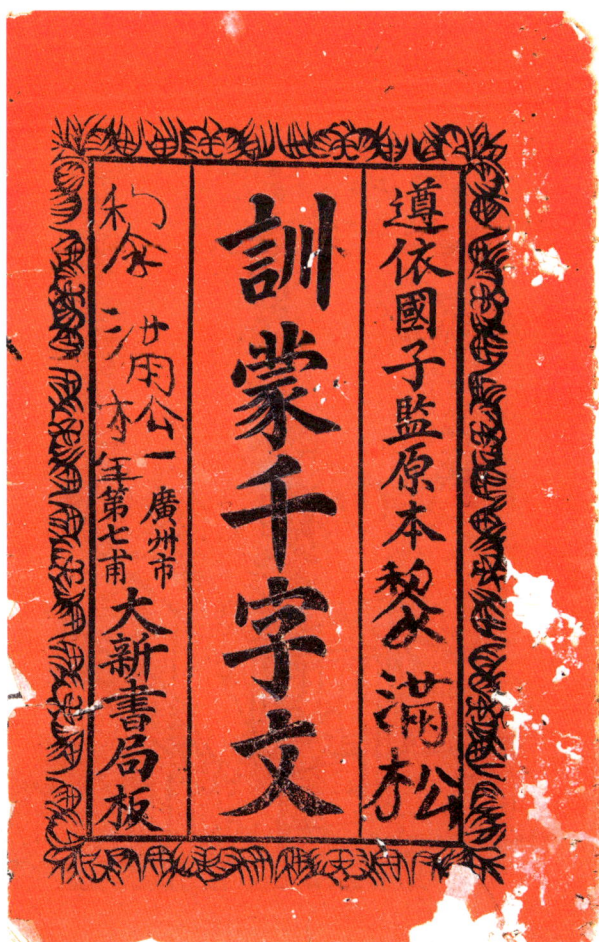

訓蒙千字文

遵依國子監原本黎滿松

鈔余滿松一廣州市住第七甫大新書局板

书名：图注百家姓

著者：不详

出版印行：北京泰山堂书局

出版时间：不详

册数：不详

书名：绘图增注千字文
著者：不详
出版印行：不详
出版时间：不详
册数：不详

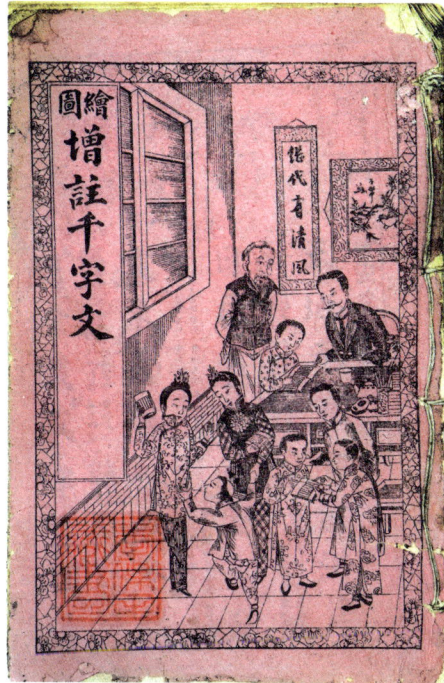

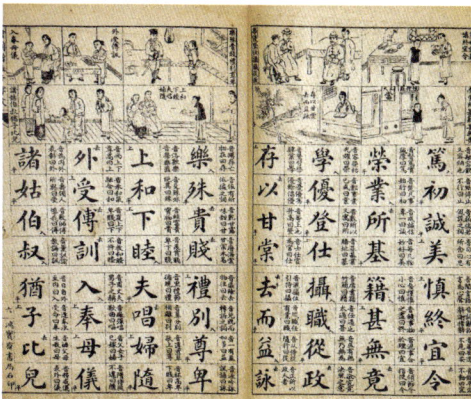

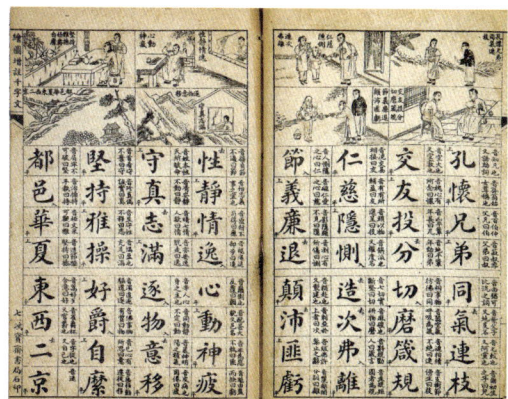

书名：绘图历史三字经

著者：不详

出版印行：不详

出版时间：不详

册数：不详

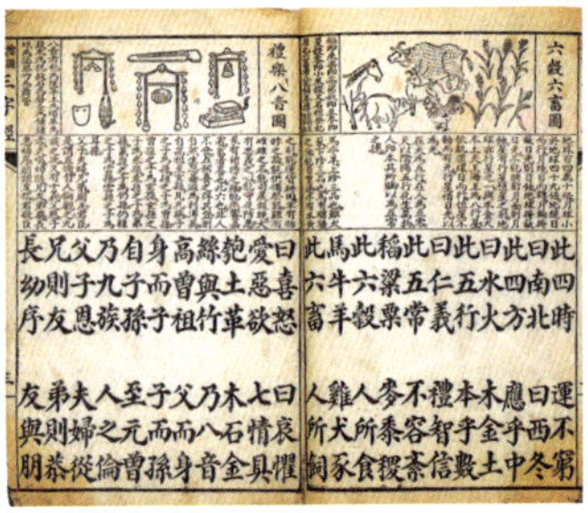

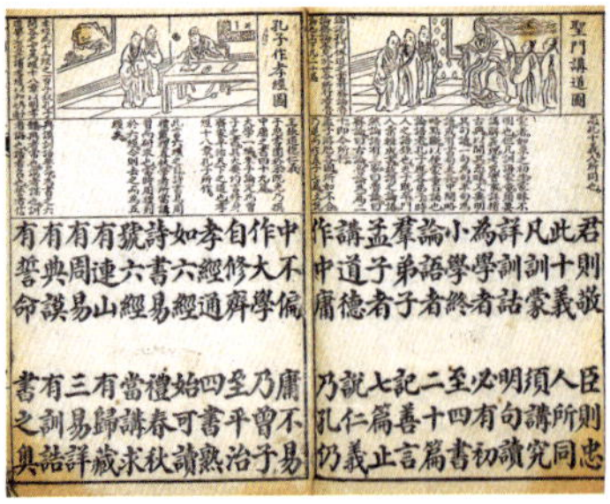

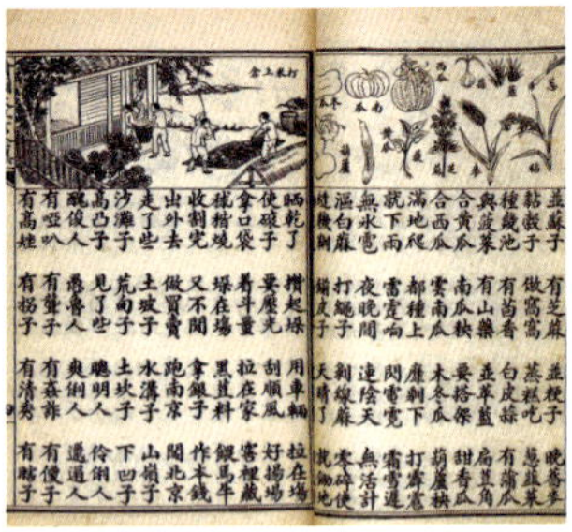

书名：正草隶篆四体三字经

著者：不详

出版印行：上海昌文书局 / 石印　上海尚古山房 / 发行

出版时间：不详

册数：不详

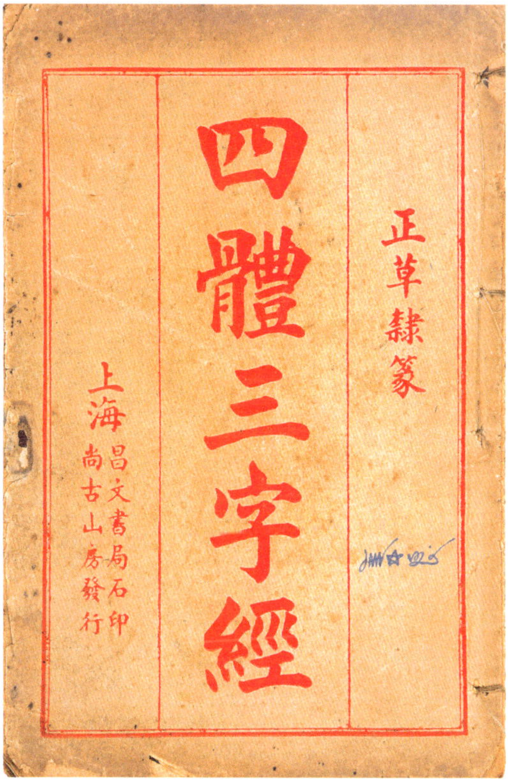

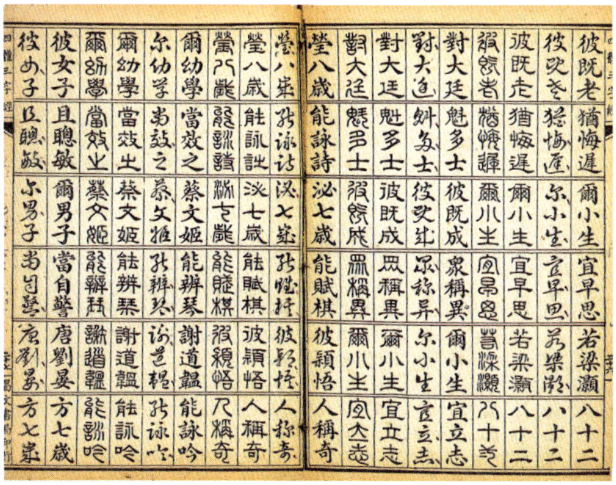
彼既老 猶悔遲 爾小生 宜早思 若梁灝 八十二
對大廷 魁多士 彼既成 衆稱異 爾小生 宜立志
瑩八歲 能詠詩 泌七歲 能賦棋 彼穎悟 人稱奇
爾幼學 當效之 蔡文姬 能辨琴 謝道韞 能詠吟
彼女子 且聰敏 爾男子 當自警 唐劉晏 方七歲

书名：绘图三字经

著者：不详

出版印行：上海学古堂

出版时间：不详

册数：不详

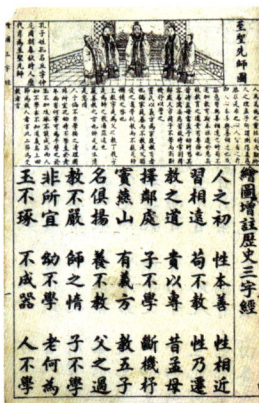

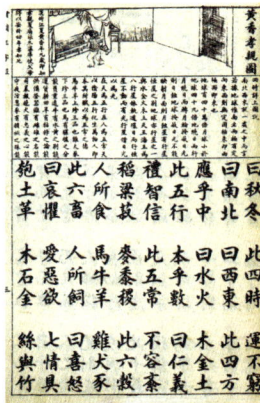

书名：绘图百家姓
著者：不详
出版印行：上海学古堂
出版时间：不详
册数：不详

4 蒙学类教材

书名：启蒙三种

著者：张西麓 / 编纂

出版印行：味书味斋

出版时间：乙亥年（1875）

册数：不详

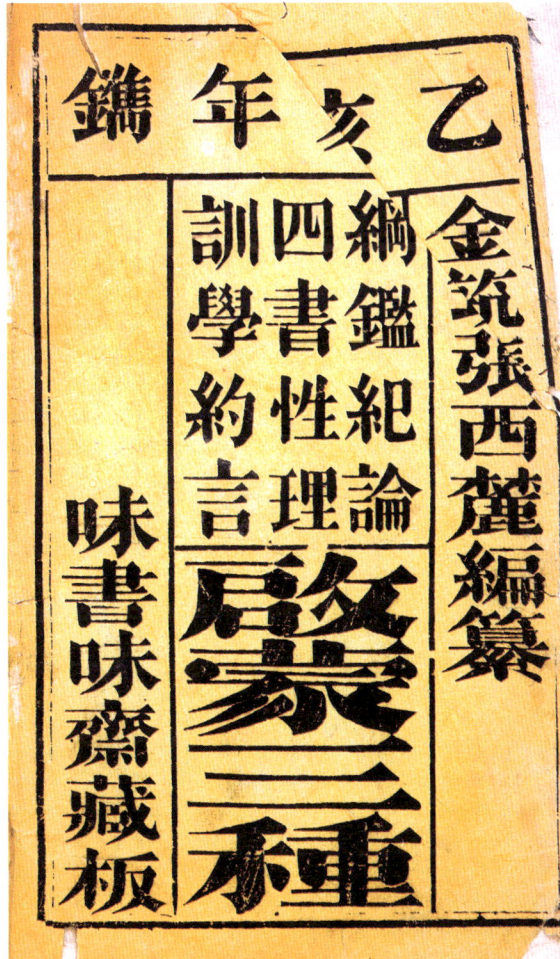

乙亥年鐫

金筑張西麓編纂

綱鑑紀論

四書性理

訓學約言

啟蒙三種

味書味齋藏板

82

书名：男女婚姻卫生学

著者：[日]松平安子 / 著　诱民子 / 译

出版印行：启智书会 / 藏版　上海新民丛报支店 / 总发行

出版时间：（光绪）辛丑年（1901）初版　乙巳年（1905）5版

册数：不详

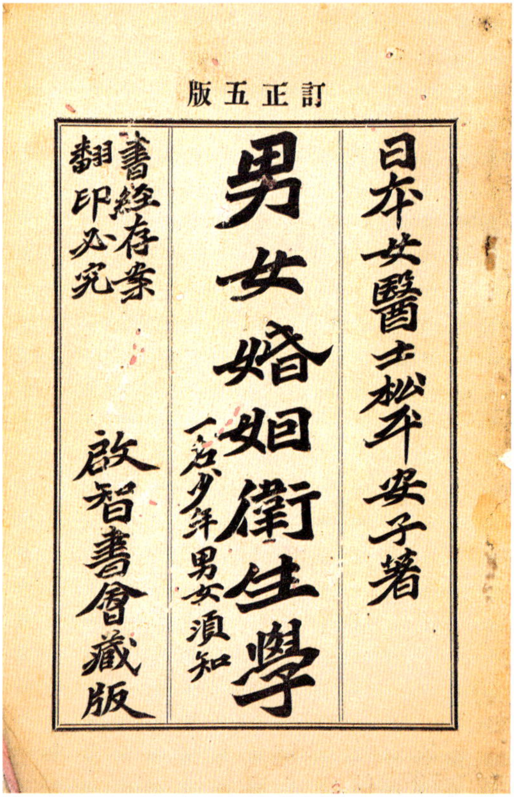

訂正五版

日本女醫士松平安子著

男女婚姻衛生學

一名少年男女須知

書經存案　翻印必究

啟智書會藏版

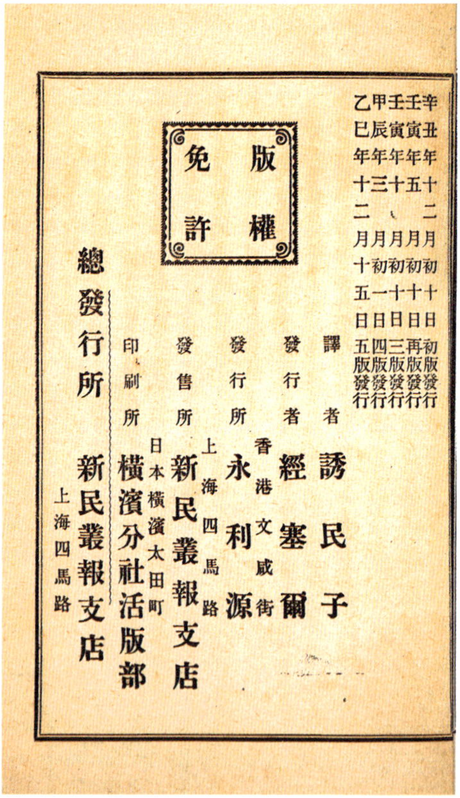

版權免許

辛丑年十二月初十日初版發行
壬寅年五月十一日再版發行
壬寅年十月十三日三版發行
甲辰年三月初四日四版發行
乙巳年十二月初五日五版發行

譯者　誘民子

發行者　經塞爾

發行所　香港文咸街　永利源

發售所　上海四馬路　新民叢報支店

印刷所　日本横濱太田町　横濱分社活版部

總發行所　新民叢報支店　上海四馬路

书名：改良妇孺三字书

著者：陈子褒

出版印行：英华书局

出版时间：光绪二十七年（1901）3版

册数：不详

备注：陈子褒（1862—1922），名知孚，号荣衮，广东江门人。清末民初著名爱国教育家。康有为友人，后拜康有为为师。自号"妇孺之仆"，创办澳门蒙学会、子褒学塾、联爱女校和子褒女校，"五四"之前提倡白话教育第一人。

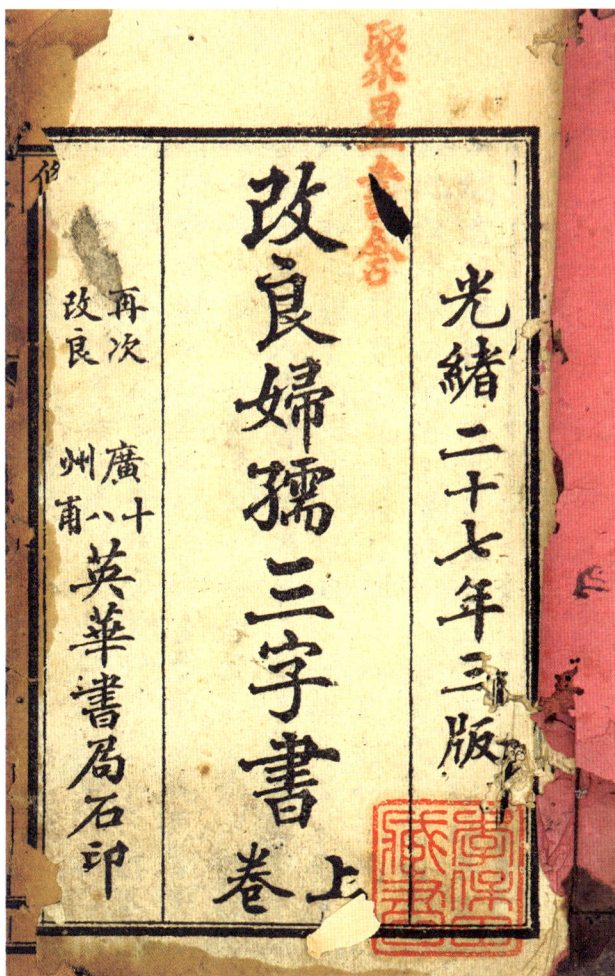

84 书名：改良绘图四字书
著者：陈子褒
出版印行：英华书局
出版时间：光绪二十七年（1901）再版
册数：一

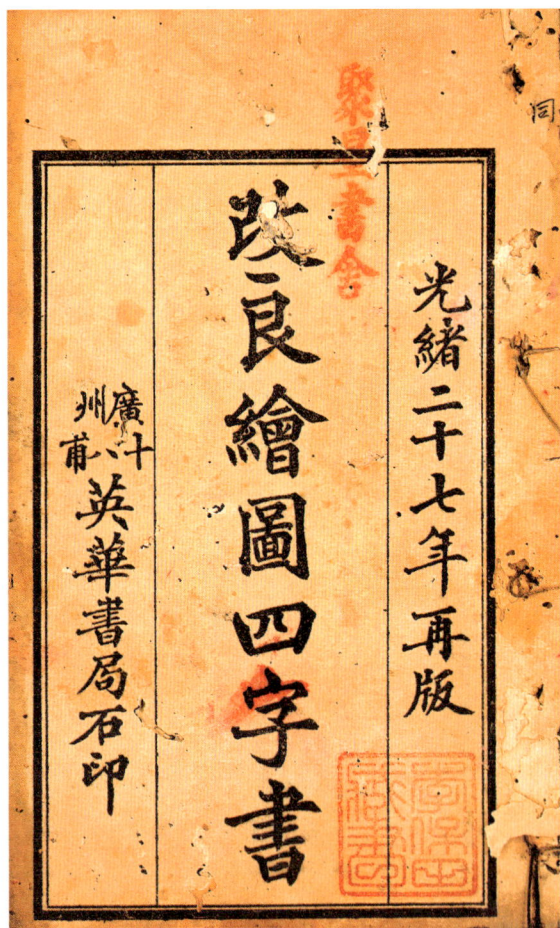

书名：改良绘图五字书

著者：陈子褒

出版印行：英华书局

出版时间：光绪二十七年（1901）再版

册数：一

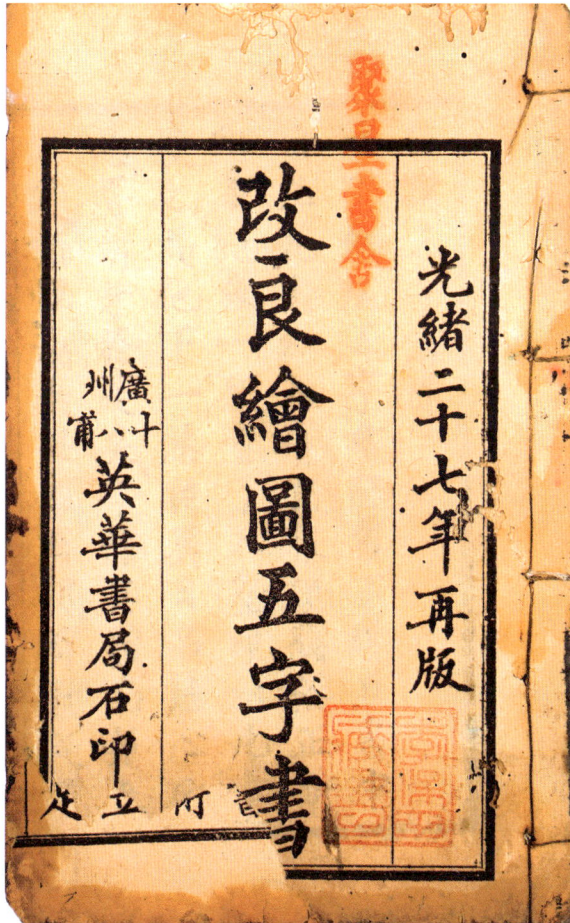

86　书名：妇孺释词

著者：陈子褒

出版印行：蒙学书塾

出版时间：光绪廿八年（1902）

册数：不详

书名：地球韵言

著者：张士瀛

出版印行：上海同文书局

出版时间：光绪壬寅年（1902）

册数：不详

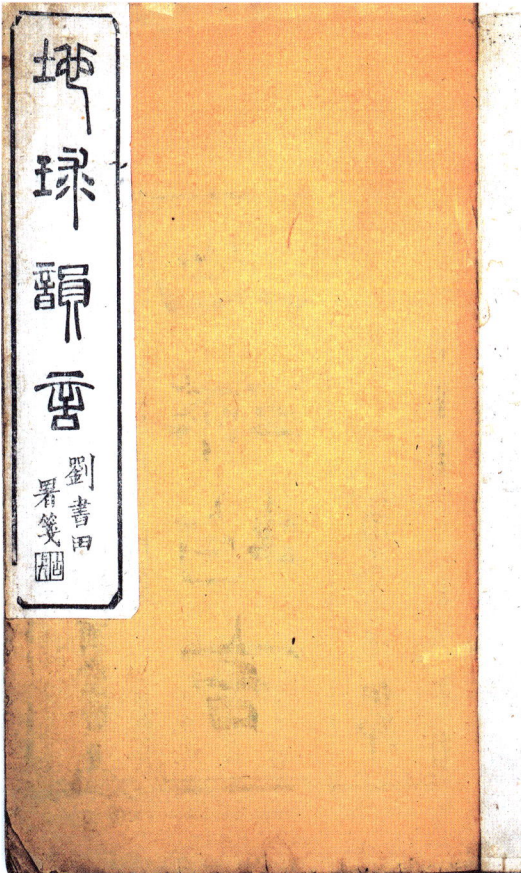

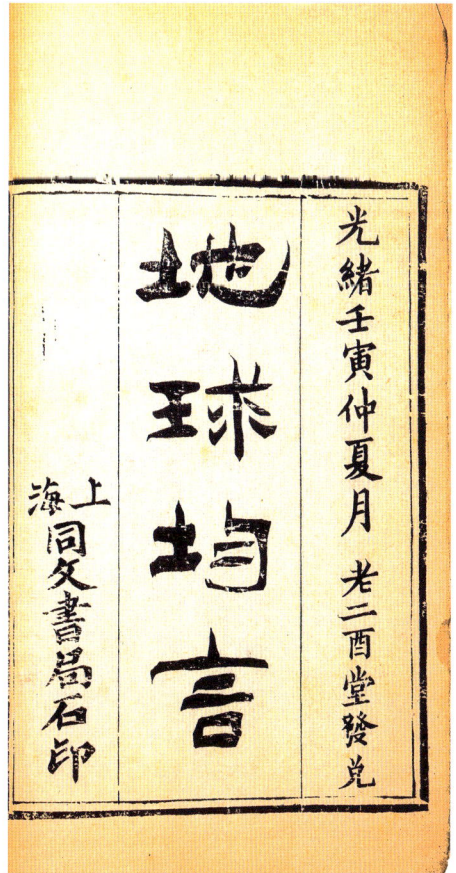

88

书名：蒙学读本舆地歌韵

著者：张之洞

出版印行：通时书局

出版时间：1902

册数：二

备注：此读本为晚清重臣张之洞诸多著作中唯一一教材。

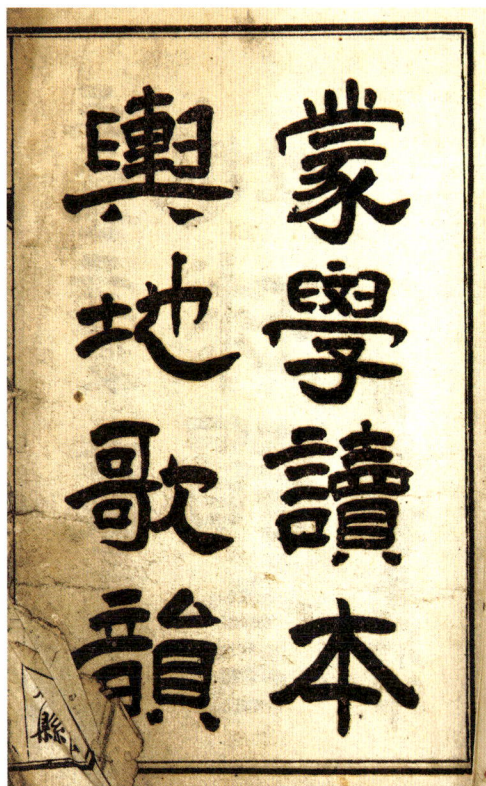

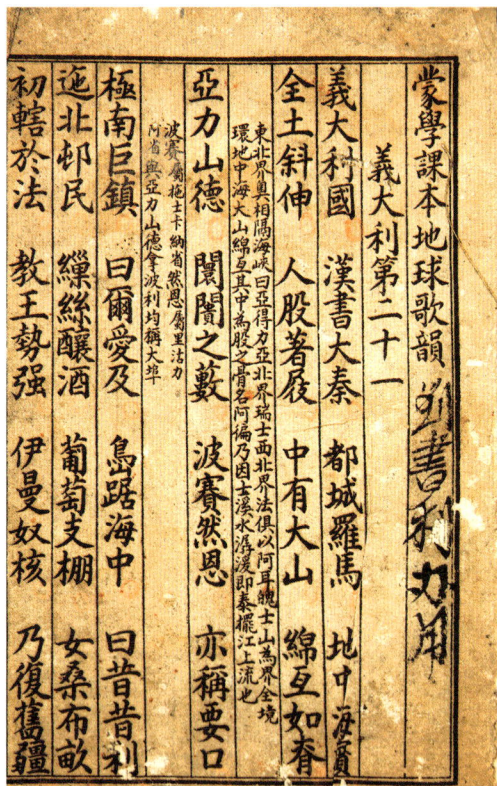

蒙學讀本舆地歌韻

蒙學課本地球歌韻

義大利第二十一

義大利國　漢書大秦　都城羅馬　地中海頁

全土斜伸　人股著屐　中有大山　綿亙如脊

亞力山德　閩閬之藪　波賽然恩　亦稱要口

極南巨鎮　曰爾愛及　鳥踞海中　曰普普利

延北邨民　繅絲釀酒　葡萄支棚　女桑布畝

初轄於法　教王勢強　伊曼奴核　乃復舊疆

书名：妇孺浅史

著者：陈子褒

出版印行：蒙学书局

出版时间：光绪二十八年（1902）初版

册数：不详

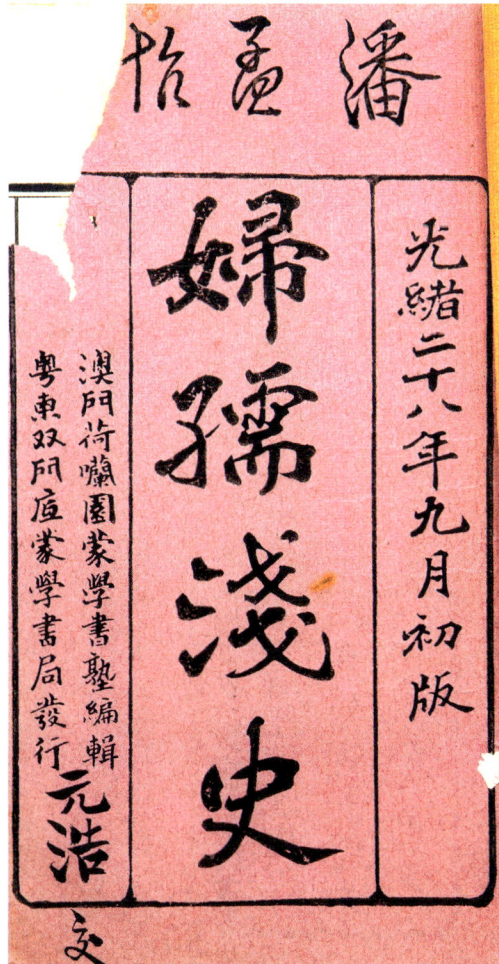

90　书名：绘图妇孺新读本

著者：陈子褒

出版印行：蒙学书塾

出版时间：光绪二十九年（1903）再版

册数：不详

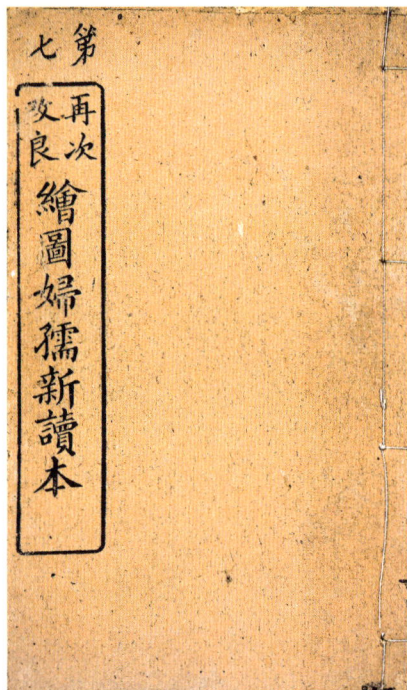
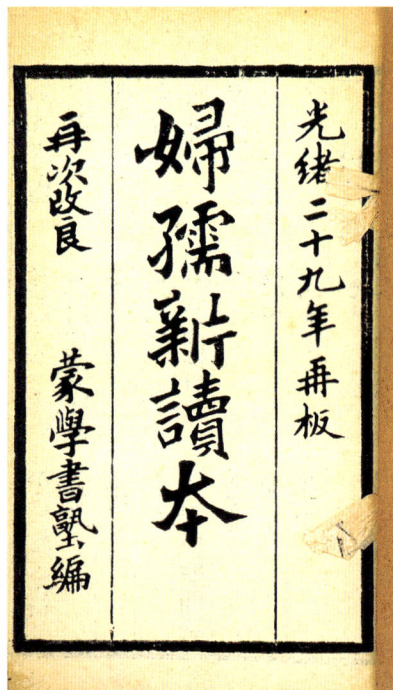

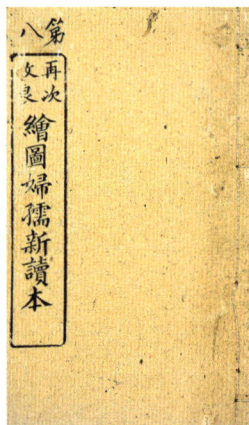
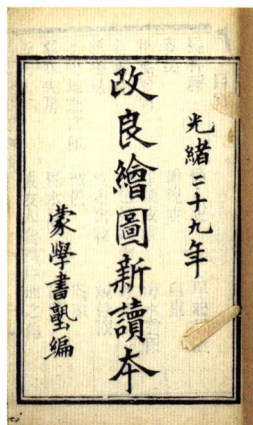

书名：地球韵言

著者：张士瀛

出版印行：商务印书馆

出版时间：光绪二十九年（1903）

册数：不详

94
书名：妇孺信扎材料
著者：陈子褒
出版印行：英华书局
出版时间：光绪三十年（1904）
册数：不详

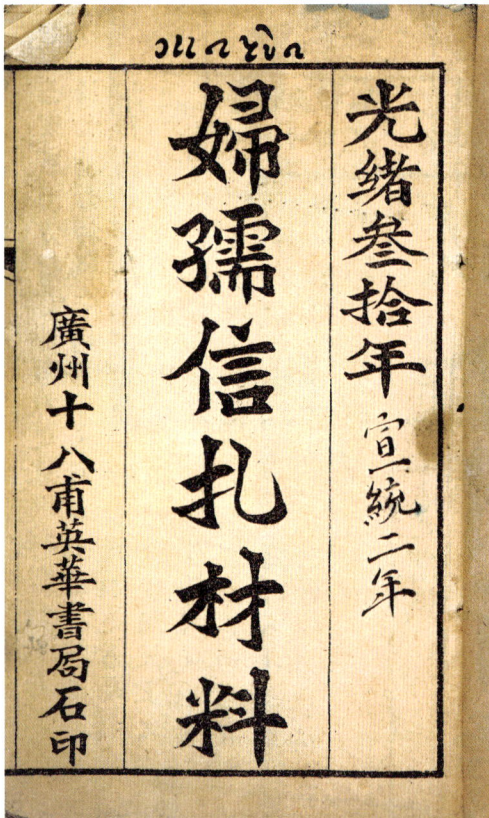

光緒叁拾年 宣統二年

婦孺信扎材料

廣州十八甫英華書局石印

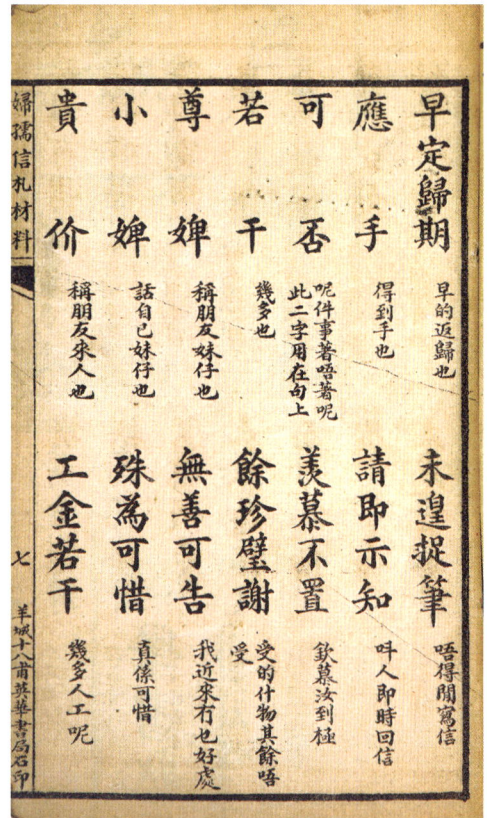

婦孺信扎材料

早定歸期　早的返歸也

未遑捉筆　唔得閑寫信

請即示知　吓人即時回信

羨慕不置　欽慕汝到極

餘珍璧謝　受的什物其餘唔受

無善可告　我近來冇乜好處

珠為可惜　真係可惜

工金若干　幾多人工呢

應手　得到手也

可否　呢件事著唔著呢　此二字用在句上

若干　幾多也

尊婢　稱朋友妹仔也

小婢　話自己妹仔也

貴价　稱朋友來人也

七　羊城十八甫英華書局石印

书名：妇孺译文

著者：陈子褒

出版印行：时敏书局

出版时间：光绪三十年（1904）

册数：不详

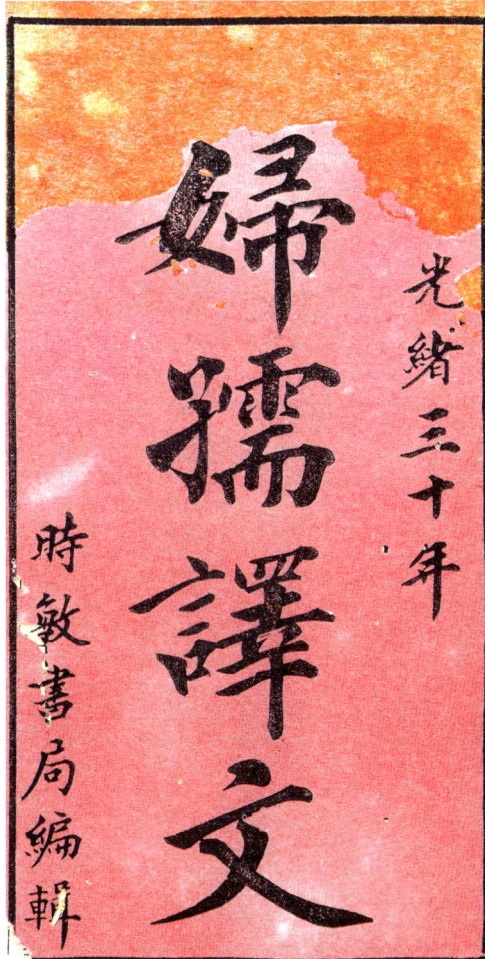

96　书名：史鉴节要便读
　　著者：鲍东里
　　出版印行：商务印书馆
　　出版时间：光绪三十年（1904）
　　册数：不详

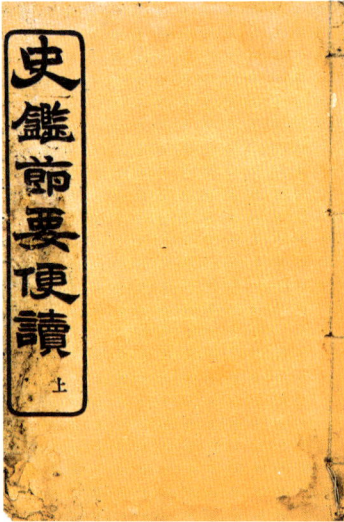

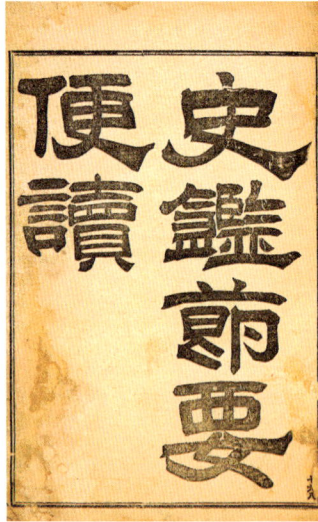

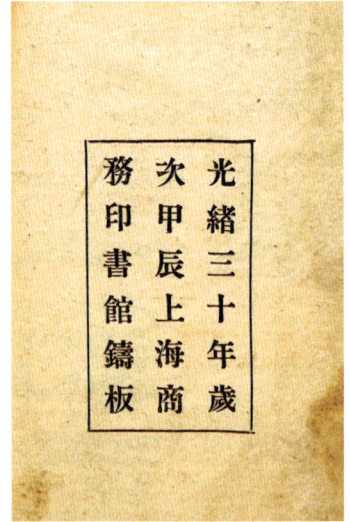

书名：妇孺信札

著者：陈子褒

出版印行：不详

出版时间：不详

册数：不详

备注：机器即用机器印制。

機器

婦孺信札

婦孺信札

书名：幼学妇孺韵语
著者：陈子褒
出版印行：广州光复中华兴书局
出版时间：不详
册数：不详

书名：最新七级字课（第五种学生用）
著者：陈子褒 / 编辑
出版印行：蒙学书局
出版时间：不详
册数：不详

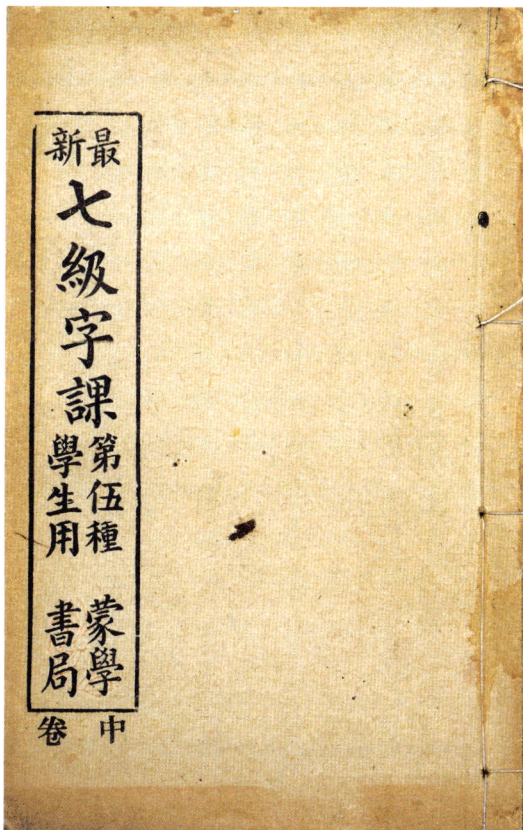

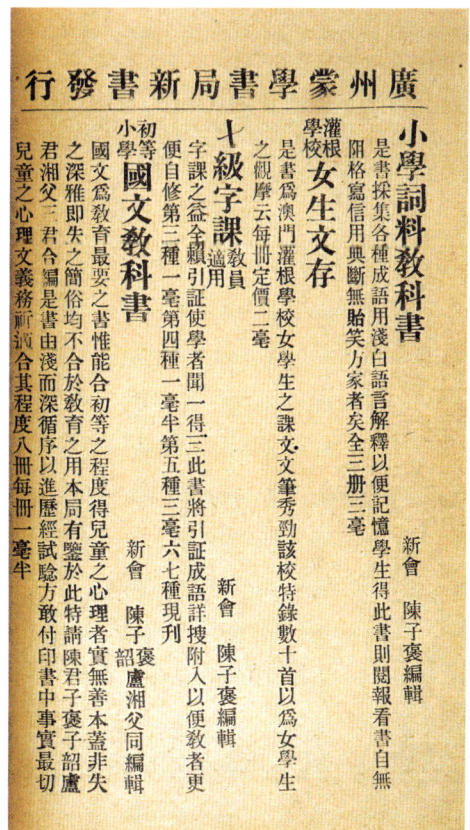

最新七級字課 第伍種 學生用 蒙學書局 卷中

廣州蒙學書局新書發行

小學詞料教科書

新會 陳子褒編輯

是書採集各種成語用淺白語言解釋以便記憶學生得此書則閱報看書自無阳格寫信用典斷無貽笑方家者矣全三冊三毫

灌根學校女生文存

新會 陳子褒編輯

是書爲澳門灌根學校女學生之課文文筆秀勁該校特錄數十首以爲女學生之觀摩云每冊定價二毫

十級字課 適用教員

新會 陳子褒盧湘父同編輯

字課之益全賴引証使學者開一得三此書將引証成語詳搜附入以便教者更便自修第三種一毫第四種一毫半第五種三毫六七種現刊

初等小學國文教科書

新會 陳子褒盧子韶盧君湘父三君合編

國文爲教育最要之書惟能合初等之程度得兒童之心理者實無善本蓋非失之深雅即失之簡俗均不合於教育之用本局有鑑於此特請陳君子褒子韶君湘父三君合編是書由淺而深循序以進歷經試驗方敢付印書中事實最切兒童之心理文義務須合其程度八冊每冊一毫半

100

书名：绘图速通虚字法

著者：不详

出版印行：杭州六克巷彪蒙书室

出版时间：不详

册数：不详

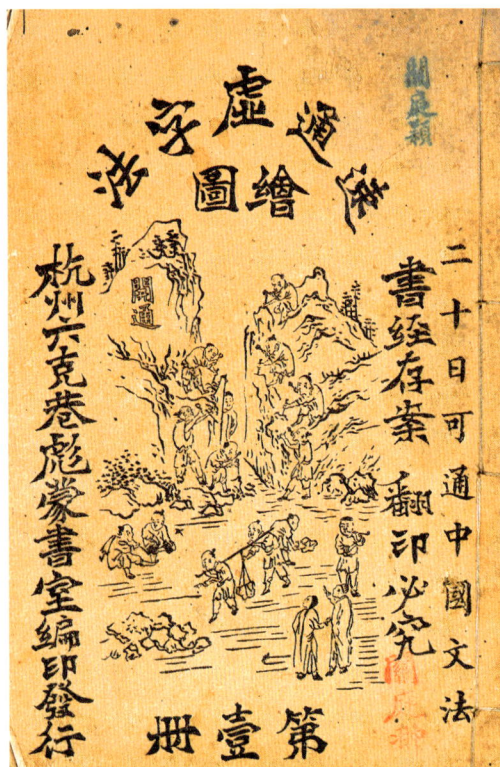

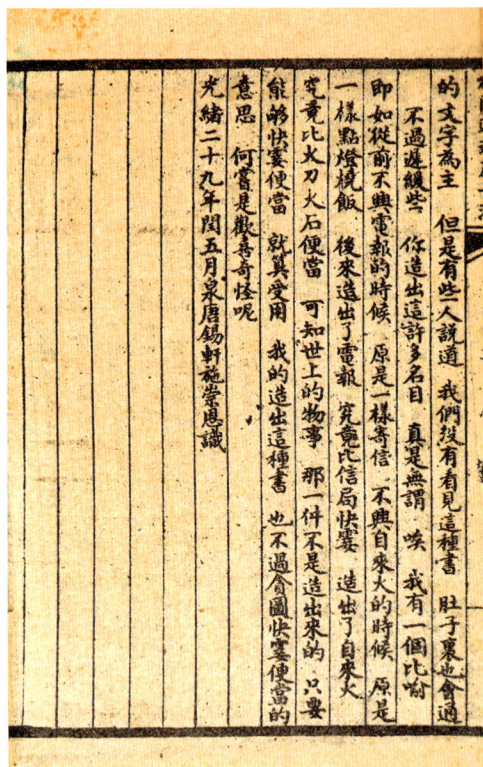

书名：绘图蒙学捷径
著者：不详
出版印行：上海美华书馆
出版时间：不详
册数：不详

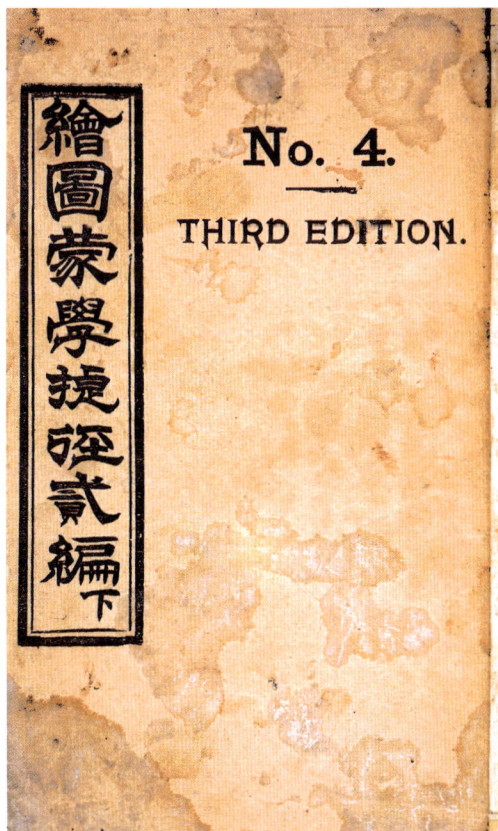

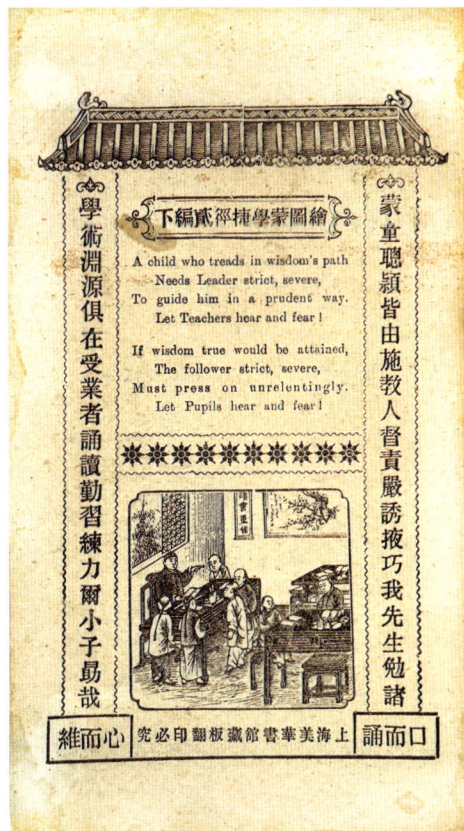

书名：启蒙读本
著者：不详
出版印行：不详
出版时间：不详
册数：不详

啟蒙讀本

翻刻
必究

书名：文字发凡
著者：龙伯纯／编辑
出版印行：广智书局
出版时间：不详
册数：不详

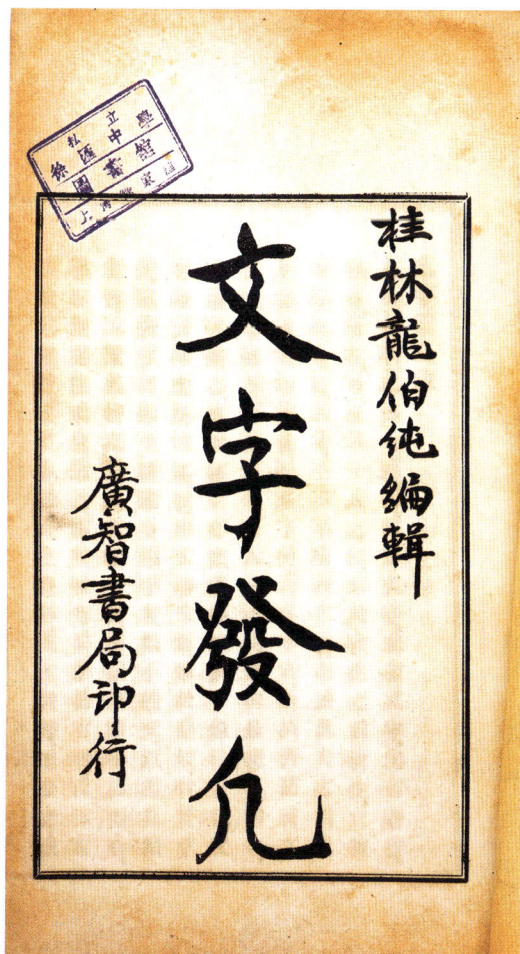

桂林龍伯純編輯

文字發凡

廣智書局印行

书名：绘图蒙学课本
著者：不详
出版印行：不详
出版时间：不详
册数：不详

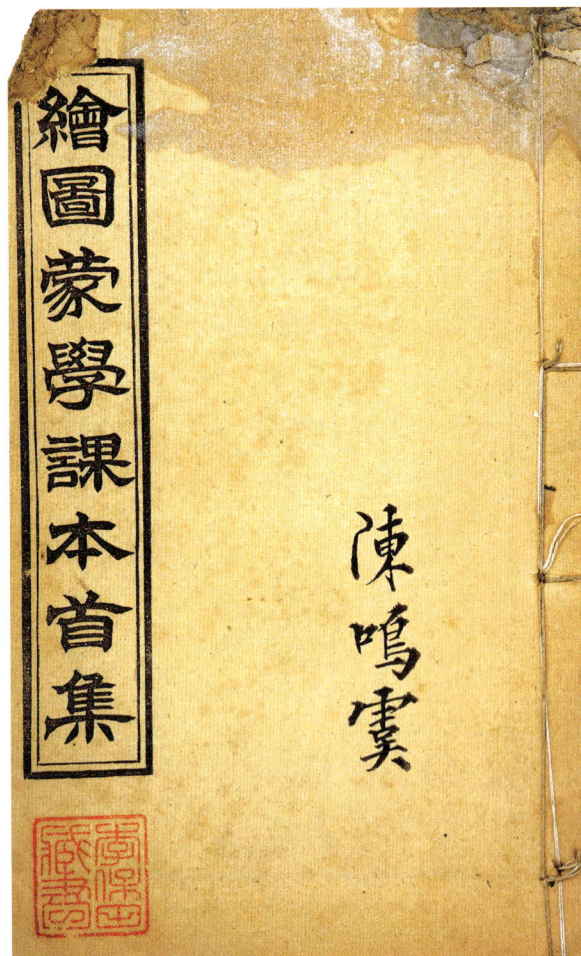

书名：蒙学课本初编

著者：不详

出版印行：不详

出版时间：不详

册数：不详

书名：幼学须知句解

著者：不详

出版印行：锦章书局

出版时间：不详

册数：不详

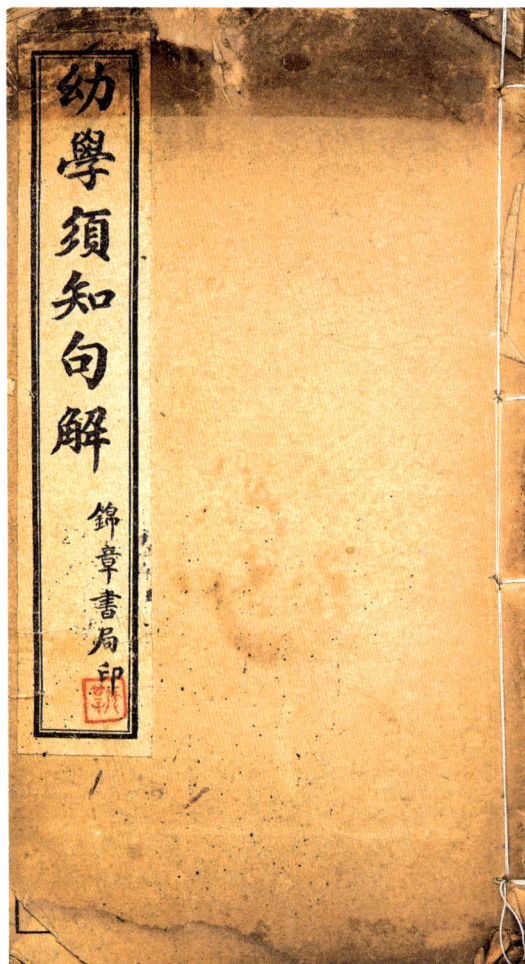

书名：养蒙便读

著者：周秉清 / 编

出版印行：不详

出版时间：不详

册数：不详

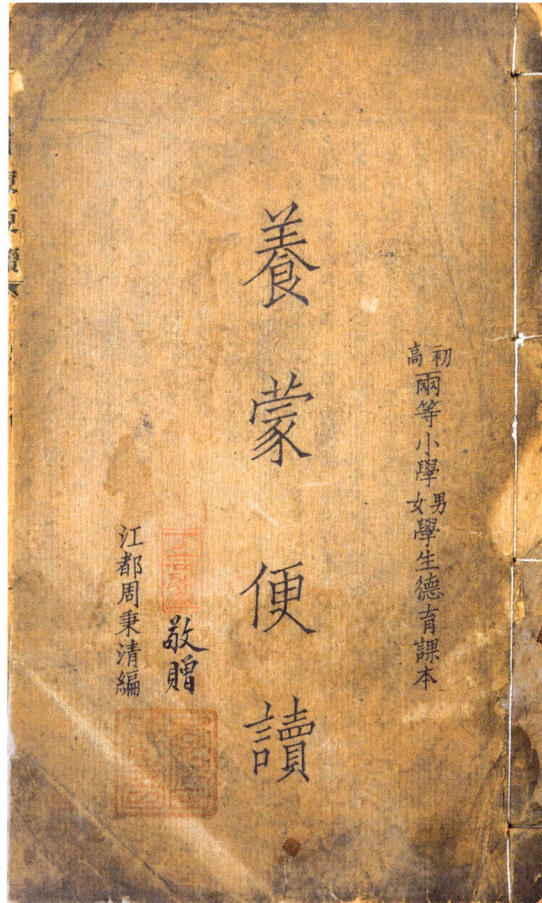

養蒙便讀

初
高等小學男
爾等小學女學生德育課本

江都周秉清編

敬贈

書名：绘图小学韵语
著者：不详
出版印行：北京老二酉堂
出版时间：不详
册数：不详

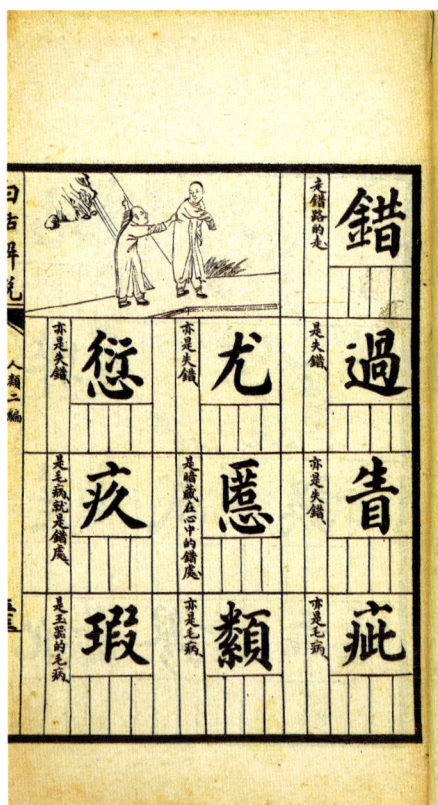

书名：小学韵语
著者：不详
出版印行：不详
出版时间：不详
册数：不详

5 其他教材

书名：绘图四书新体读本

著者：彪蒙编译所 / 演注　彪蒙编译所 / 校阅

出版印行：彪蒙书室

出版时间：光绪三十一年（1905）初版　光绪三十四年（1908）6版

册数：不详

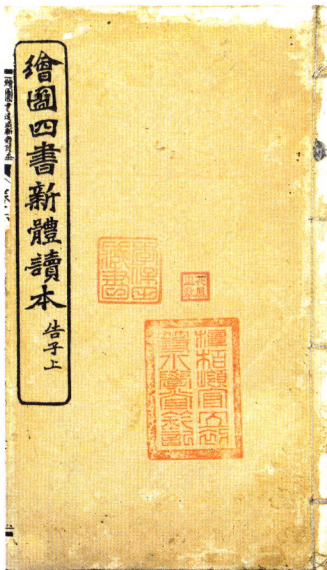

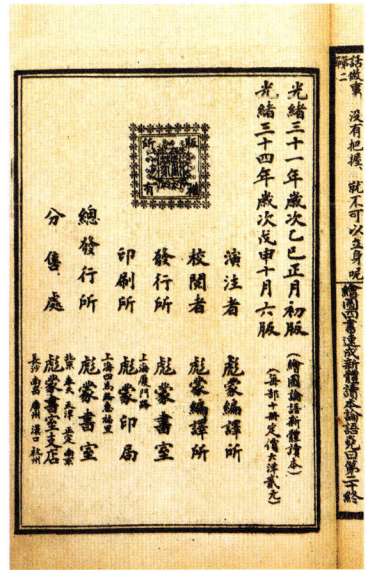

书名：绘图四书便蒙课本论语
著者：南洋官书局 / 纂
出版印行：南洋官书局
出版时间：不详
册数：不详

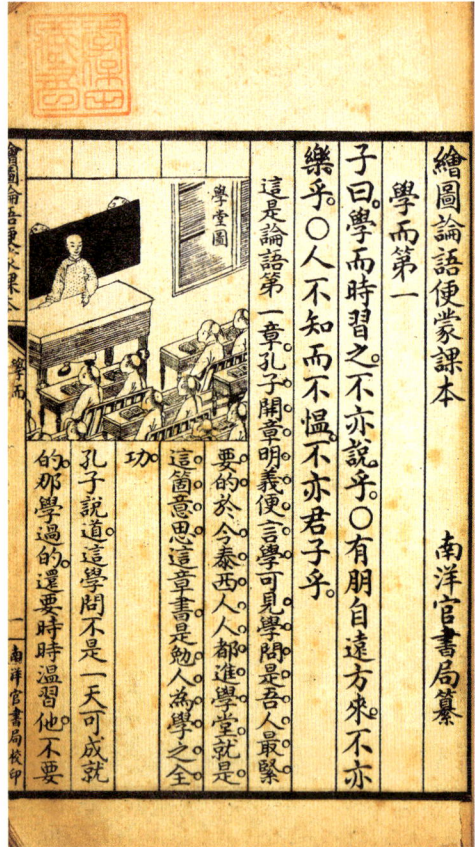

书名：孝经读本（言文对照；经学教科自修适用）

著者：不详

出版印行：上海复兴书局

出版时间：不详

册数：不详

言文對照　孝經讀本
經學教科自修適用　文儀
上海復興書局印行

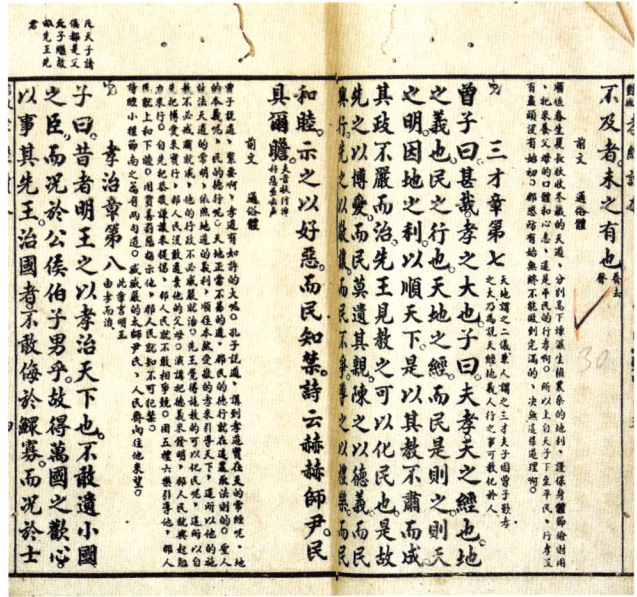

孝治章第八

子曰，昔者明王之以孝治天下也，不敢遺小國之臣，而況於公侯伯子男乎，故得萬國之歡心，以事其先王。治國者不敢侮於鰥寡，而況於士……

三才章第七

曾子曰甚哉孝之大也，子曰夫孝天之經也，地之義也，民之行也，天地之經，而民是則之，則天之明，因地之利，以順天下，是以其教不肅而成，其政不嚴而治，先王見教之可以化民也，是故先之以博愛，而民莫遺其親，陳之以德義，而民興行，先之以敬讓，而民不爭，導之以禮樂，而民和睦，示之以好惡，而民知禁，詩云赫赫師尹民具爾瞻。

前文　通俗體

不及者未之有也

书名：绘图朱子治家格言

著者：不详

出版印行：老二酉堂

出版时间：不详

册数：不详

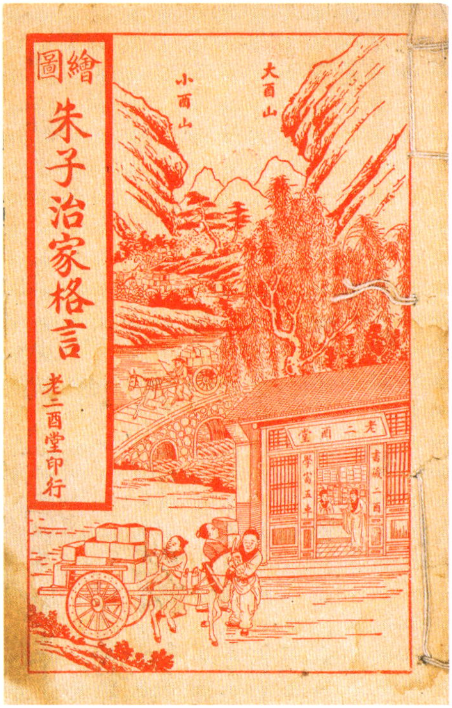

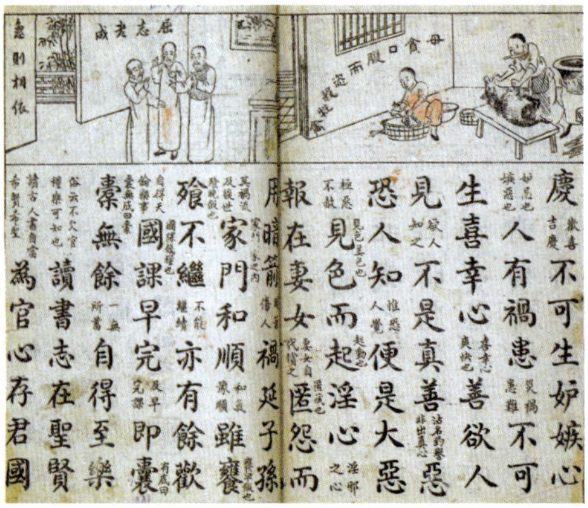

慶不可生妒嫉心
人有禍患不可
生喜幸心 善欲人
見不是真善 惡
恐人知便是大惡
見色而起淫心
報在妻女 匿怨而
用暗箭 禍延子孫
家門和順 雖饔
飧不繼 亦有餘歡
國課早完 即囊
橐無餘 自得至樂
讀書志在聖賢
為官心存君國

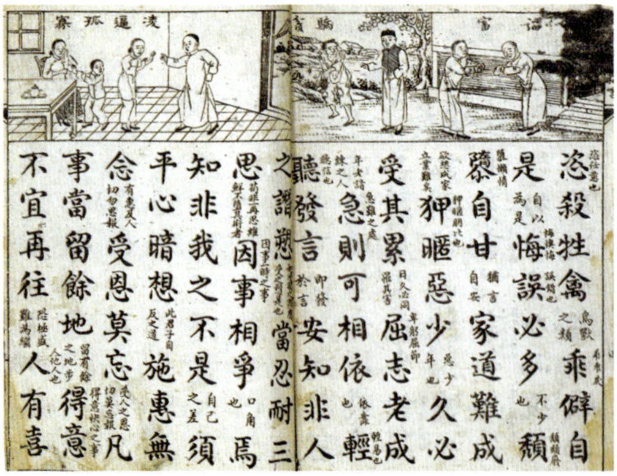

恣殺牲禽 乖僻自
是 悔誤必多 頹
隳自甘 家道難成
狎暱惡少 久必
受其累 屈志老成
急則可相依 輕
聽發言 安知非人
之譖愬 當忍耐三
思 因事相爭 焉
知非我之不是 須
平心暗想 施惠無
念 受恩莫忘 凡
事當留餘地 得意
不宜再往 人有喜

书名：增订小学金丹讲义

著者：不详

出版印行：会文堂

出版时间：不详

册数：不详

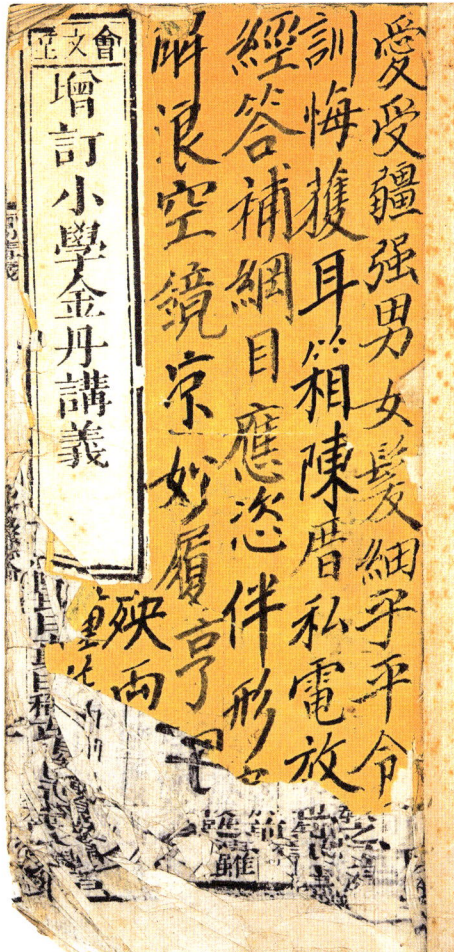

早期学堂教育教材

① 启蒙类教材

书名：新订蒙学课本
著者：朱树人
出版印行：南洋公学
出版时间：1901年
册数：三

126　书名：蒙学读本全书（寻常小学堂读书科生徒用教科书）
著者：俞复　等
出版印行：无锡三等公学堂
出版时间：1902年
册数：七

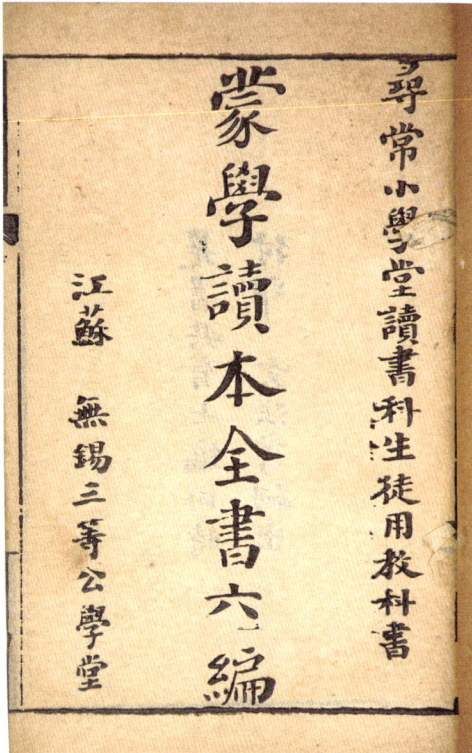

蒙學讀本全書六編

寻常小學堂讀書科生徒用教科書

江蘇　無錫三等公學堂

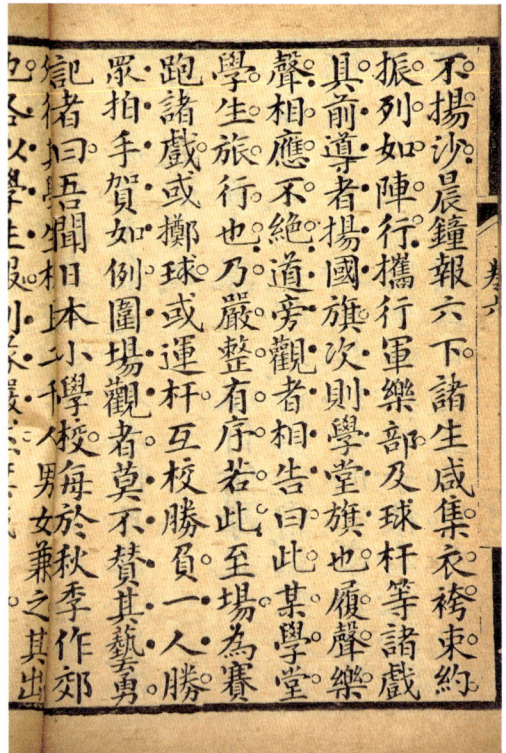

卷六

不揚沙，晨鐘報六下，諸生咸集，衣袴束約
振列如陣行，攜行軍樂部及球杆等諸戲
具，前導者揚國旗次之，則學堂旗也，履聲樂
聲相應，不絕道旁觀者相告曰，此某學堂
學生旅行也，乃嚴整有序若此，至場為賽
跑，諸戲，或擲球，或運杆，互校勝負，一人勝
眾拍手賀如例，圍場觀者莫不贊其藝勇
記諸歸吾聞相本小學校每於秋季作郊
行男女兼之，其出

书名：绘图蒙学课本
著者：Wang HangTong
出版印行：不详
出版时间：1904年
册数：不详

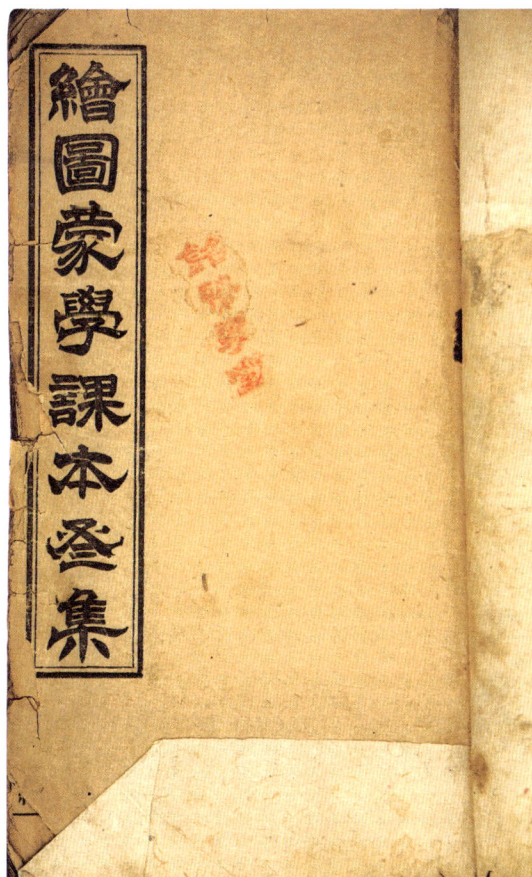

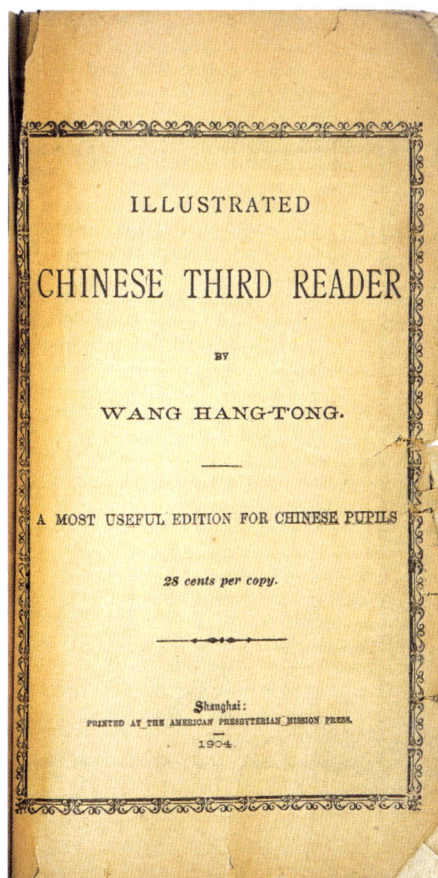

书名：绘图注释千字文（启蒙小学用书）

著者：不详

出版印行：上海锦章图书局

出版时间：不详

册数：不详

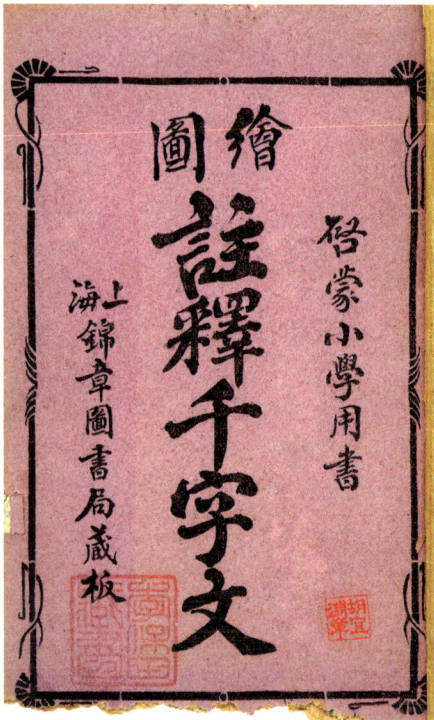

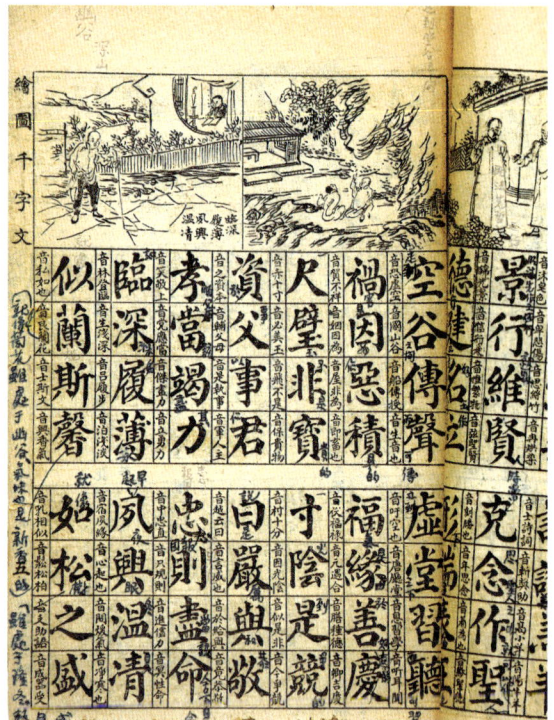

② 国文教材

书名：国文教授进阶

著者：王建善 / 著

出版印行：育材学堂编辑所 / 发行　开明印刷部 / 印刷

出版时间：光绪二十九年（1903）初版

册数：一

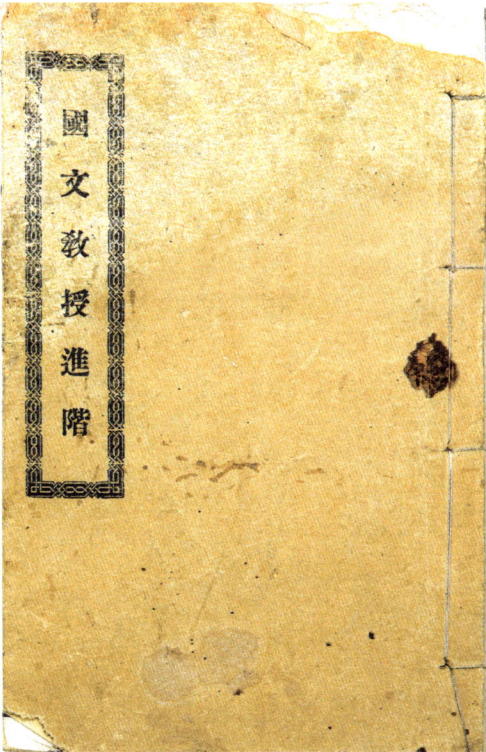

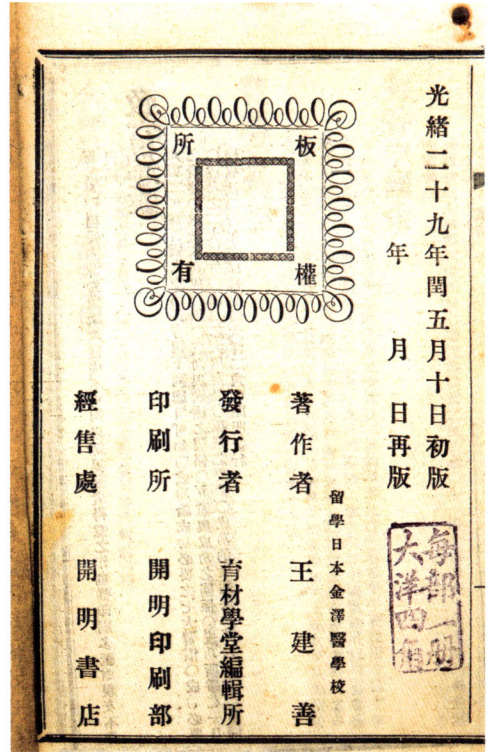

书名：最新国文教科书（初等小学用）

著者：蒋维乔、庄俞 / 编纂

出版印行：商务印书馆

出版时间：光绪三十年（1904）初版　光绪三十三年（1907）29版

册数：八

备注：我国第一套具有现代意义之教科书，为教科书之鼻祖。

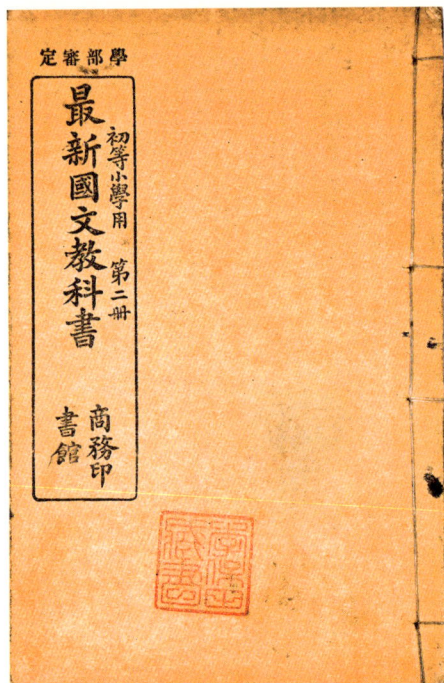

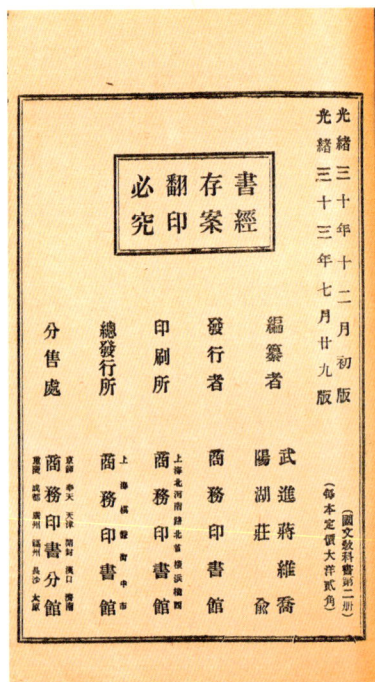

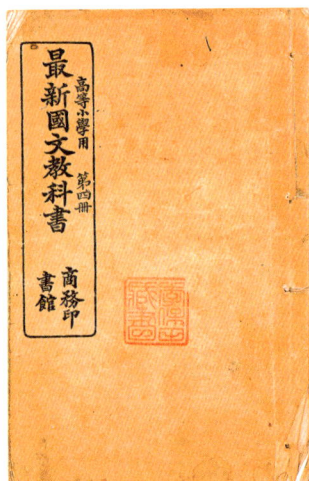

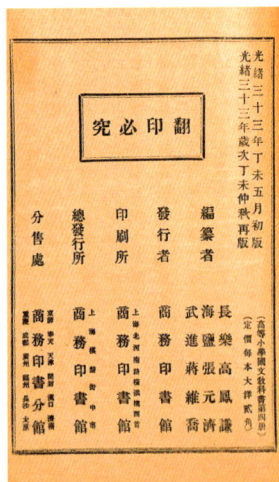

学部审定

最新國文教科書

初等小學用　第二冊

商務印書館

書經存案　翻印必究

光緒三十年十二月初版

光緒三十三年七月廿九版

（國文教科書第二冊）

編纂者　武進蔣維喬　陽湖莊俞

發行者　商務印書館

印刷所　商務印書館

總發行所　商務印書館

分售處　商務印書分館

（郵本定價大洋貳角）

最新國文教科書

高等小學用　第四冊

商務印書館

翻印必究

光緒三十三年丁未五月初版

光緒三十三年歲次丁未仲秋再版

編纂者　長樂高鳳謙　海鹽張元濟　武進蔣維喬

發行者　商務印書館

印刷所　商務印書館

總發行所　商務印書館

分售處　商務印書分館

（高等小學國文教科書第四冊）

书名：初等小学国文教科书
著者：上海春风馆 / 编纂　汤寿潜 / 鉴定　张謇 / 题签
出版印行：上海春风馆
出版时间：光绪三十一年（1905）
册数：不详

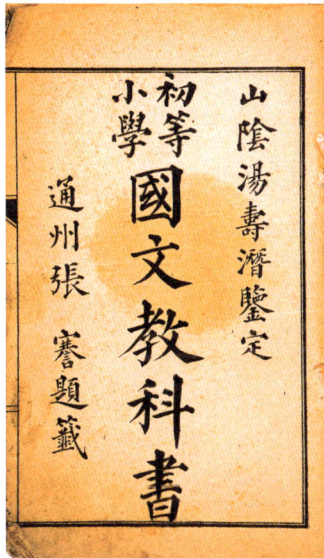

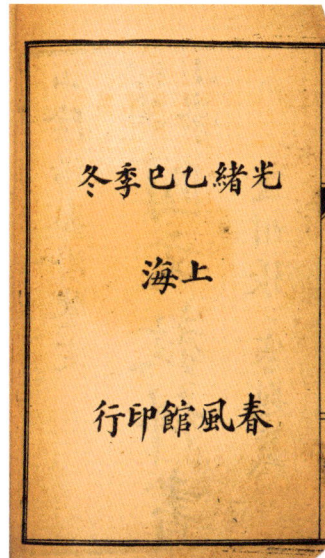

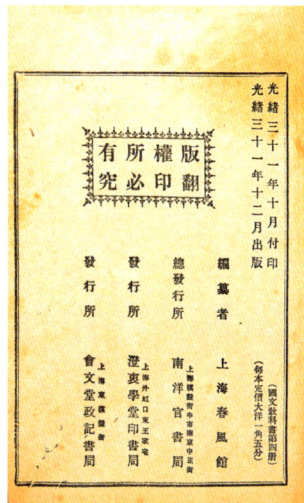

134　书名：初等小学国文教授书

著者：不详

出版印行：学部图书局

出版时间：光绪三十二年（1906）

册数：不详

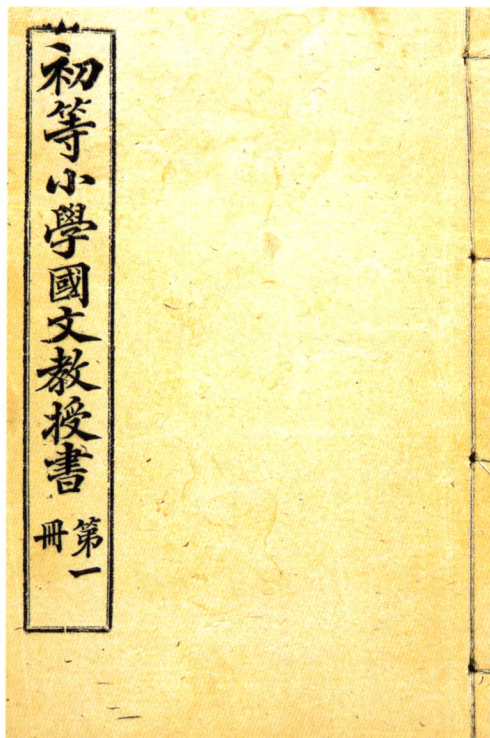

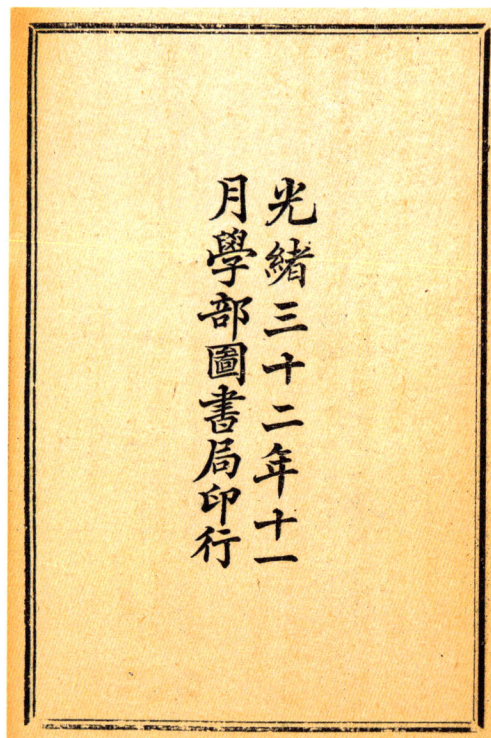

书名：广智国文读本（初等小学堂用）

著者：冯翼年、梁枚／编著

出版印行：上海广智书局

出版时间：光绪三十二年（1906）初版

册数：二

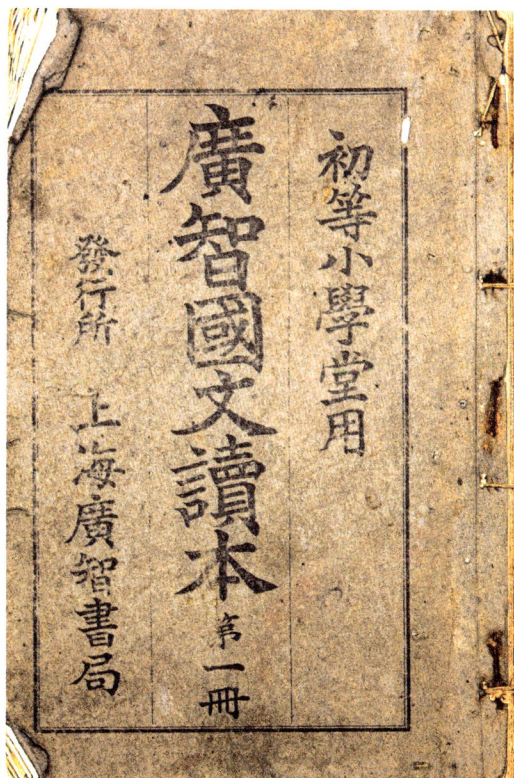

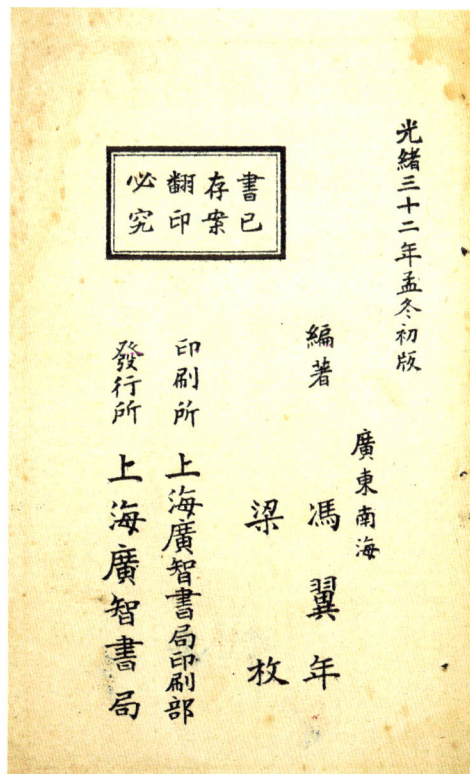

初等小學堂用

廣智國文讀本 第一冊

發行所 上海廣智書局

光緒三十二年孟冬初版

編著 廣東南海 馮翼年 梁枚

印刷所 上海廣智書局印刷部

發行所 上海廣智書局

書已存案
翻印必究

136 书名：国民读本

著者：朱树人 / 著

出版印行：上海文明书局

出版时间：光绪二十九年（1903）初版　光绪三十二年（1906）16版

册数：二

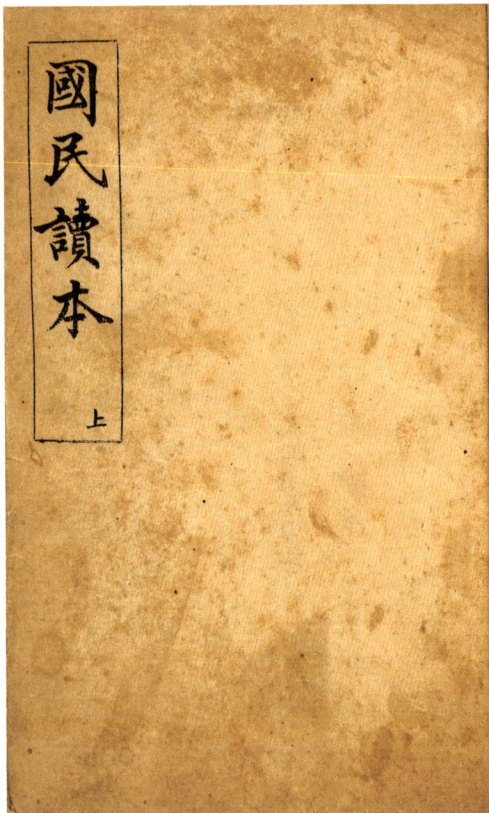

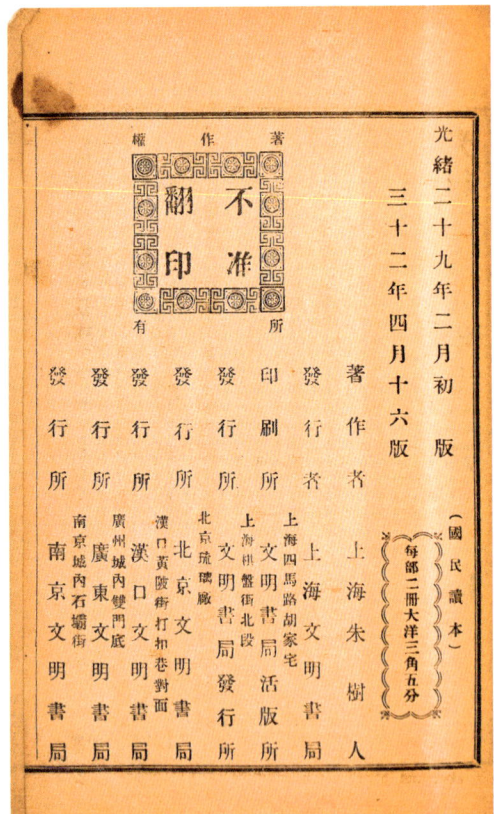

书名：最新国文教科书教授法（初等小学用）

著者：蒋维乔、庄俞 / 编纂

出版印行：商务印书馆

出版时间：光绪三十三年（1907）初版

册数：十

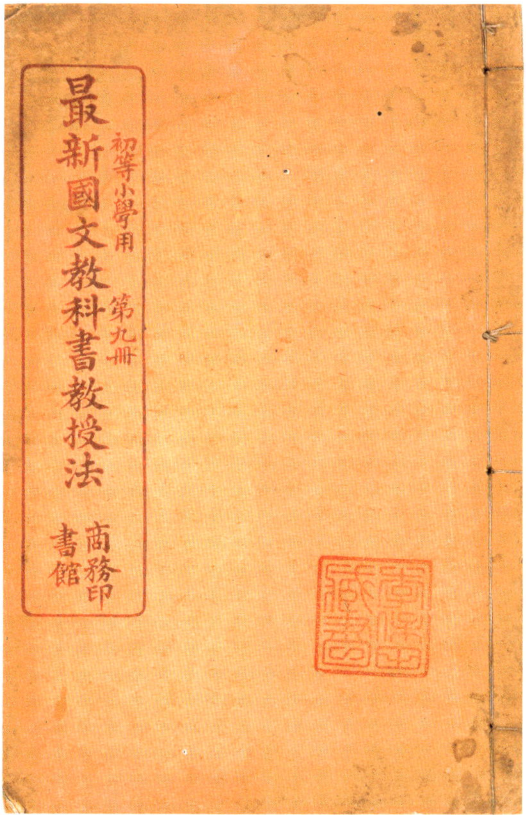

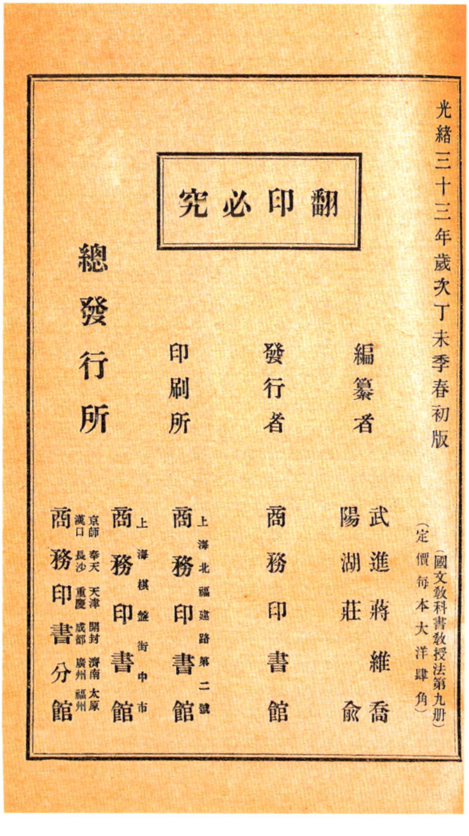

初等小學用　第九冊

最新國文教科書教授法

商務印書館

翻印必究

光緒三十三年歲次丁未季春初版

（國文教科書教授法第九冊）

（定價每本大洋肆角）

編纂者　武進蔣維喬　陽湖莊俞

發行者　商務印書館

印刷所　上海北福建路第二號　商務印書館

總發行所　上海棋盤街中市　商務印書館

商務印書分館　京師　奉天　天津　開封　濟南　太原　重慶　成都　廣州　福州　漢口　長沙

140

书名：高等小学国文读本（学部审定）

著者：无锡三等公学堂 / 编著

出版印行：文明书局

出版时间：光绪三十三年（1907）初版　宣统元年（1909）5版

册数：四

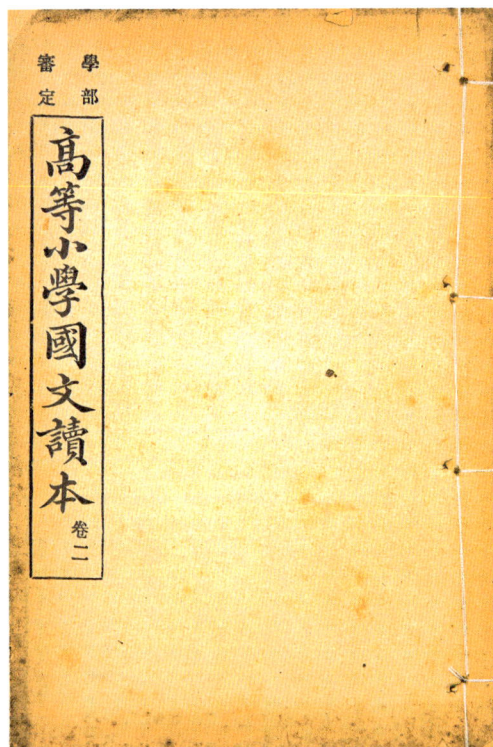

學部審定

高等小學國文讀本 卷二

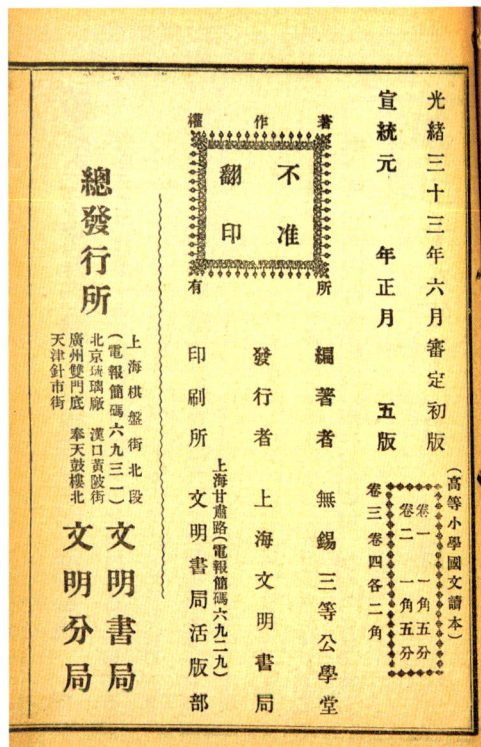

光緒三十三年六月審定初版

宣統元年正月五版

（高等小學國文讀本）

卷一　一角五分
卷二　一角五分
卷三卷四各二角

著作者　無錫三等公學堂

發行者　上海文明書局

印刷所　上海甘肅路（電報簡碼六九二九）文明書局活版部

作權所有　不准翻印

總發行所

上海棋盤街北段（電報簡碼六九三二）
北京琉璃廠
廣州雙門底
漢口黃陂街
天津針市街
奉天鼓樓北

文明書局
文明分局

书名：中学国文读本

著者：林纾 / 编纂

出版印行：商务印书馆

出版时间：光绪三十四年（1908）初版　宣统元年（1909）3版

册数：十

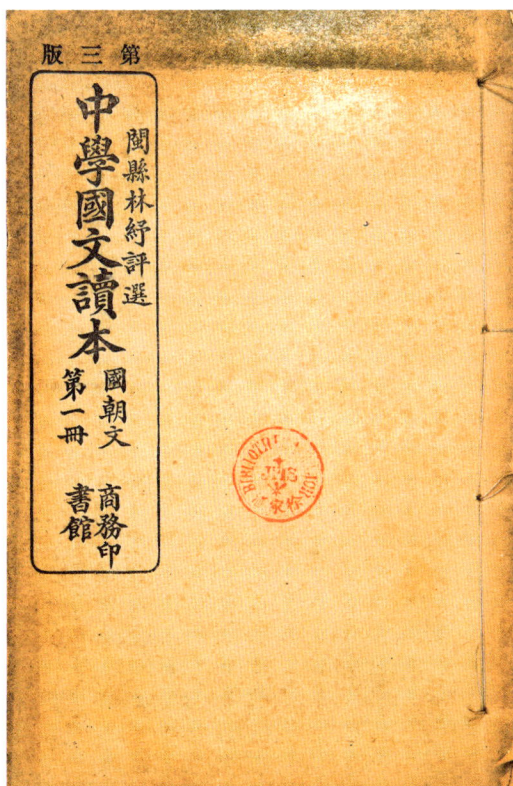

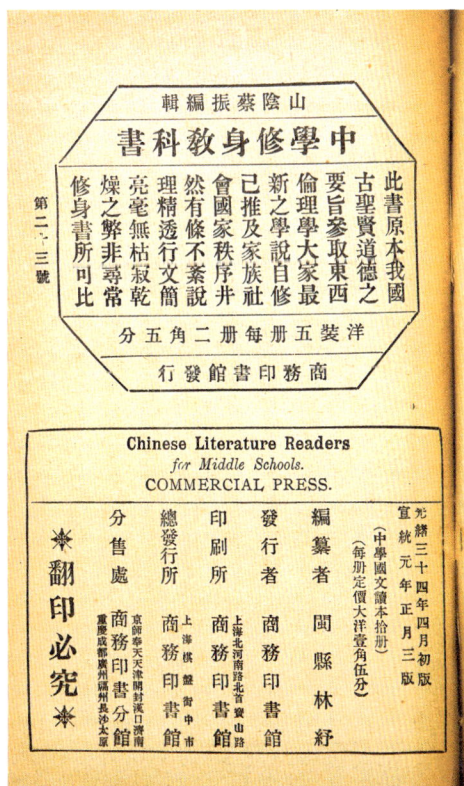

书名：简易国文教科书（初等小学三年级用）
著者：戴克敦、蒋维乔、庄俞、沈颐 / 编纂　高凤谦、张元济 / 校订
出版印行：商务印书馆
出版时间：宣统元年（1909）初版
册数：六

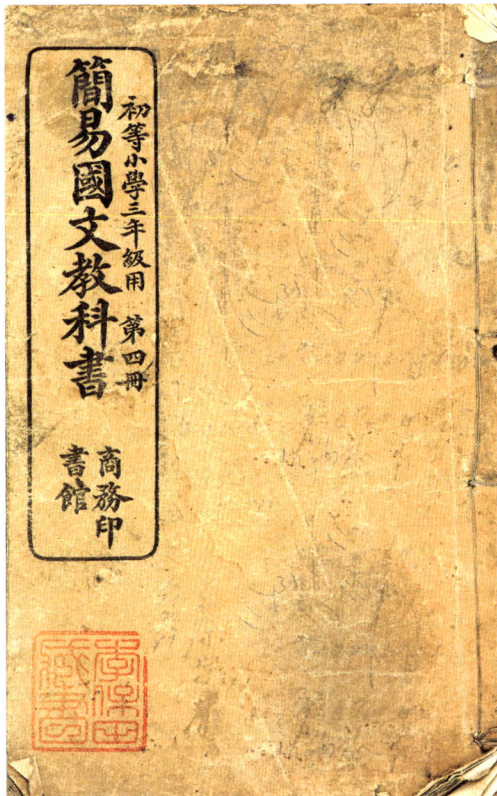

商務印書館出版

唱歌遊戲　二角五分

學堂所課遊戲有以唱歌爲主者
有以遊戲爲主者是書選擇教材
參酌於二者之間最爲適用歌詞
淺顯純乎天籟極合兒童心理

舞蹈遊戲　四角

是書分上下二卷上卷詳各種舞
蹈之名稱下卷詳舞蹈之種類卷
首附錄術語及詳解尤能使讀者
一覽了然教員學生用之皆極便
利

第四百十八號

CHINESE PRIMARY SCHOOL
NATIONAL READERS
EASY LESSON SERIES.
COMMERCIAL PRESS, LTD.

編纂者	戴克敦 蔣維喬 庄俞 沈頤
校訂者	高鳳謙 張元濟
發行者	商務印書館
印刷所	商務印書館
總發行所	商務印書館 上海北河南路北首寶山路
分售處	商務印書分館 蘇州 常州 鎮江 揚州 南京 蕪湖 漢口 奉天 天津 北京 開封 潞安 太原 杭州 湖州 常熟 紹興 潮州 長沙 寧波

宣統元年七月初版
（初等小學簡易國文敎科書六冊）
（每冊定價大洋六分）

※翻印必究※

四百六三

书名：初等小学堂五年完全科国文教科书

143

著者：学部编译图书局

出版印行：学部编译图书局

出版时间：1909年

册数：十

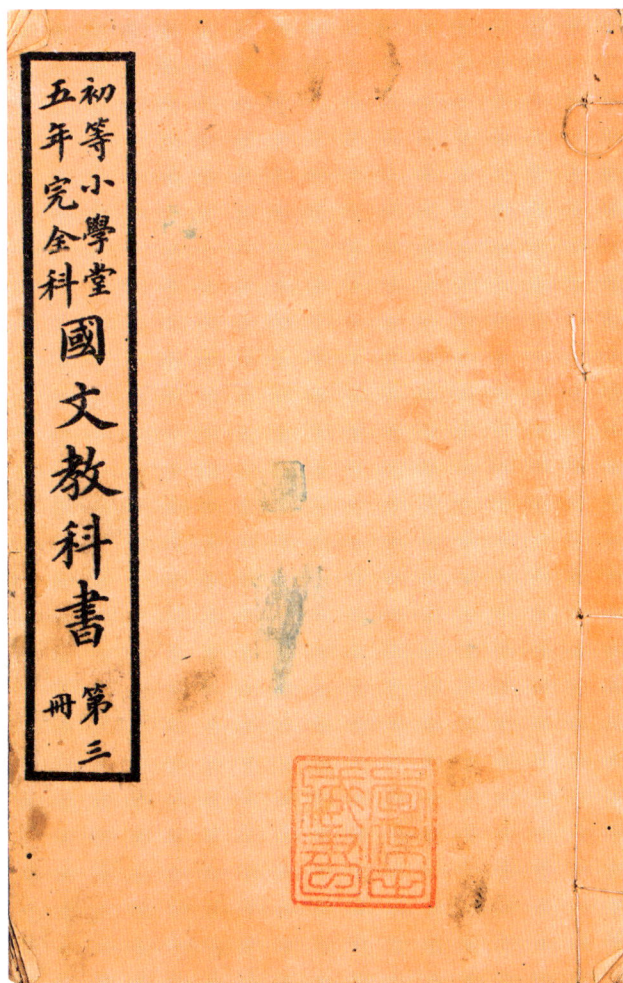

144　书名：最新初等小学国文教科书
　　　著者：戴克让 / 编辑　彪蒙编译所 / 校阅
　　　出版印行：彪蒙书室
　　　出版时间：宣统元年（1909）9版
　　　册数：不详

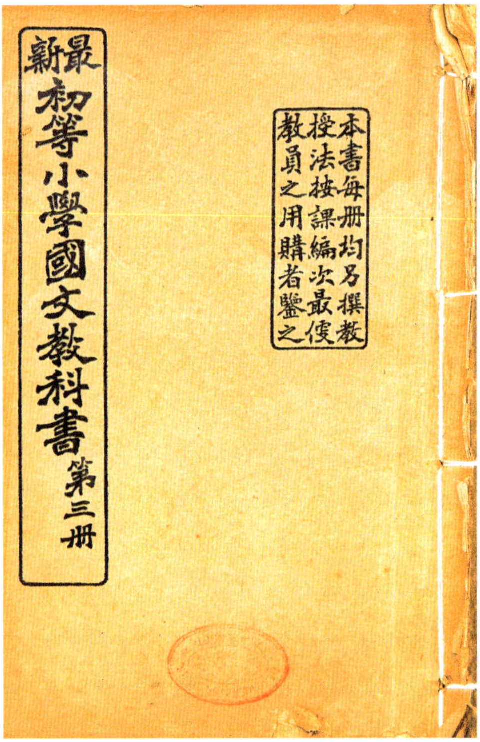

最新初等小學國文教科書第三冊

本書每冊均另撰教
授法按課編次最便
教員之用購者鑒之

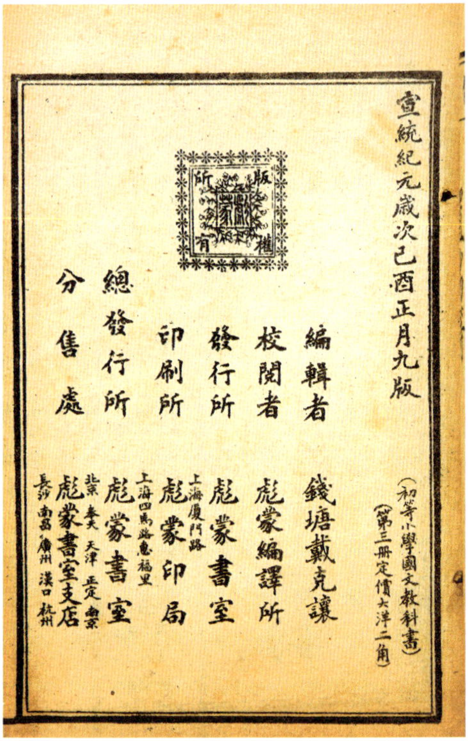

宣統紀元歲次己酉正月九版

（初等小學國文教科書）

（第三冊定價大洋二角）

編輯者　　錢塘戴克讓

校閱者　　彪蒙編譯所

發行所　　彪蒙書室
　　　　　上海廈門路

印刷所　　彪蒙印局
　　　　　上海四馬路惠福里

總發行所　彪蒙書室

分售處　　彪蒙書室支店
　　　　　北京　奉天　天津　杭州
　　　　　長沙　南昌　廣州　漢口

书名：初等国文教科书（学部审定）

著者：学部／编纂

出版印行：学部图书局

出版时间：宣统二年（1910）

册数：不详

学部审定 初等国文教科书 册叁

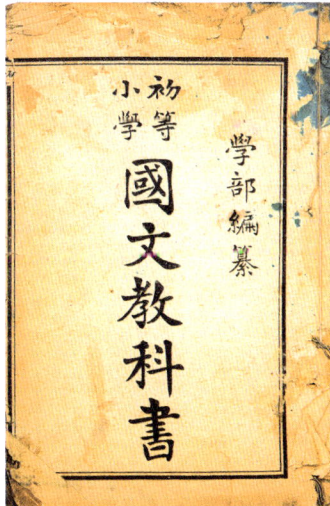

初等小学 国文教科书 学部编纂

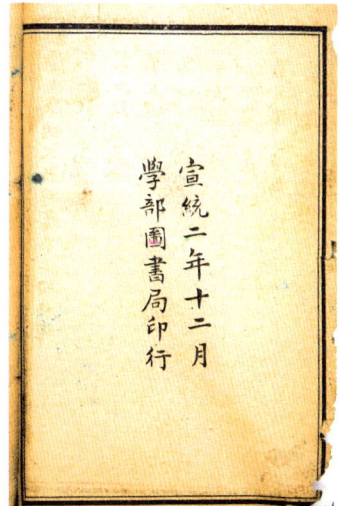

宣统二年十二月 学部图书局印行

146 | 书名：单级用初等小学国文教授本
著者：陶守恒、孙锡皋、黄龙骧、章鸿遇、顾倬 / 编辑　沈恩孚、杨保恒 / 校订
出版印行：中国图书公司
出版时间：宣统二年（1910）初版
册数：不详

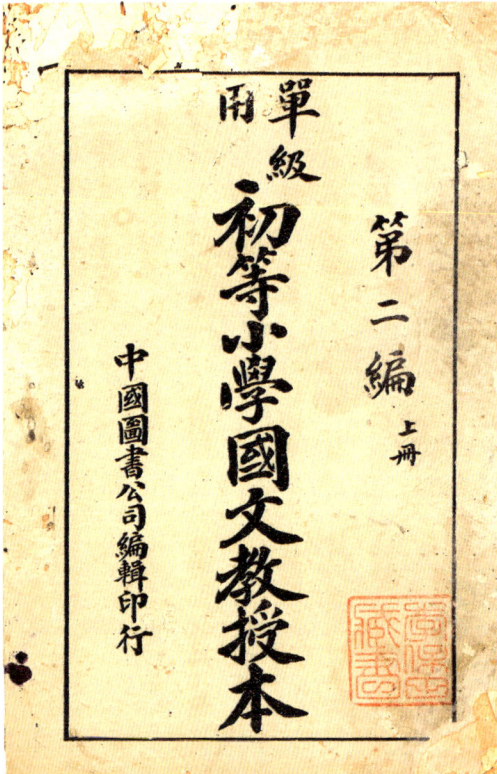

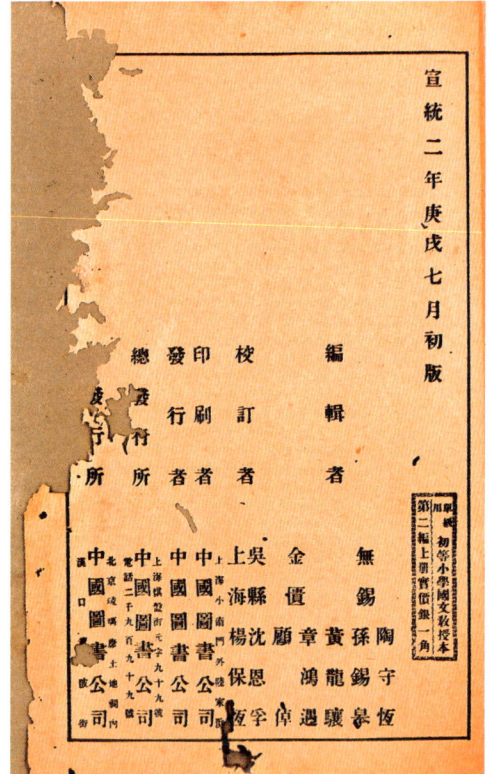

书名：高等小学国文教科书

著者：不详

出版印行：湖北官刷印局

出版时间：宣统三年（1911）

册数：不详

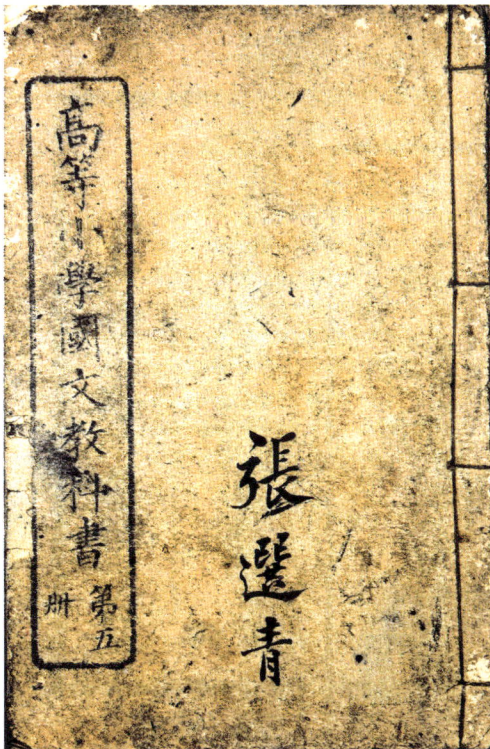

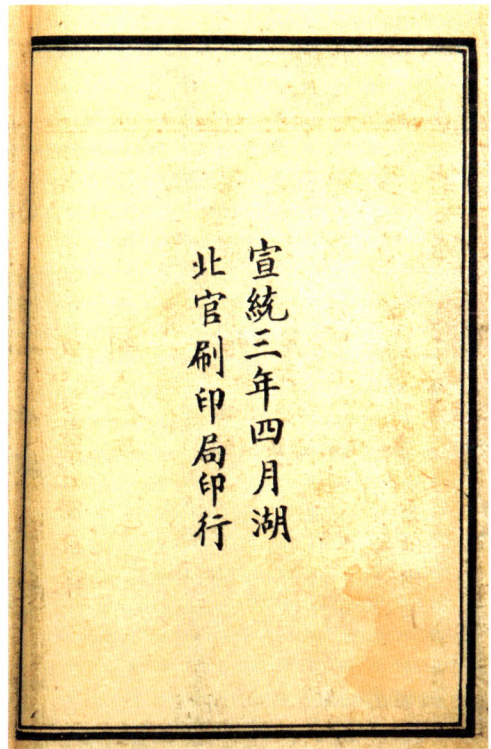

154 书名：简易国文课本

著者：不详

出版印行：不详

出版时间：不详

册数：不详

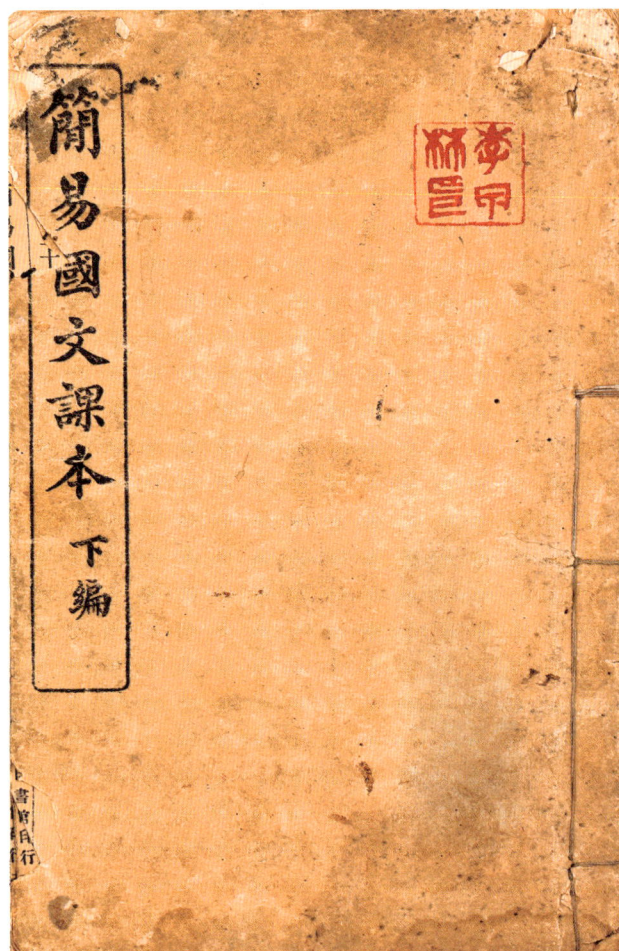

书名：最新初等小学国文教科书
著者：不详
出版印行：不详
出版时间：不详
册数：不详

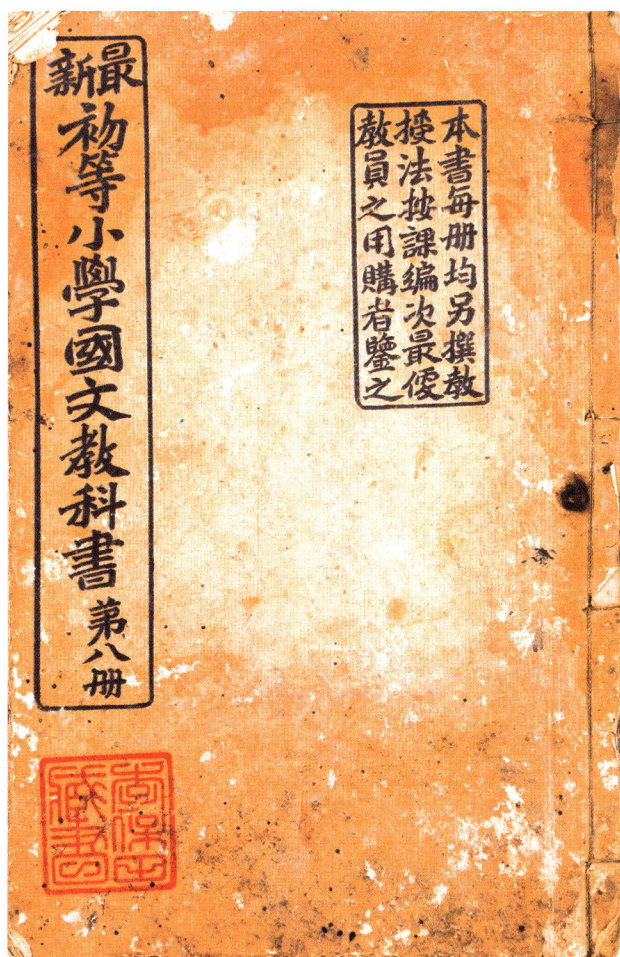

③ 识字教材

书名：字课图说

著者：刘树屏

出版印行：澄衷印书局

出版时间：1901年

册数：八

备注：本套教材在我国语文教学史上影响巨大。胡适、竺可桢、茅盾等民国名流都以该教材为启蒙教材。

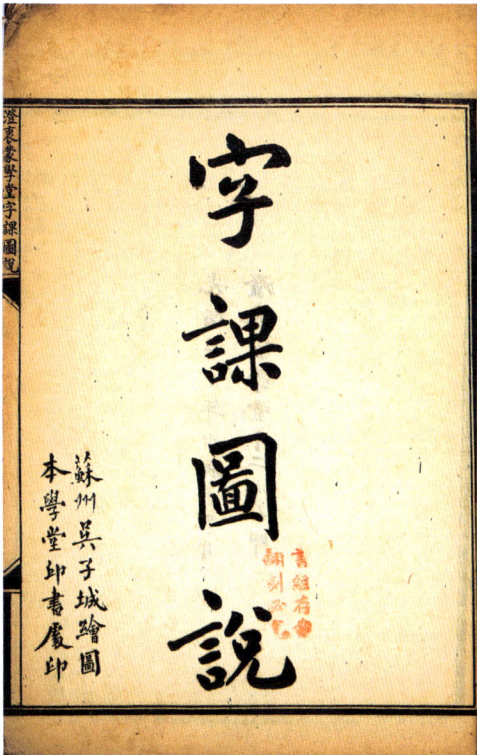

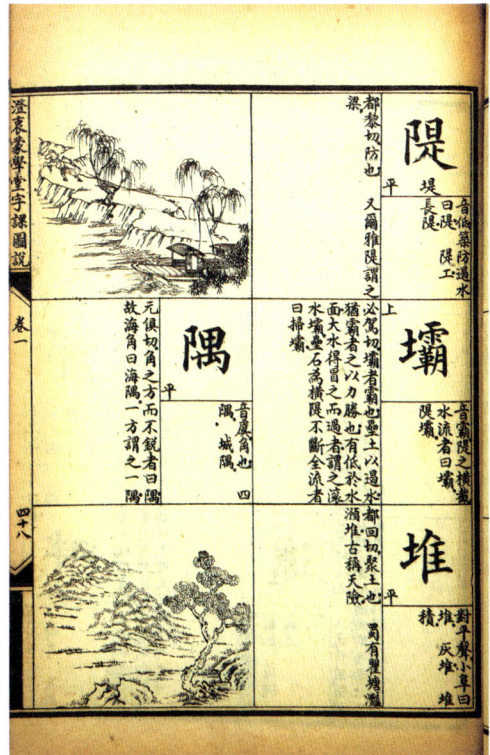

书名：绘图识字实在易
著者：不详
出版印行：彪蒙书室
出版时间：光绪甲辰年（1904）
册数：二十

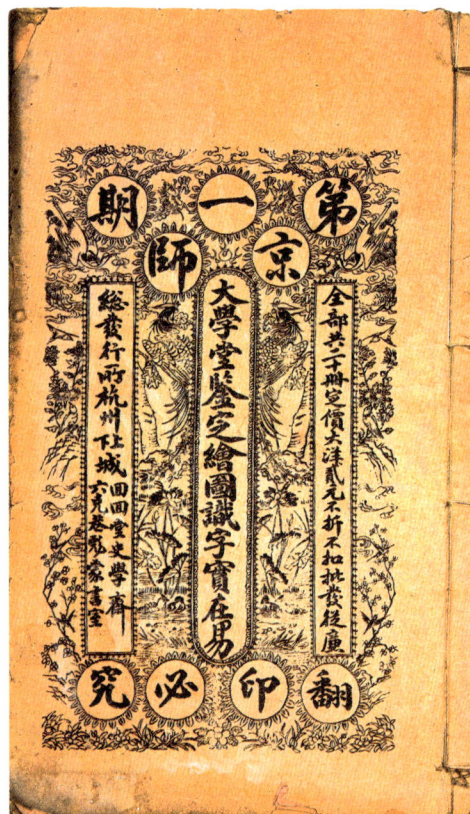

书名：国民字课图说

著者：寿潜庐

出版印行：会文堂书局

出版时间：1905年

册数：八

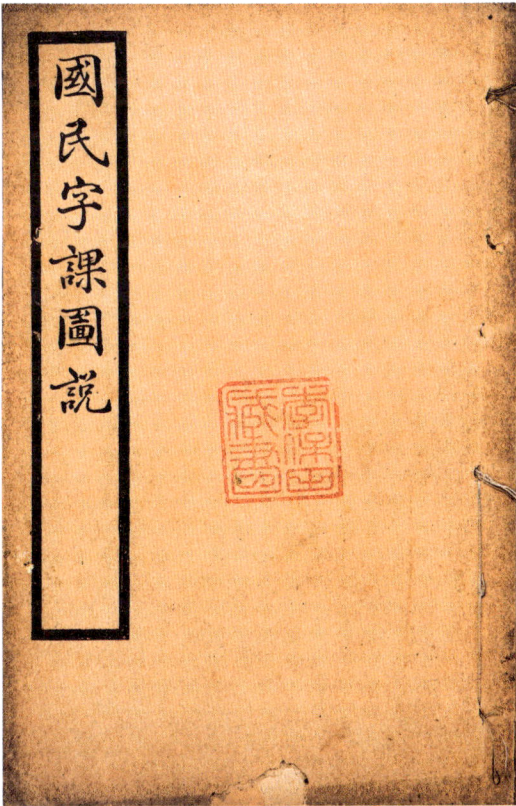

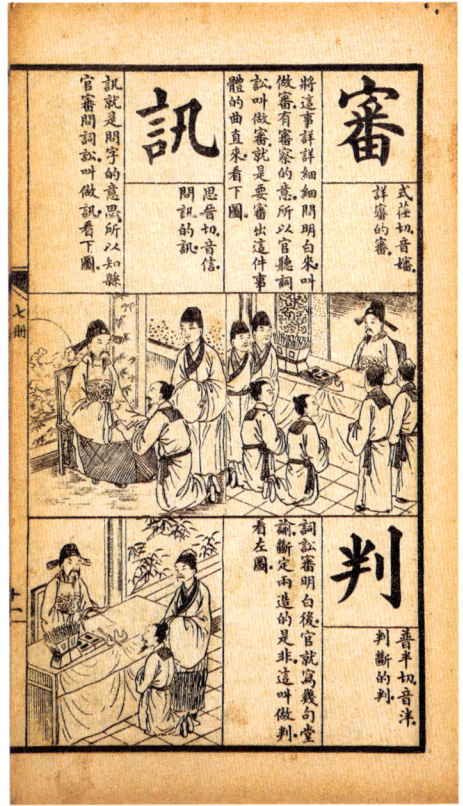

162

书名：环地福字课图说

著者：赵金寿

出版印行：上海萃珍代印

出版时间：1906年

册数：八

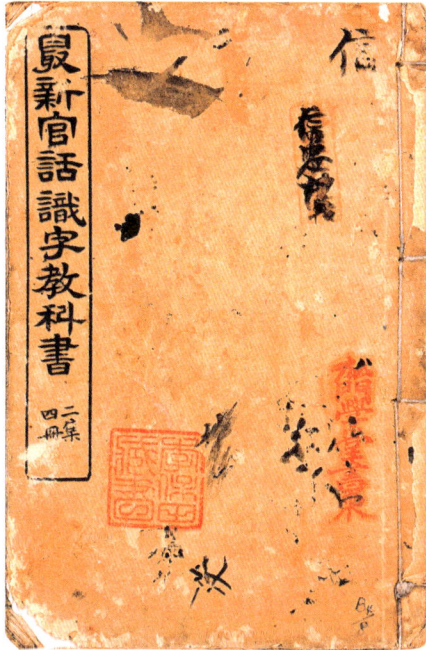
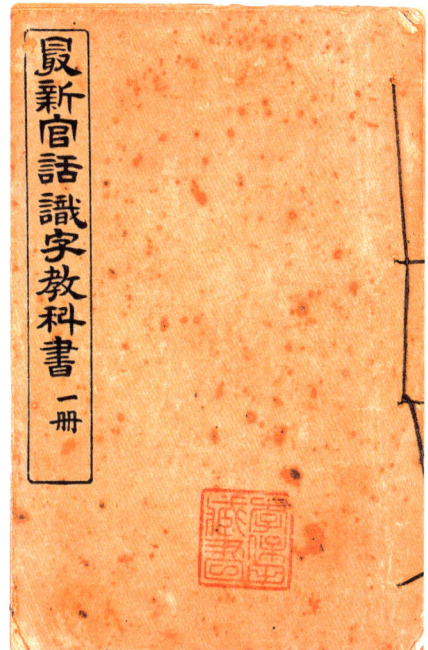

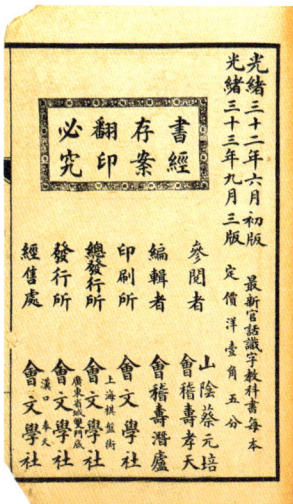
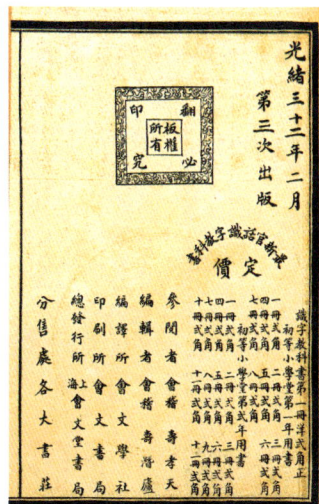

书名：最新官话识字教科书　　　　　　　　　　　　　163

著者：寿潜庐／编辑　蔡元培、寿孝天／参阅

出版印行：会文学社

出版时间：光绪三十二年（1906）初版　光绪三十三年（1907）3版

册数：八

书名：简易识字课本
著者：不详
出版印行：学部编译图书局
出版时间：宣统元年（1909）
册数：不详

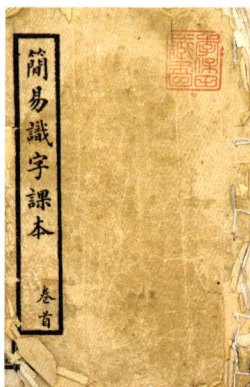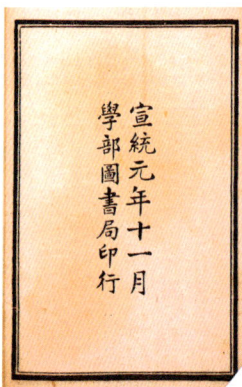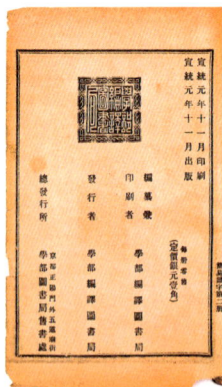

书名：简易国民必读课本
著者：学部编译图书局 / 编纂
出版印行：京华印书局
出版时间：宣统二年（1910）出版　宣统三年（1911）重印
册数：不详

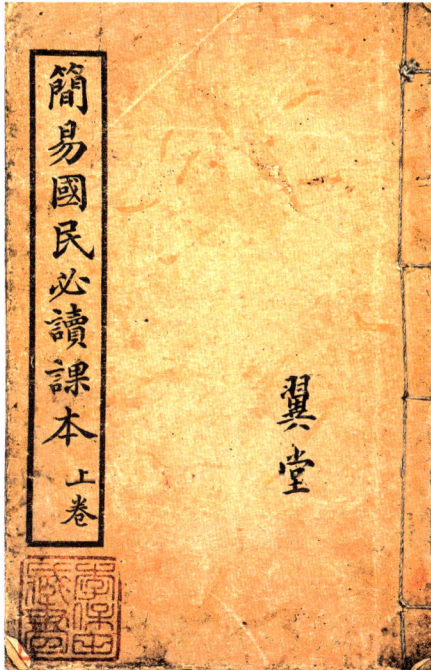

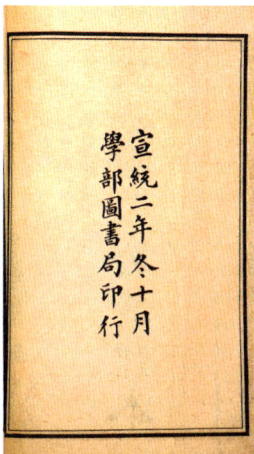

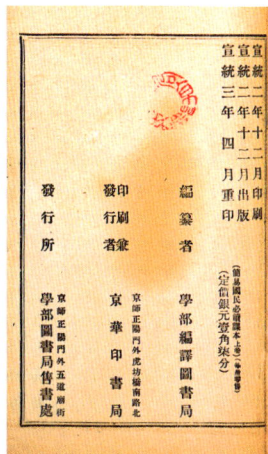

书名：高等修身教科书（京师大学堂审定）

著者：丁福保／编辑

出版印行：科学编译书局

出版时间：光绪壬寅（1902）初版　光绪丙午年（1906）16版

册数：不详

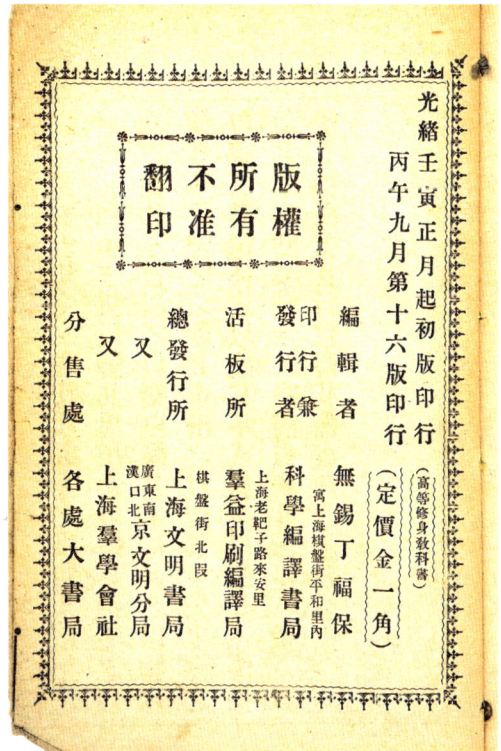

174　书名：蒙学修身教科书（寻常小学堂学书）

著者：李嘉谷 / 编著

出版印行：文明书局

出版时间：光绪二十九年（1903）初版　光绪三十一年（1905）4 版

册数：不详

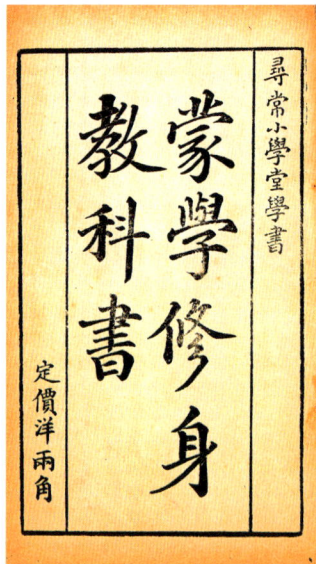

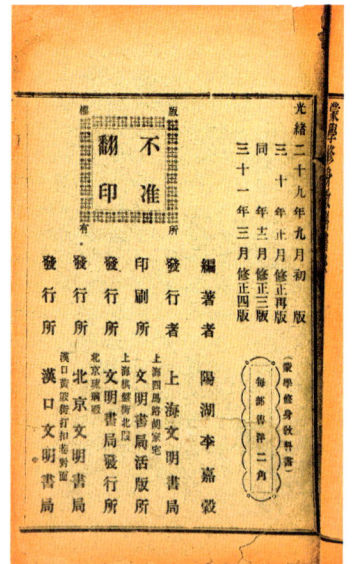

书名：最新修身教科书

著者：商务印书馆编译所／编纂　小谷重、长尾槇太郎、蔡元培、高凤谦、张元济／校订

出版印行：商务印书馆

出版时间：光绪三十一年（1905）初版

册数：十

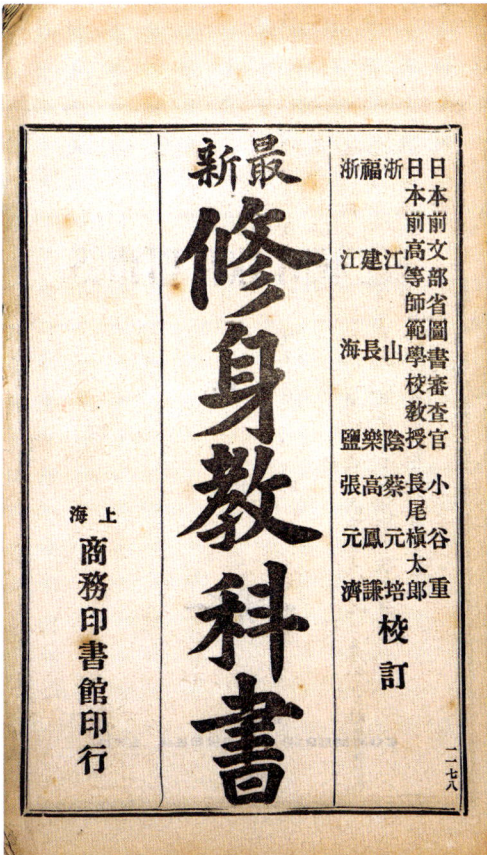

最新修身教科書

日本前文部省圖書審查官
浙福　浙江建江

日本前高等師範學校教授
海長山

鹽樂陰

小谷重
長尾槇太郎
蔡元培
高鳳謙
張元濟　校訂

上海　商務印書館印行

一七八

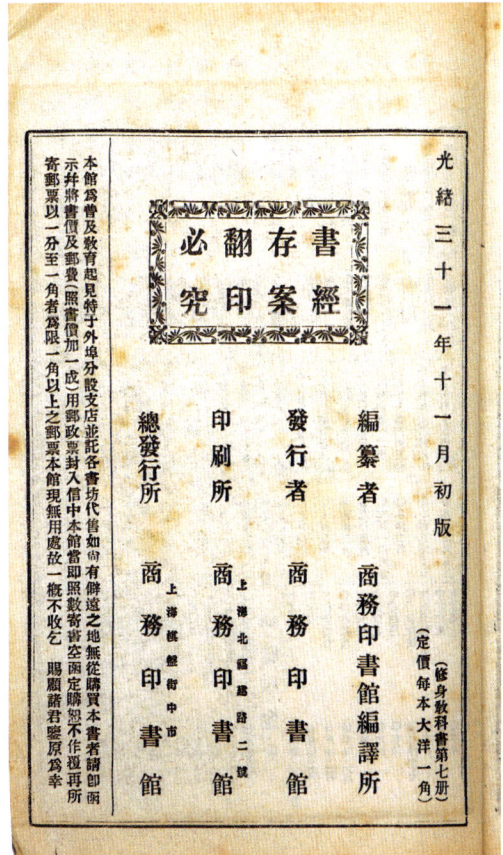

書經存案　必翻印究

光緒三十一年十一月初版
（修身教科書第七册）
（定價每本大洋一角）

編纂者　商務印書館編譯所

發行者　商務印書館

印刷所　上海北福建路二號　商務印書館

總發行所　上海棋盤街中市　商務印書館

本館爲嘗及教育起見特于外埠分設支店並託各書坊代售如有僻遠之地無從購買本書者請即函示幷將書價及郵費（照書價加一成）用郵政票封入信中本館當即照數寄奉空函定購照不作復再所寄郵票以一分至一角爲限一角以上之郵票本館現無用處故一槪不收乞　賜顧諸君鑒原爲幸

176　书名：最新初等小学修身教科书（小学堂用书）
著者：邵希雍 / 编辑
出版印行：会文学社
出版时间：光绪三十一年（1905）2版
册数：不详

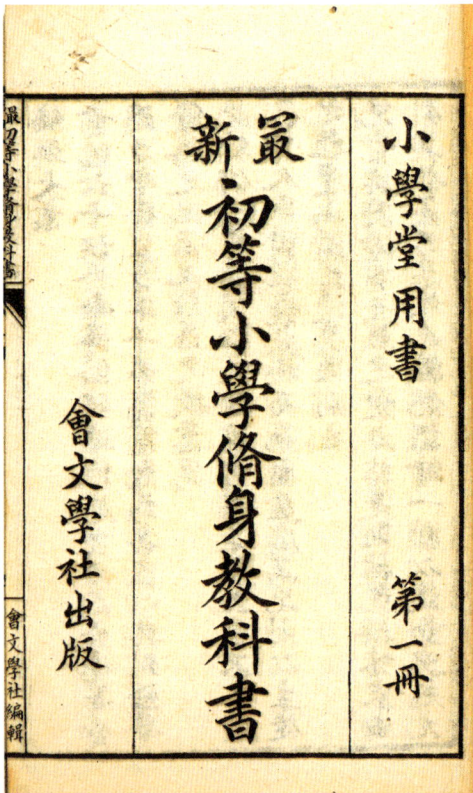

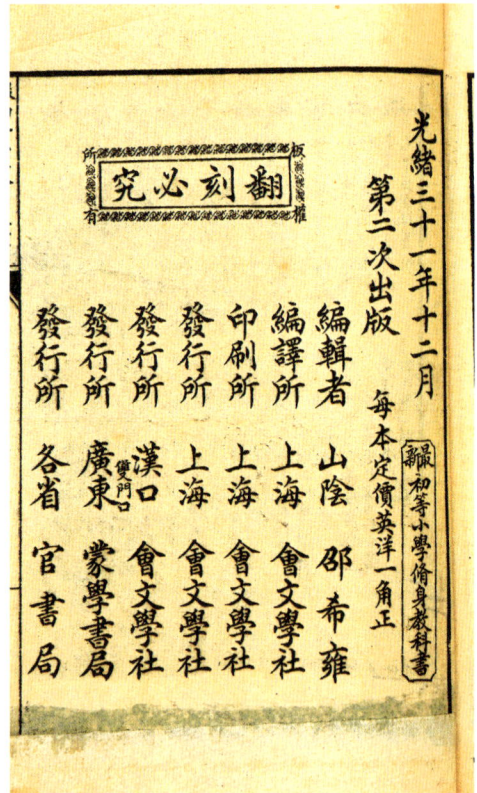

书名：最新初等小学修身教科书教授法

著者：商务印书馆编译所 / 编纂

出版印行：商务印书馆

出版时间：光绪三十一年（1905）初版

册数：不详

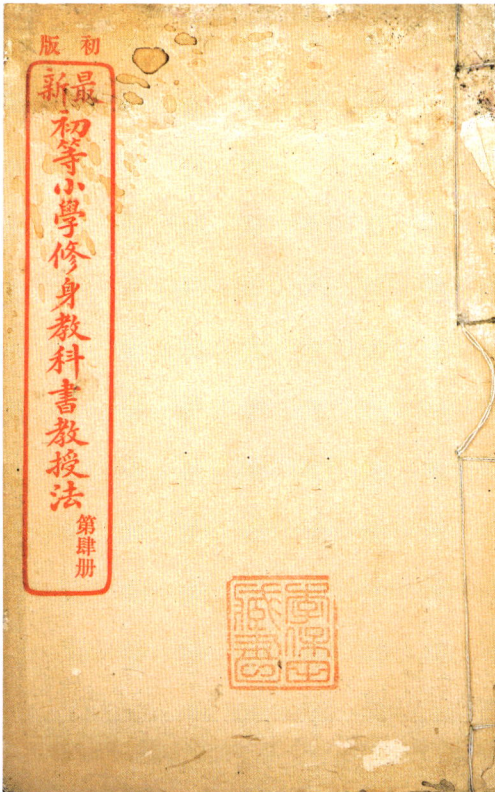

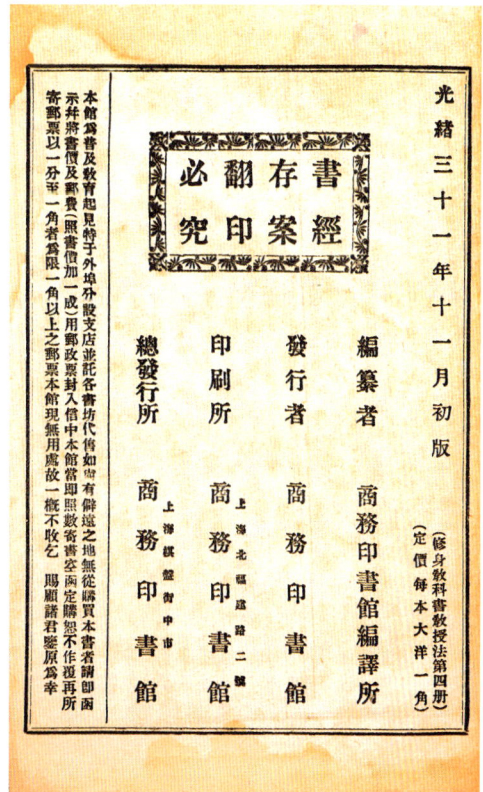

178 书名：最新初等小学修身教科书
著者：商务印书馆编译所／编纂
出版印行：商务印书馆
出版时间：光绪三十一年（1905）初版
册数：不详

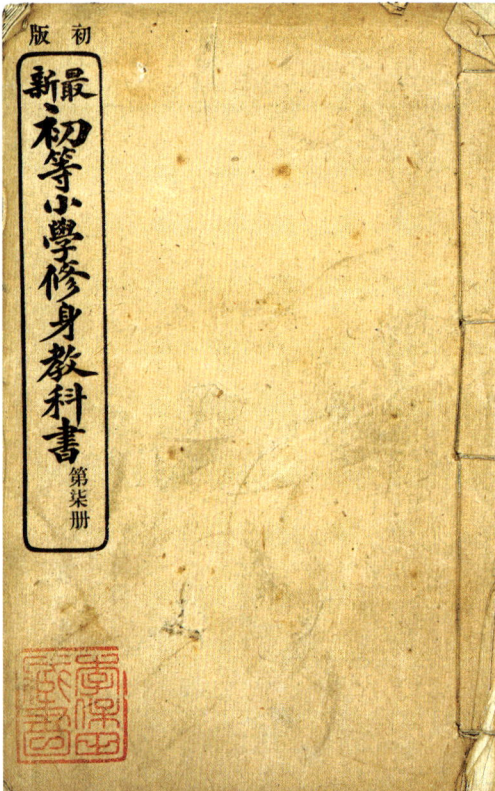

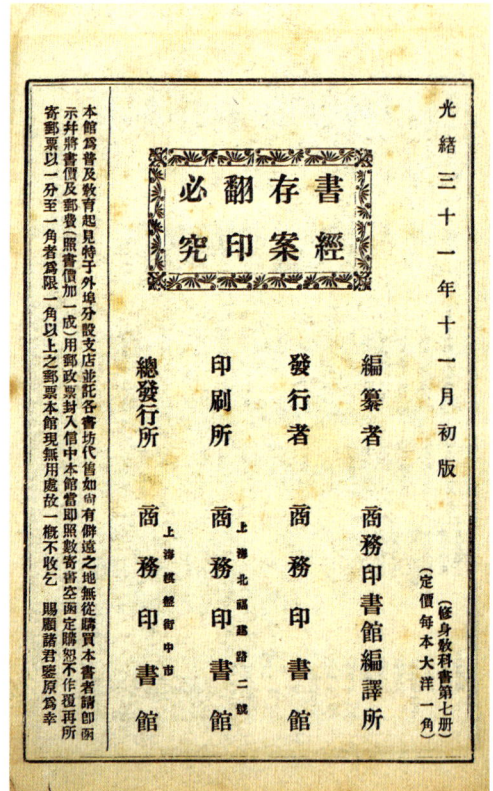

初版

最新初等小学修身教科书

第柒册

光緒三十一年十一月初版

（修身教科書第七冊）

（定價每本大洋一角）

經存書
翻案必
印究

編纂者　　商務印書館編譯所

發行者　　商務印書館

印刷所　　商務印書館
上海北福建路第三號

總發行所　商務印書館
上海抛毬塲街中市

本館爲普及教育起見特于外埠分設支店並託名書坊代售如尙有僻遠之地無從購買本書者諸卽函示幷將書價及郵費（照書價加一成）用郵政票封入信中本館當卽照數寄書空函定購恕不作覆再所寄郵票以一分至一角者爲限一角以上之郵票本館現無用處故一槪不收乞賜顧諸君鑒原爲幸

书名：修身新教科书

179

著者：方浏生／编辑　樊光耀／参校

出版印行：乐群图书编译局

出版时间：光绪三十二年（1906）初版

册数：不详

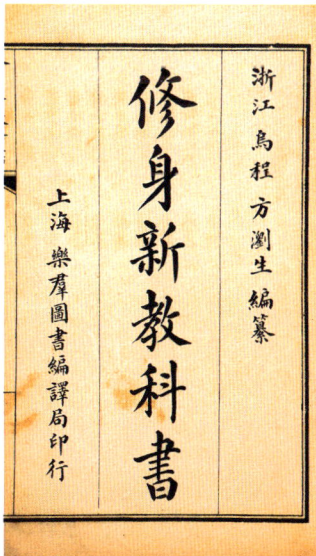

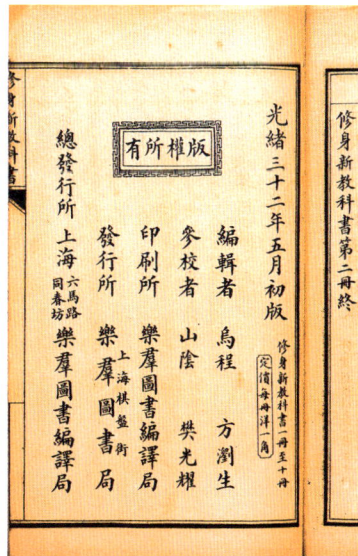

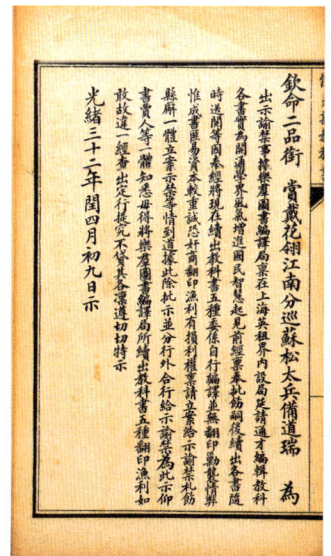

180 书名：中学修身教科书

著者：蒋智由 / 著述

出版印行：同文印刷舍

出版时间：光绪三十二年（1906）初版　光绪三十三年（1907）再版

册数：不详

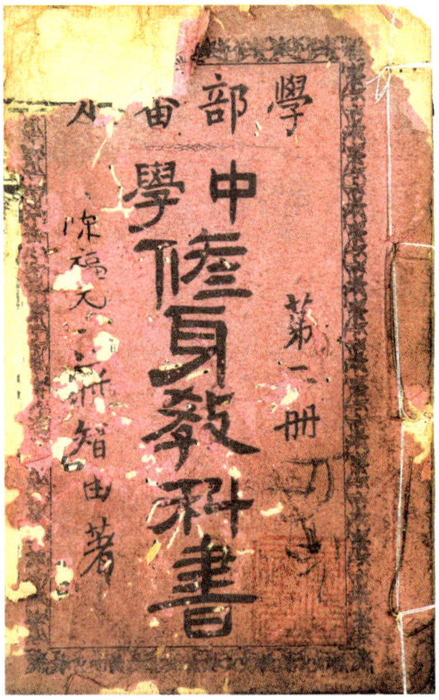

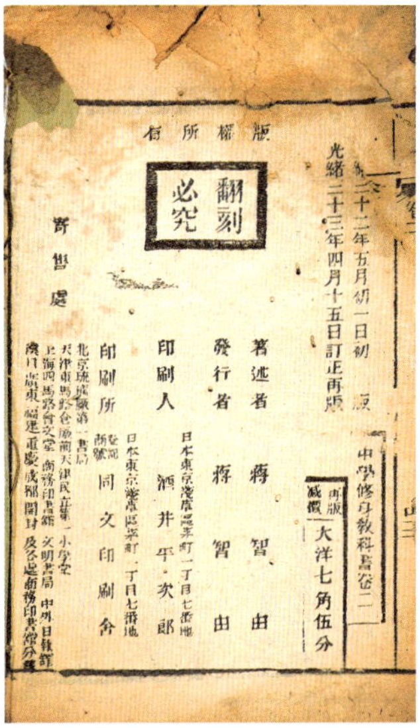

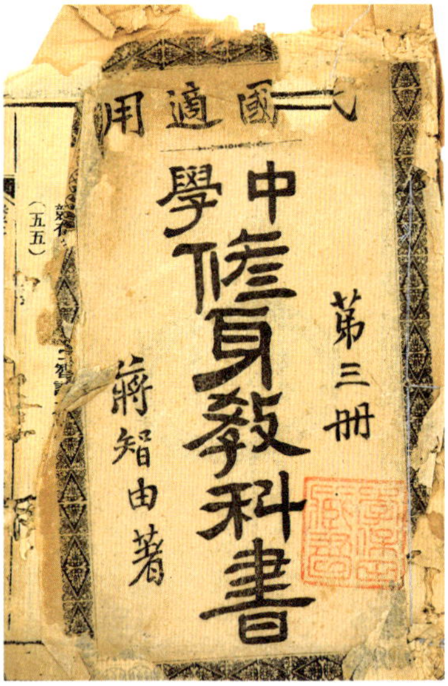

书名：最新女子初等小学修身教科书

著者：何琪 / 编辑

出版印行：会文学社

出版时间：光绪三十二年（1906）初版　民国元年（1912）13版

册数：不详

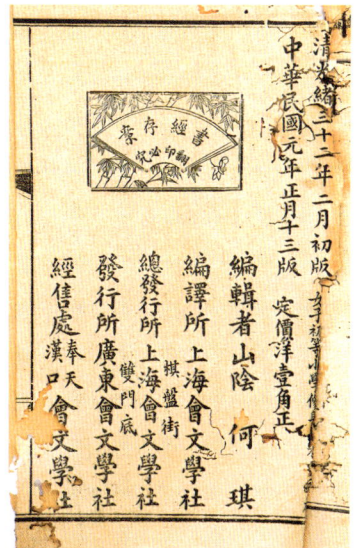

186 | 书名：订正中学修身教科书
著者：蔡元培 / 编纂
出版印行：商务印书馆
出版时间：1907年
册数：五
备注：本书全套五册，为蔡元培独立编纂唯一成套之系列教科书。

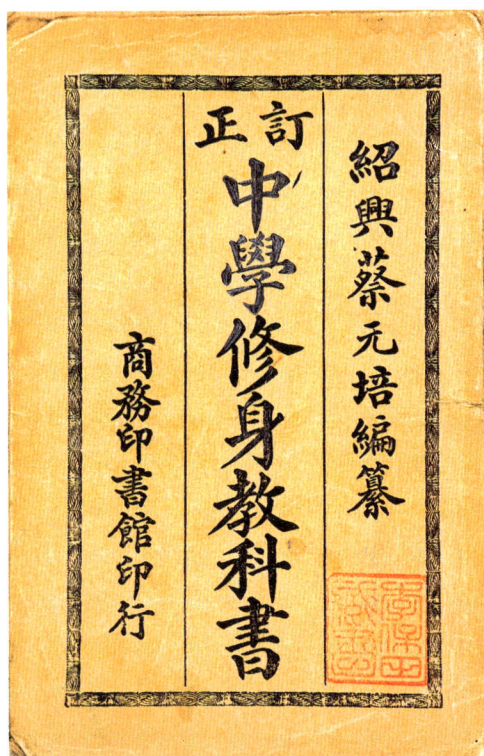

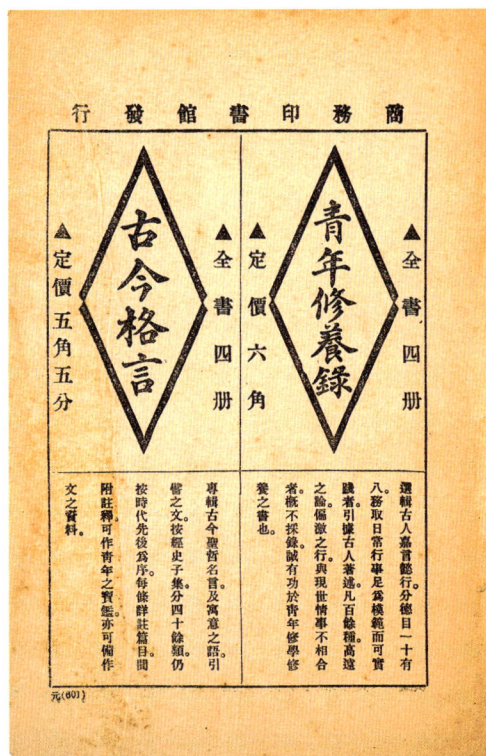

訂正中學修身教科書

紹興蔡元培編纂

商務印書館印行

行發館書印務商

青年修養錄

▲全書四册

▲定價六角

選輯古人嘉言懿行分德目一十有八務取日常行事足爲模範而可實踐者引據古人著述凡百餘稱高遠之論偏激之行與現世情事不相合者概不採錄誠有功於青年修學修養之書也

古今格言

▲全書四册

▲定價五角五分

專輯古今聖哲名言及寓意之語引譬之文按經史子集分四十餘類仍按時代先後爲序每條群註篇目閒附莊釋可作青年之賢鑑亦可備作文之資料。

元(601)

书名：修身教科书（中学堂用）

著者：蔡振／编纂

出版印行：商务印书馆

出版时间：光绪三十四年（1908）初版　宣统二年（1910）3版

册数：五

备注：蔡振即蔡元培。

中學堂用

修身教科書

上海商務印書館印行

第四册

商務印書館出版

林紓評選

中學國文讀本 十册

每册一角五分

林先生專治古文名滿海內茲
積其平日所心得者選成是書
計第一二册國朝文第二四五
册宋五代元明文第三册唐
文第八册漢魏六朝文第九十
册周秦文沿流溯源分類編輯
數千年文章軌範略具於斯并
詳加批評指示義法尤醒閱
之目

本館地内可書購郵票代錢有另章程要提目書要函索即寄贈

中要提載程章

CHINESE MIDDLE SCHOOL.

ADVANCED ETHICAL READERS.

COMMERCIAL PRESS, LTD.

光緒三十四年三月初版
宣統二年八月三版
（中學修身教科書五册）
（第四册定價大洋貳角伍分）

編纂者　山陰蔡振

發行者　商務印書館

印刷所　上海北河南路北首寶山路
　　　　商務印書館

總發行所　上海棋盤街中市
　　　　商務印書館

分售處　商務印書館分館
　　　　京都　奉天　鎮江　天津　濟南
　　　　開封　太原　西安　成都　重慶
　　　　漢口　長沙　常德　漢陽　潮州
　　　　嘉興　杭州　蕪湖　襄陽　瀋州

翻印必究

五四四五

书名：蒙学初级修身教科书
著者：庄俞
出版印行：不详
出版时间：不详
册数：不详

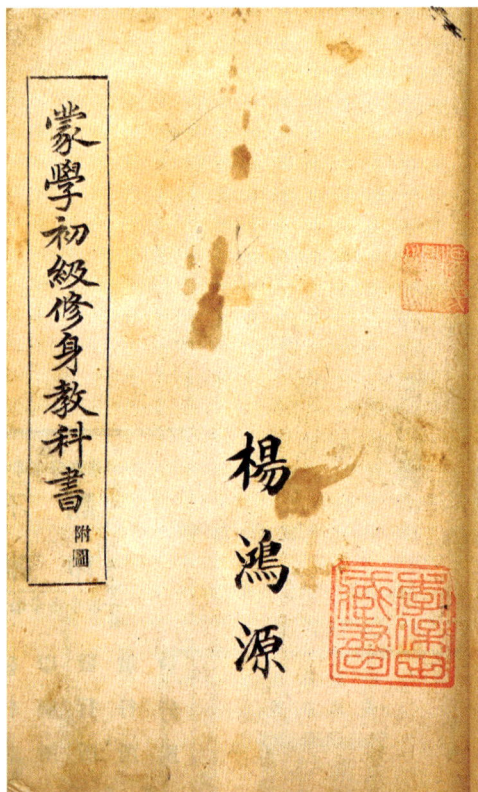

书名：最新女子修身教科书
著者：不详
出版印行：不详
出版时间：不详
册数：不详

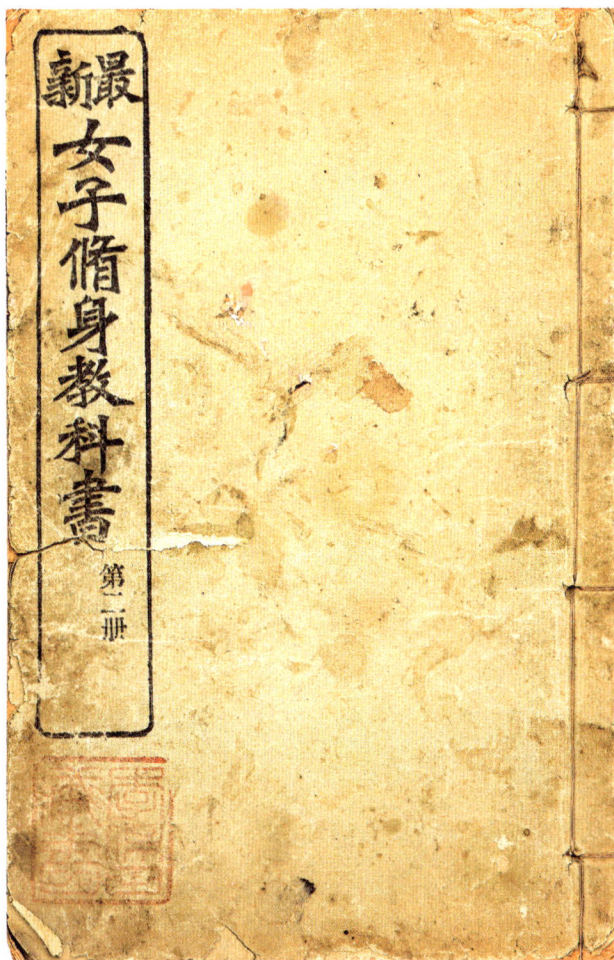

⑤ 地理教材

书名：五版改良中等本国地理教科书

著者：张相文

出版印行：上海兰陵社

出版时间：1901年

册数：四

备注：1898年钟天纬等编纂了《字义教科书》，是书虽用了"教科书"之名，但并不具备现代意义教科书之特征，且影响较小。因此，一般认为，张相文所著《中等本国地理教科书》，为我国最早使用"教科书"名称之教材。

200 | 书名：最新中学教科书瀛寰全志
著者：谢洪赉／编辑　奚若／校勘　商务印书馆／阅订
出版印行：商务印书馆
出版时间：光绪二十九年（1903）初版　光绪三十二年（1906）8版
册数：一

Commercial Press New Text Book Series.

Complete Geography

WITH

COLOURED MAPS.

DESIGNED FOR

Advanced Classes in Schools and General Readers.

COMPILED BY

ZIA HONG LIA.

Anglo-Chinese College, Shanghai.

EIGHTH EDITION.

❋

SHANGHAI:
Printed and Published by COMMERCIAL PRESS, LTD.
—
1906.

书名：蒙学中国地理教科书（初等小学堂学生用）

著者：张相文

出版印行：文明书局

出版时间：1903年

册数：一

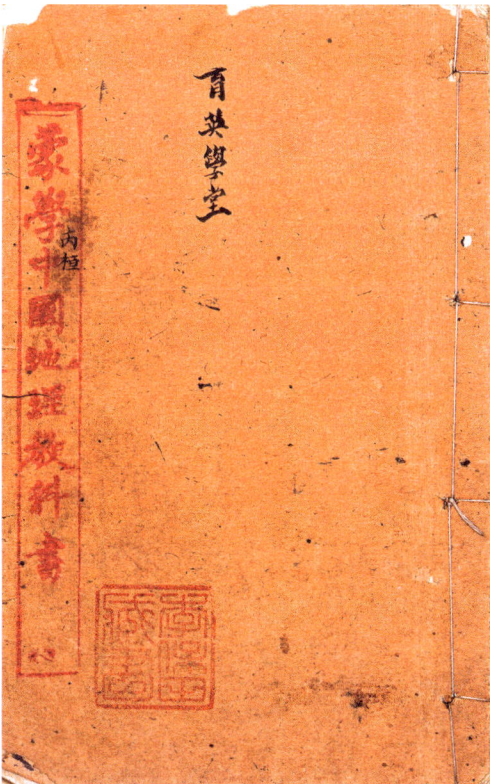

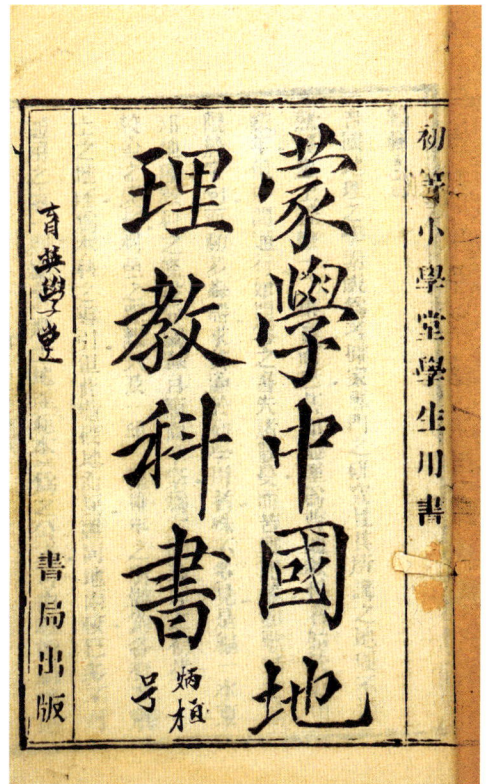

书名：中学地理
著者：不详
出版印行：不详
出版时间：光绪二十九年（1903）
册数：不详

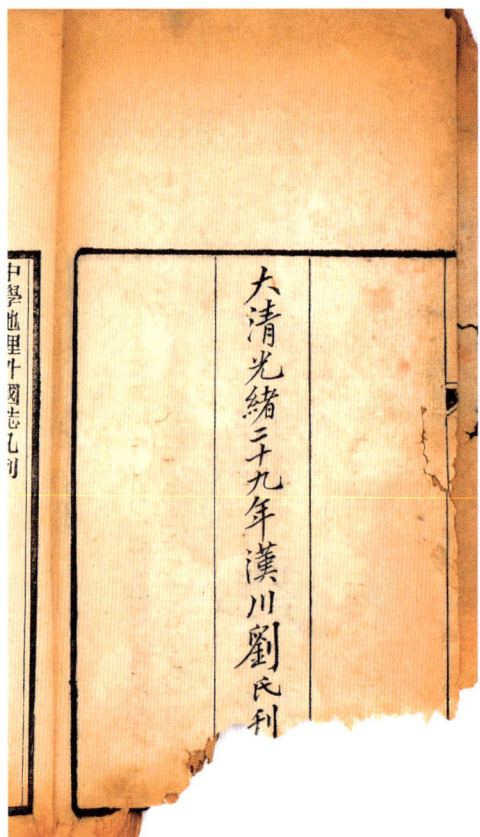

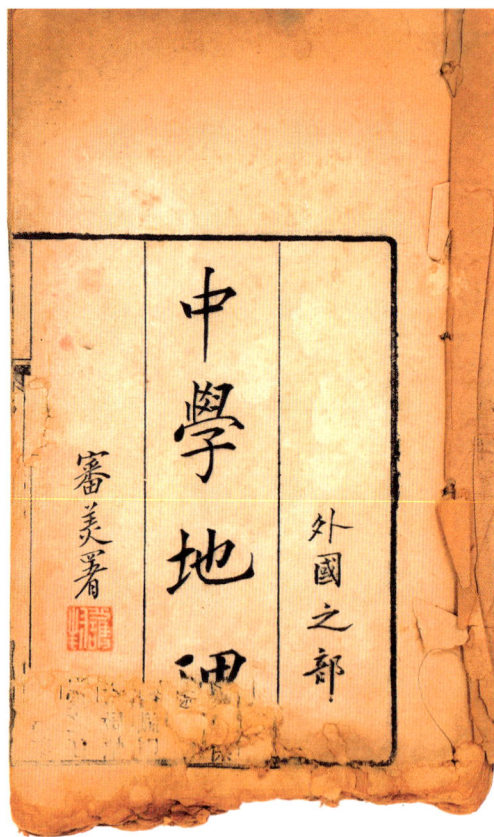

书名：最新理科教科书（高等小学用）

著者：谢洪赉 / 编纂　商务印书馆 / 校订

出版印行：商务印书馆

出版时间：光绪三十年（1904）出版　宣统二年（1910）15版

册数：四

第十五版

最新理科教科书

高等小学用　第二册

商务印书馆

商务印书馆出版

日本理学士箕作佳吉著　洲长王洲译　李烈译

動物學新教科書

考究動物學有種種方面如生態學解剖學組織學生理學發生學分布學化石學及對於人生之關係皆在動物學範圍之中而普通教育之教授動物學往往偏重於分類及解剖而於處世所必須之專實或付闕如箕作博士此著於動物學中最切要之生態學及與人類生活關係之事實及生物界中普通之法則特加注意與他科並進行而成教科書詳於各論而略於通論者體裁特異長洲王先生就日本著名之中學動物學各教科書中選定此書譯逐行世吾知自此以後將使枯燥無味之動物學一變為活潑而有興趣之動物學矣

每册八角

第七百二十九號

本館書目提要函索即寄贈

本地內可購用書郵票代錢另有章程載提要中

CHINESE COMMON SCHOOL.

NEW SCIENCE READERS.

COMMERCIAL PRESS, LTD.

光緒三十年十二月初版

宣統二年十二月十五版

（高等小學用最新理科教科書四册）

（第二册）定價大洋貳角

編纂者　山陰謝洪賚

校訂者　商務印書館

發行者　商務印書館

印刷所　商務印書館

總發行所　上海北河南路北首寶山路　商務印書館

分售處　上海棋盤街中市　商務印書館
京師　奉天　龍江　天津　濟南　直隸太原　西安　成都書莊　漢口　南昌　廣州　潮州　長沙　常德　蕪州　杭州　嘉興　南京　商務印書分館

※翻印必究※

四八四一

204 书名：初等蒙学中国地理教科书

著者：何琪/编辑　会文学社/编译

出版印行：会文学社

出版时间：光绪三十一年（1905）初版

册数：二

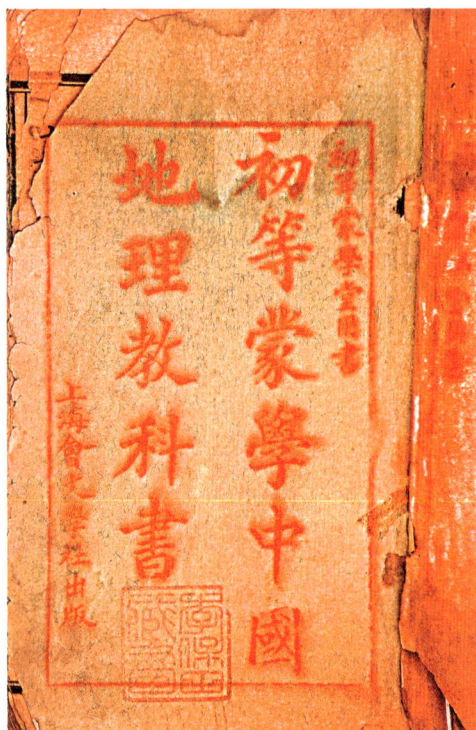

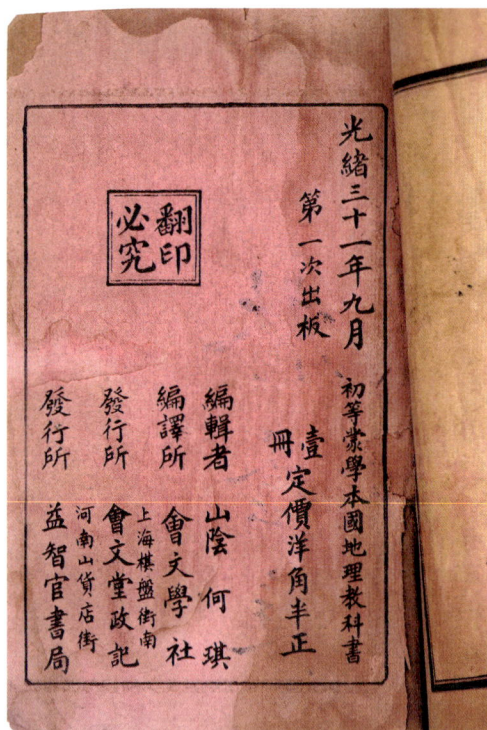

初等蒙学中国地理教科书

上海会文学社出版

光緒三十一年九月第一次出板

初等蒙學本國地理教科書

壹冊定價洋角半正

翻印必究

編輯者　山陰　何琪

編譯所　會文學社

發行所　會文堂政記　上海棋盤街南

發行所　益智官書局　河南山貨店街

书名：最新地理教科书（学部审定；初等小学用）　　205
著者：谢洪赉 / 编纂　徐仁镜、张元济 / 校订
出版印行：商务印书馆
出版时间：光绪三十一年（1905）初版　宣统二年（1910）14版
册数：四

商務印書館出版

世界讀本　孫毓修譯訂　三冊　五角

原書為日本池邊義象所著風行
一時譯者於原書之特色既臒有
所遺復旁稽他籍補其闕遺正其
謬誤於歐美諸國之風俗習慣民
氣國情山川名勝港埠景況言之
甚詳文筆雅飭模山範水益饒其
趣插畫之後復加題詞學者讀其
書觀其畫玩其題而知譯本之價
值當更在原書之上也

第七百九十六號

本館地內購書可用郵票代錢另有章程載提要函索即寄贈

CHINESE PRIMARY SCHOOL
NEW GEOGRAPHICAL READERS.
APPROVED BY THE BOARD OF EDUCATION OF CHINA.
COMMERCIAL PRESS, LTD.

光緒三十一年六月初版
宣統二年二月十四版
（初等小學最新地理教科書四冊）
（第四冊定價大洋壹角伍分）

編纂者　山陰謝洪賚
校訂者　海鹽張元濟　宛平徐仁鏡
發行者　商務印書館
印刷所　商務印書館
總發行所　上海棧橋弄口市　商務印書館
分售處　商務印書分館

翻印必究

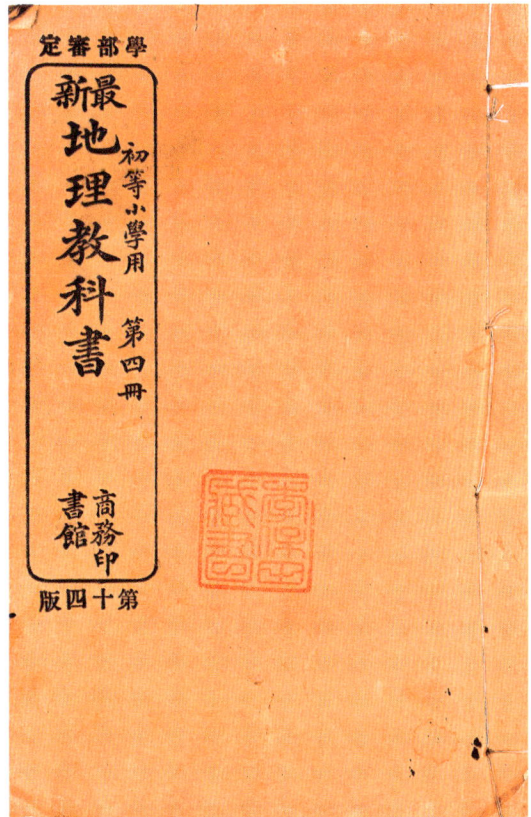

學部審定
最新地理教科書
初等小學用　第四冊
商務印書館
第十四版

书名：最新地理教科书（高等小学用）

著者：谢洪赉 / 编纂　张元济 / 校订

出版印行：商务印书馆

出版时间：光绪三十一年（1905）初版　宣统元年（1909）18 版

册数：四

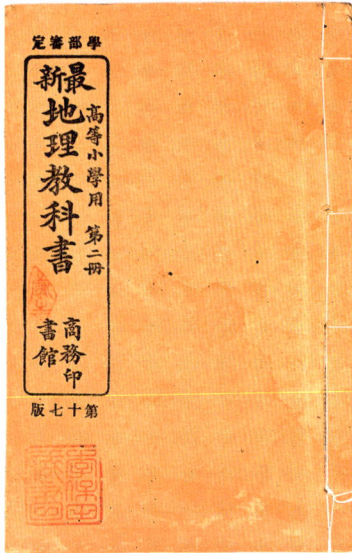

學部審定

最新地理教科書

高等小學用　第二冊

商務印書館

第十七版

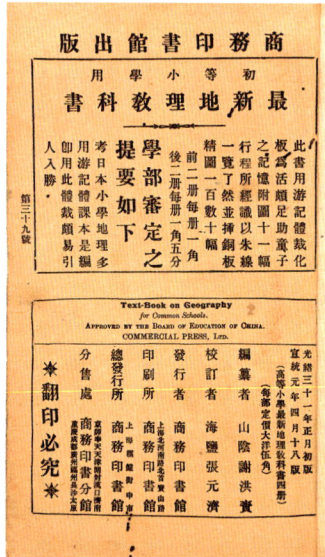

商務印書館出版

最新地理教科書　初等小學用

學部審定之提要如下

此書用游記體裁化板為活類足助童子之記憶附圖十一幅行程所經繪以朱線精圖一百數十幅前二冊每冊一角後二冊每冊一角五分

考日本小學地理多用游記體課本是編即用此體裁顏易引人入勝

第三十九號

Text-Book on Geography
for Common Schools.
APPROVED BY THE BOARD OF EDUCATION OF CHINA.
COMMERCIAL PRESS, LTD.

光緒三十一年正月初版
宣統元年四月十六版
（高等小學最新地理教科書四冊）
（每部定價大洋伍角）

編纂者　山陰謝洪賚

校訂者　海鹽張元濟

發行者　商務印書館

印刷所　商務印書館

總發行所　上海北河南路寶善街曲角商務印書館

分售處　商務印書館各分館

※翻印必究※

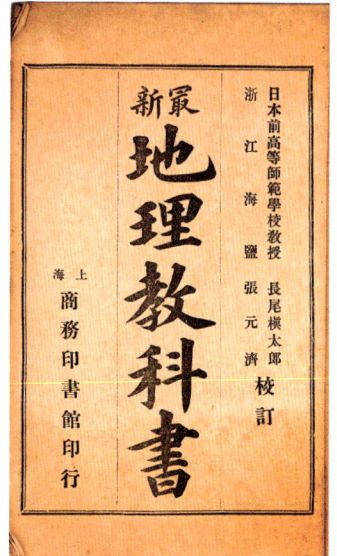

最新地理教科書

日本前高等師範學校教授　長尾槙太郎

浙江海鹽　張元濟　校訂

上海　商務印書館印行

书名：简易地理课本

著者：童振藻 / 编辑

出版印行：商务印书馆

出版时间：光绪三十二年（1906）初版　光绪三十二年（1906）3版

册数：不详

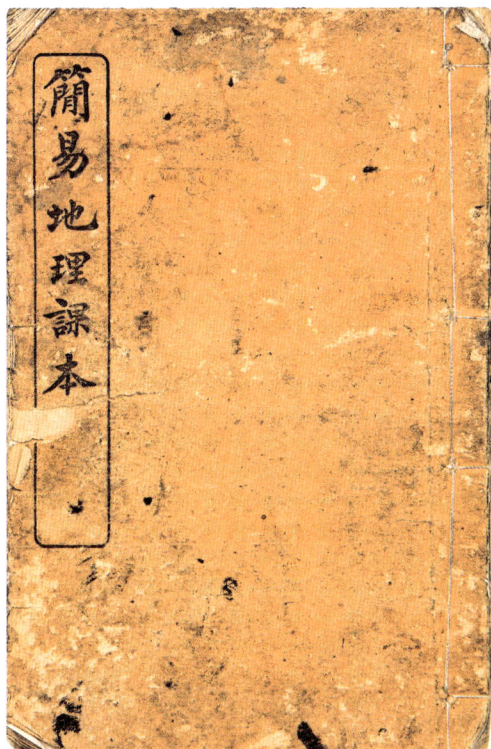

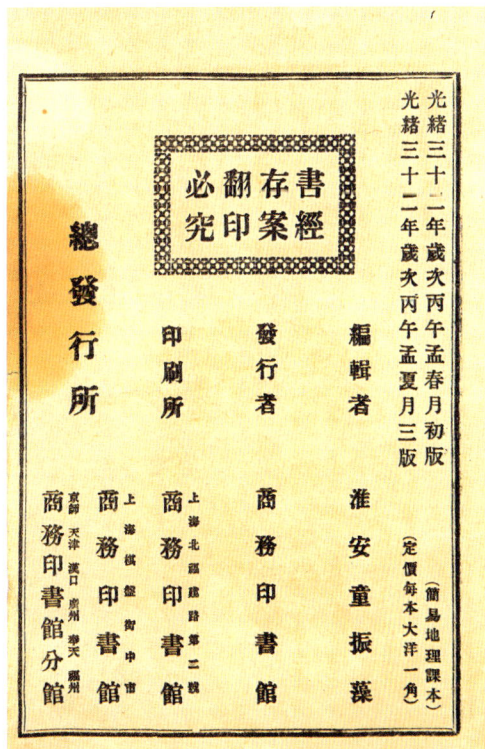

光緒三十二年歲次丙午孟春月初版
光緒三十二年歲次丙午孟夏月三版

（簡易地理課本）
（定價每本大洋一角）

編輯者　淮安童振藻

發行者　商務印書館

印刷所　商務印書館

總發行所　商務印書館

京師　天津　漢口　貴州　奉天　潮州
商務印書館分館

书名：初等小学地理教科书

著者：不详

出版印行：不详

出版时间：光绪三十二年（1906）

册数：二

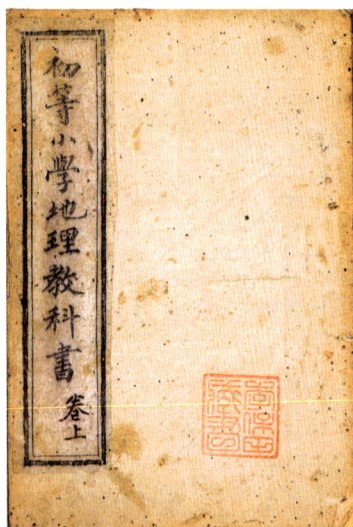
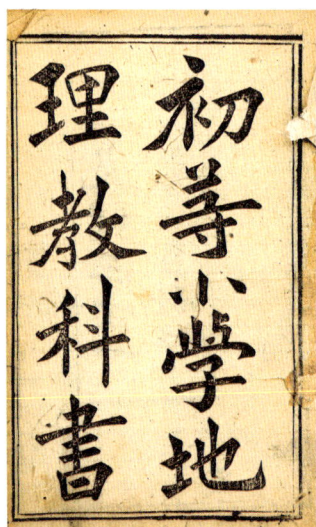

书名：最新中学教科书地文学

著者：[美]忻孟/著　王建极、奚若/译订

出版印行：商务印书馆

出版时间：光绪三十二年（1906）初版　光绪三十三年（1907）再版

册数：不详

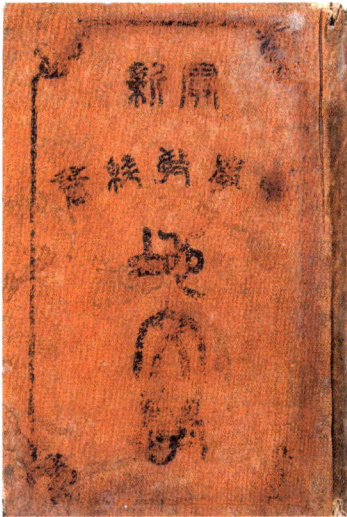

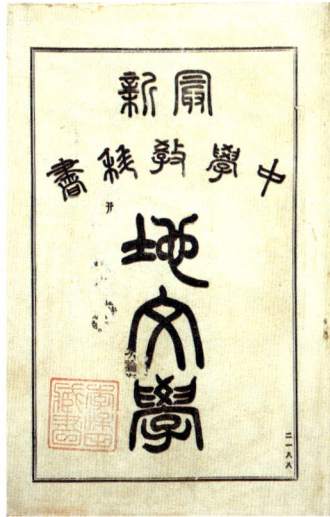

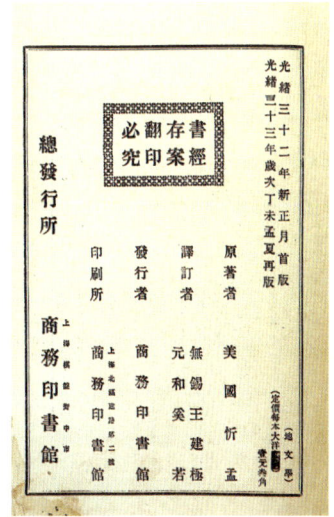

210

书名：最新初级地理教科书

著者：黄用端 / 编辑

出版印行：粤东编译公司

出版时间：光绪丁未（1907）初版

册数：二

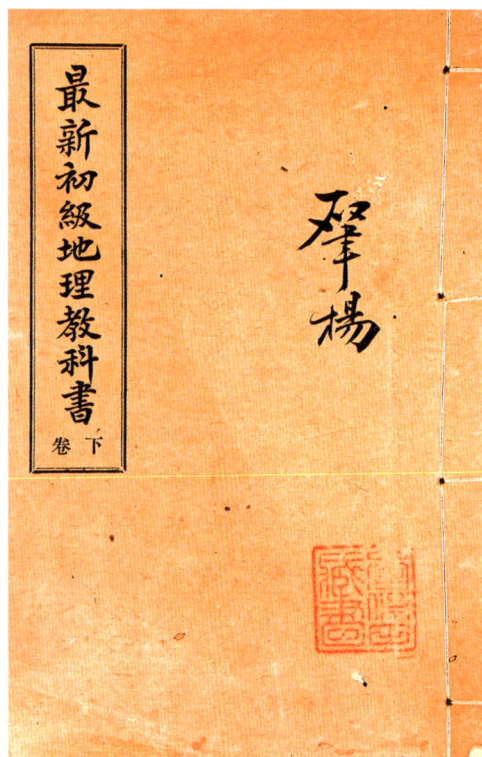

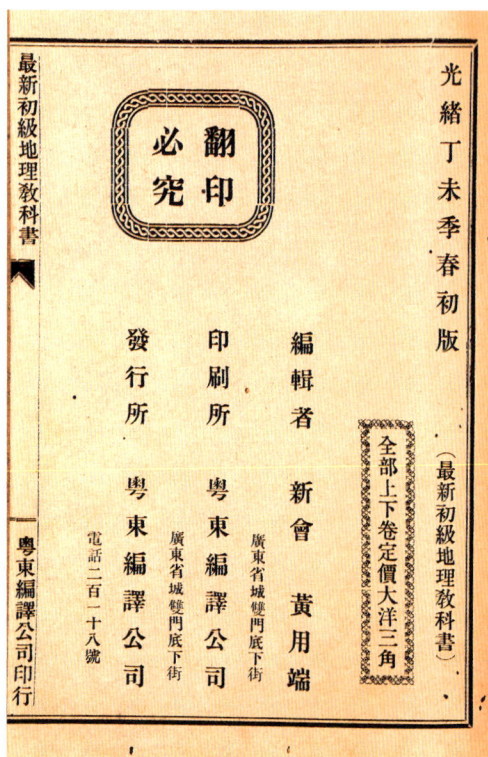

光緒丁未季春初版

（最新初級地理教科書）

全部上下卷定價大洋三角

翻印
必究

編輯者　新會　黃用端
廣東省城雙門底下街

印刷所　粵東編譯公司
廣東省城雙門底下街

發行所　粵東編譯公司
電話二百一十八號

最新初級地理教科書

粵東編譯公司印行

书名：初等小学浙江省地理教科书
著者：施襄盉 / 编辑　赵邦彦、张美翊 / 校正
出版印行：上海启文工业会社
出版时间：光绪三十四年（1908）再版
册数：二

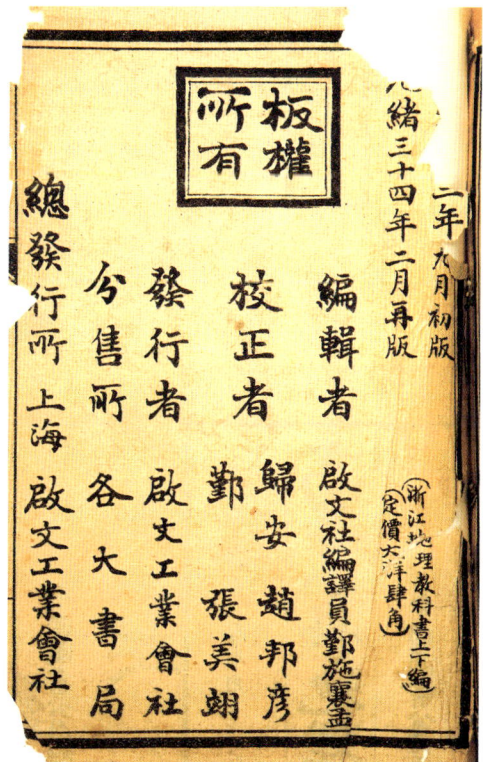

初等
小學浙江省地理教科書

辛亥歲

餘候

土塘

杏

板權所有

光緒三十四年二月再版

二年九月初版

浙江地理教科書上下編
（定價大洋肆角）

編輯者　啟文社編譯員鄞施襄盉

校正者　歸安趙邦彥　張美翊

發行者　啟文工業會社

分售所　各大書局

總發行所　上海　啟文工業會社

216 | 书名：初等小学地理教科书
著者：不详
出版印行：不详
出版时间：不详
册数：不详

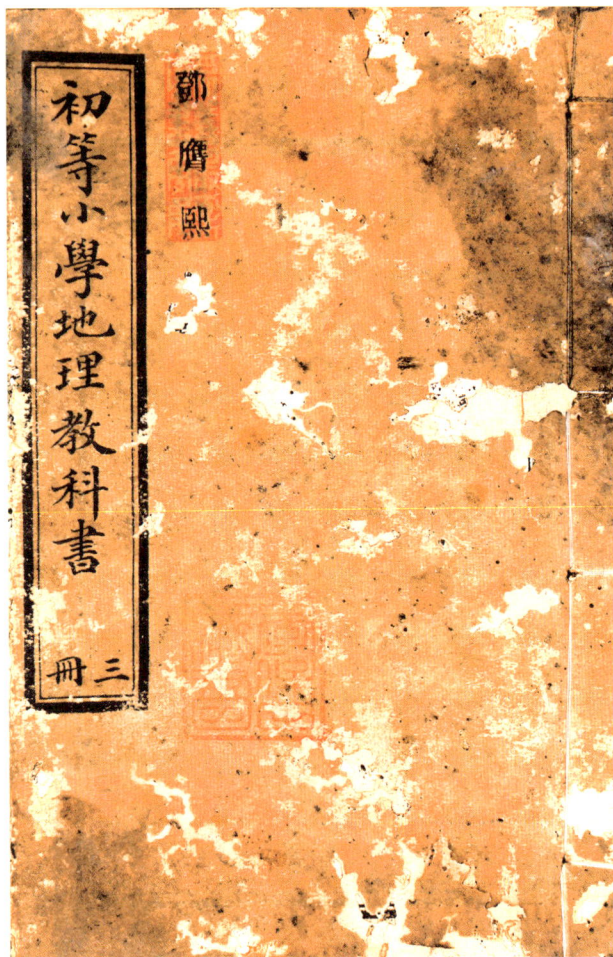

书名：清末中外地理

著者：蔡元培 / 著

出版印行：不详

出版时间：不详

册数：不详

备注：原图内容有误，应为蔡元培校。

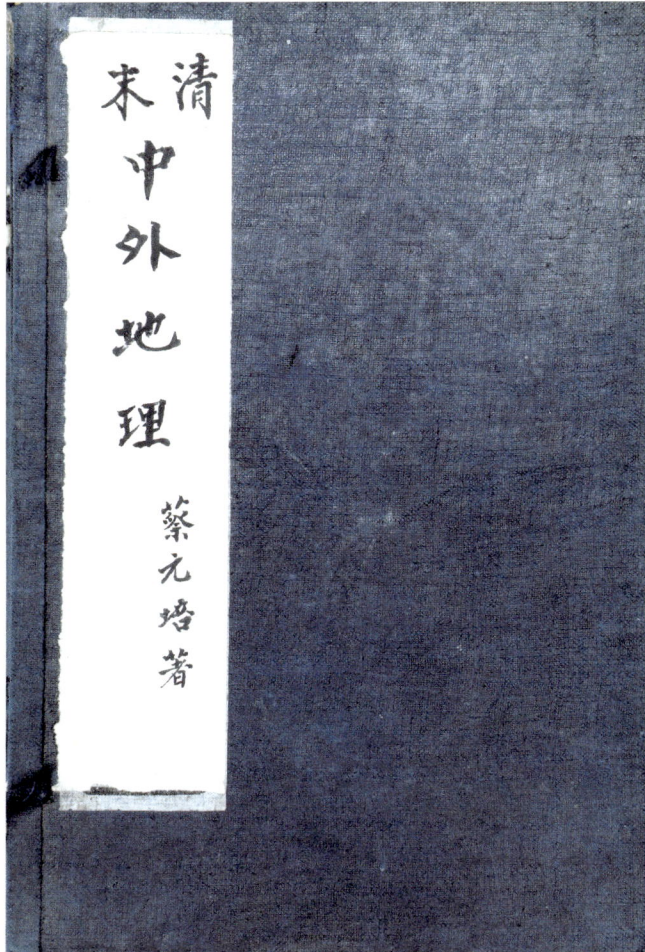

清
末
中
外
地
理

蔡
元
培
著

书名：中国地理教科书
著者：胡子清 / 署检
出版印行：不详
出版时间：不详
册数：不详

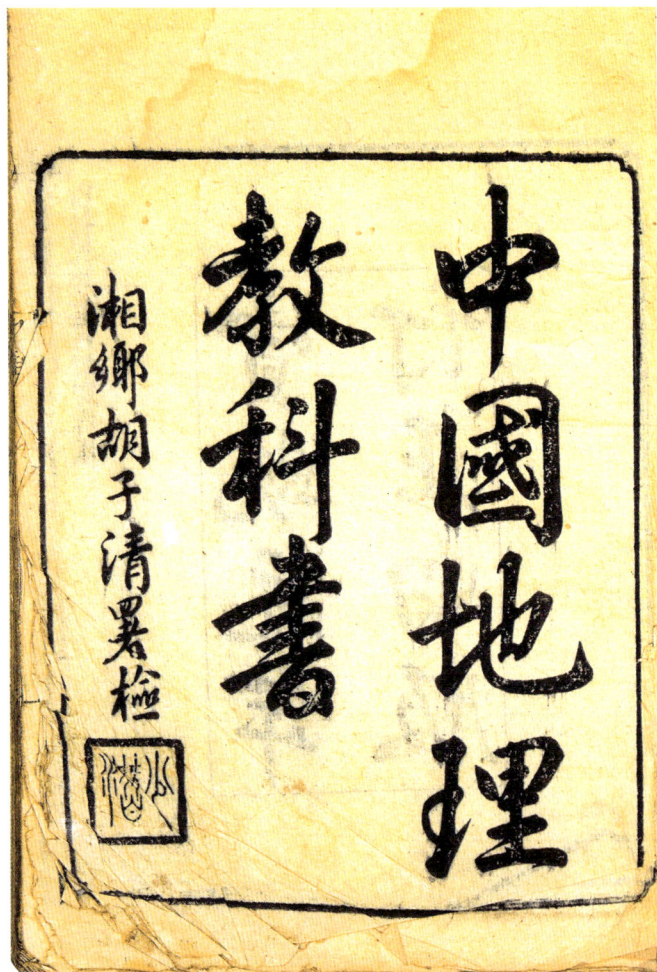

书名：初等地理教科书
著者：不详
出版印行：不详
出版时间：不详
册数：不详

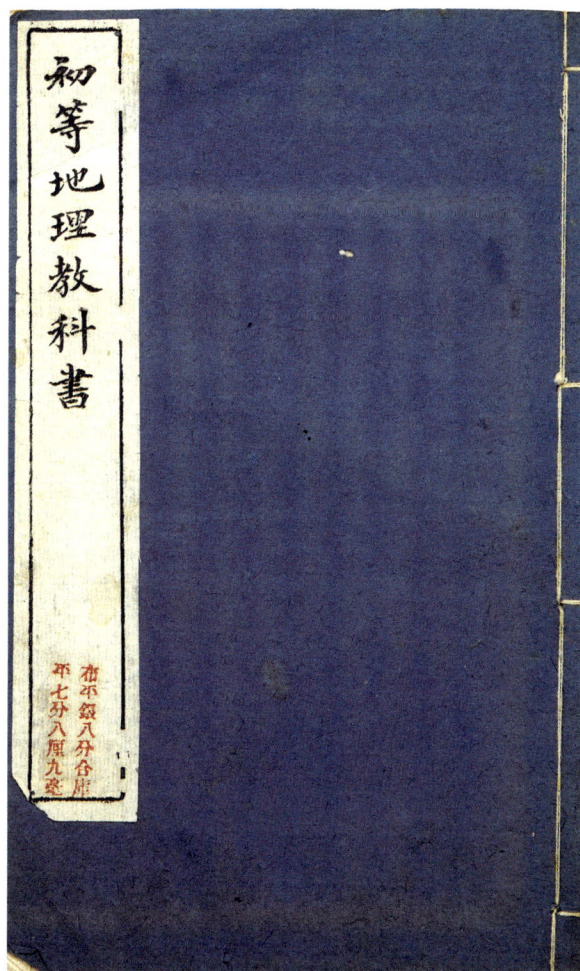

220　书名：最新初等小学本国地理教科书

著者：不详

出版印行：不详

出版时间：不详

册数：不详

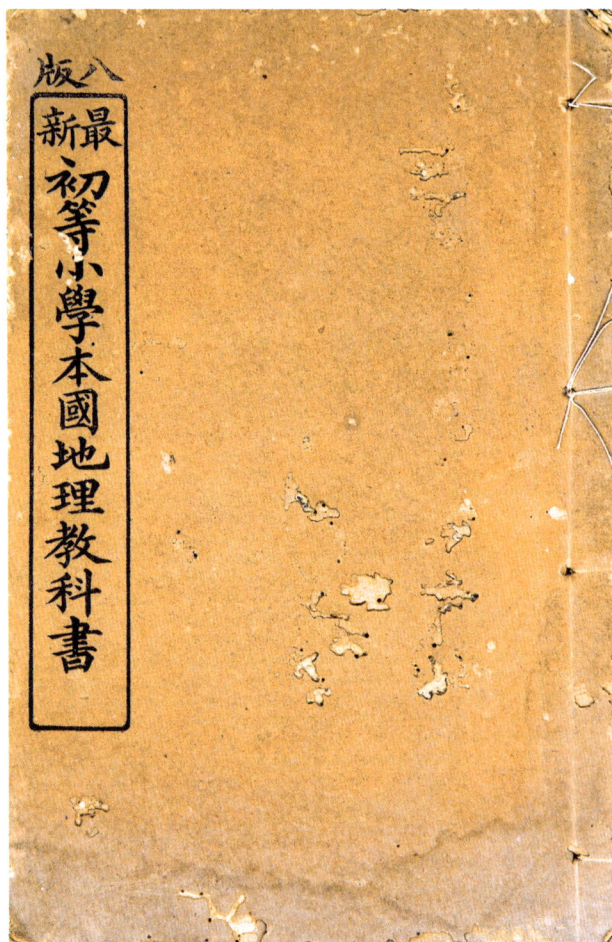

书名：绘图蒙学本国地理志
著者：不详
出版印行：不详
出版时间：不详
册数：不详

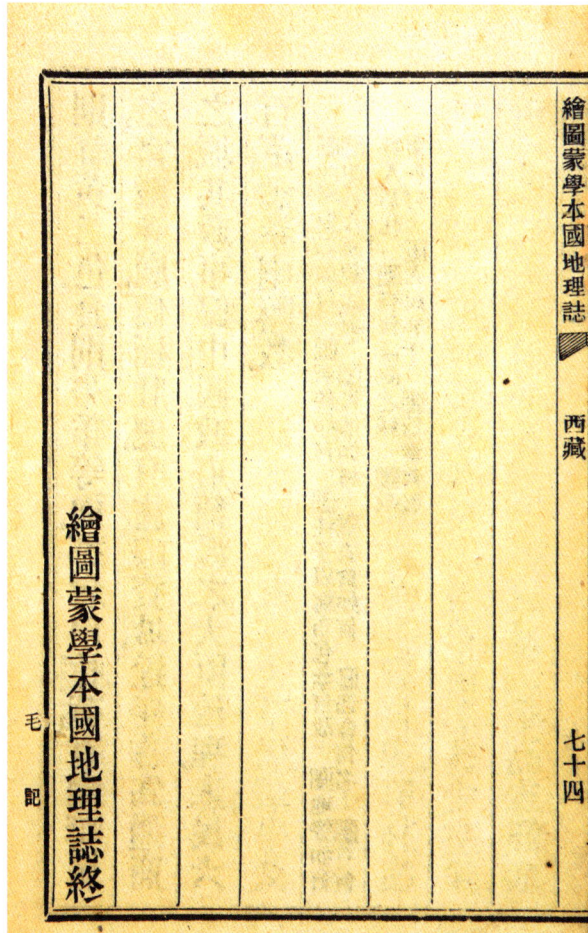

繪圖蒙學本國地理誌

西藏

七十四

繪圖蒙學本國地理誌終

毛
記

书名：最新初等小学地理教科书

著者：不详

出版印行：不详

出版时间：不详

册数：不详

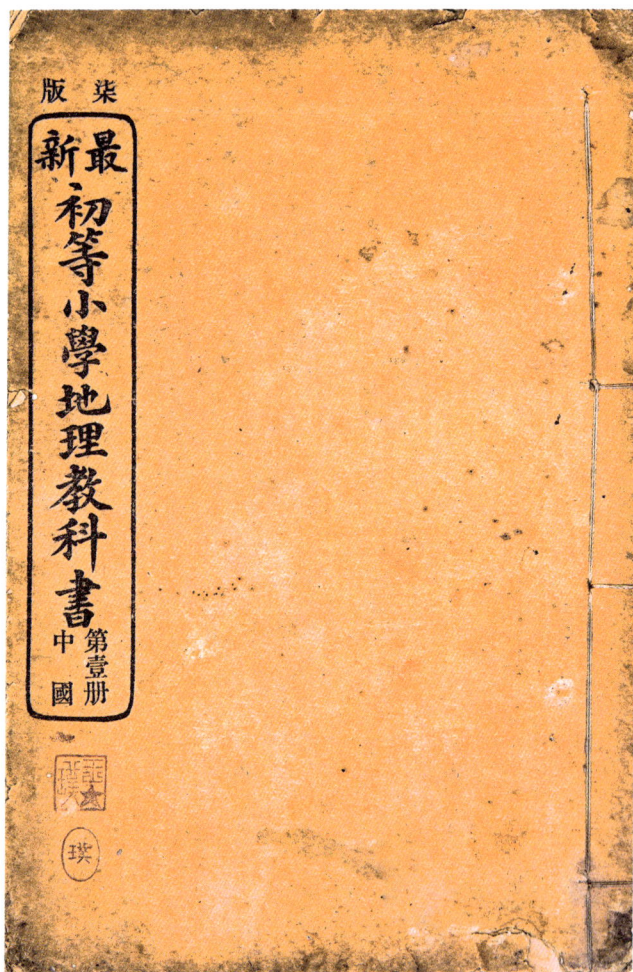

书名：本国地理
著者：不详
出版印行：不详
出版时间：不详
册数：不详

224 　书名：最新增订地理启蒙
著者：不详
出版印行：上海新学会社
出版时间：不详
册数：不详

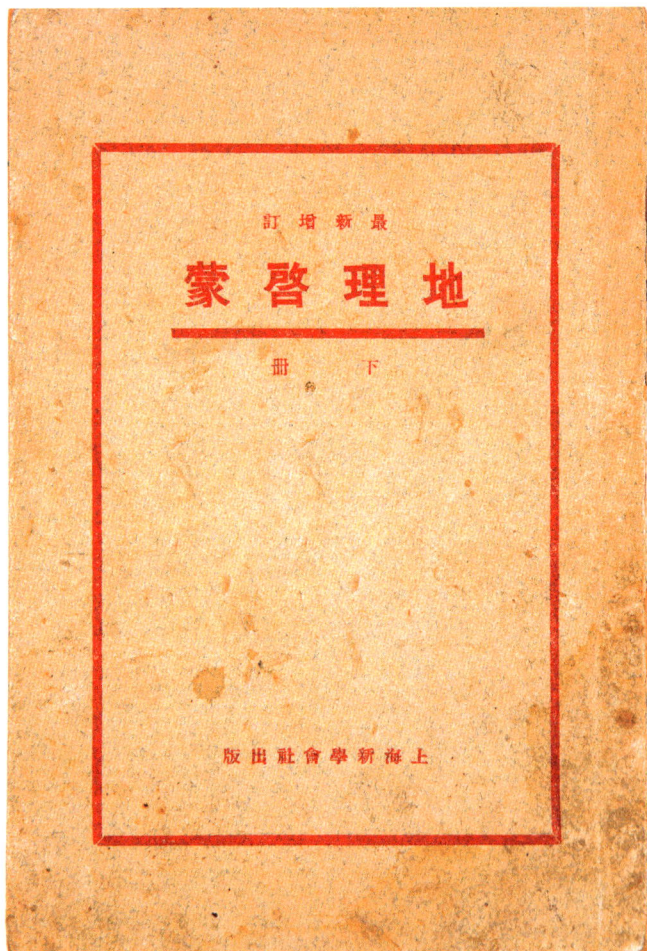

书名：初等小学地理教科书
著者：不详
出版印行：不详
出版时间：不详
册数：不详

226 | 书名：最新高等小学地理教科书
著者：蔡元培 / 校订
出版印行：会文学社
出版时间：不详
册数：二

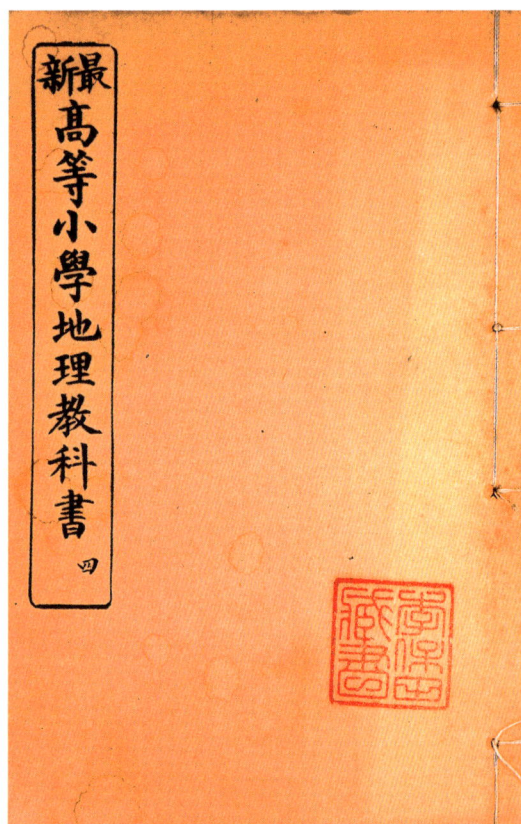

6 历史教材

书名：校正普通新历史

著者：上海普通学书室

出版印行：不详

出版时间：光绪辛丑（1901）

册数：一

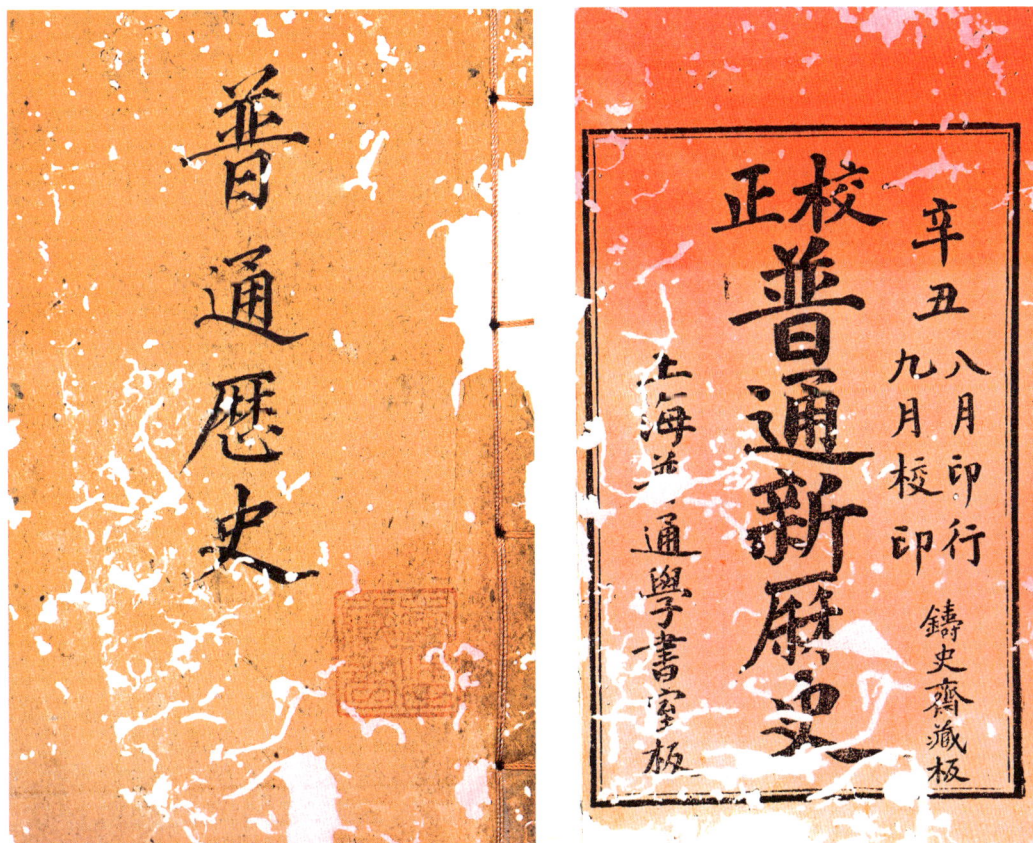

230　书名：蒙学中国历史教科书（学部审定；初等小学堂学生用书）
　　　著者：丁宝书
　　　出版印行：文明书局
　　　出版时间：1903年
　　　册数：二

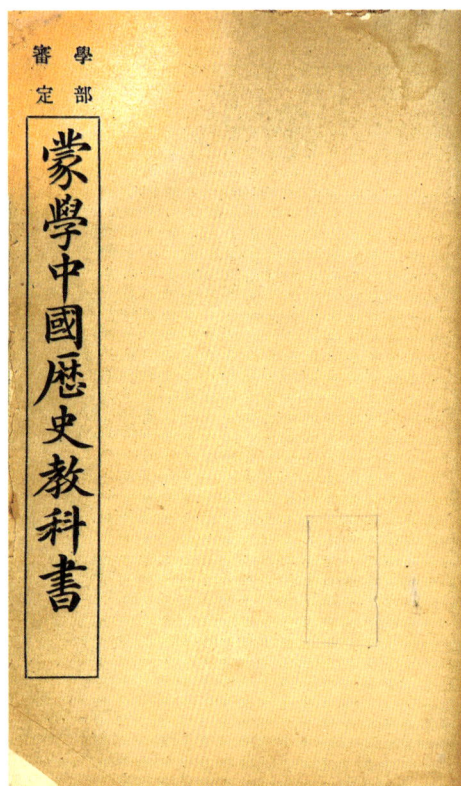

书名：蒙学西洋历史教科书

著者：秦瑞玠 / 著

出版印行：文明书局

出版时间：光绪二十九年（1903）初版　光绪三十一年（1905）7版

册数：二

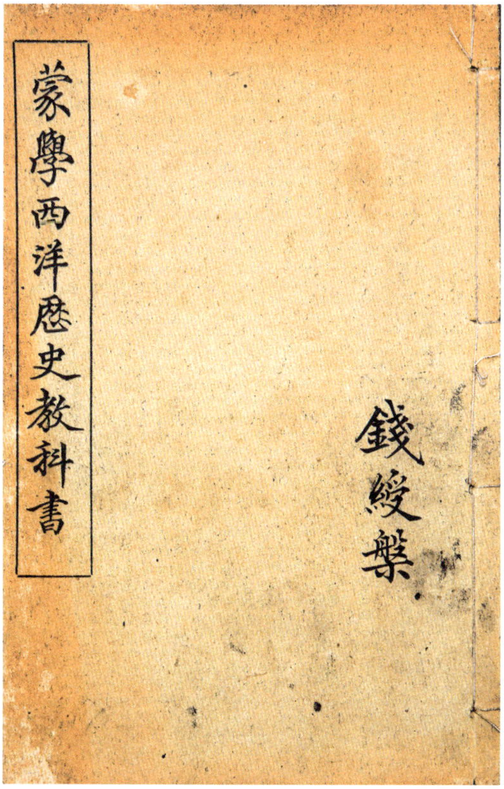

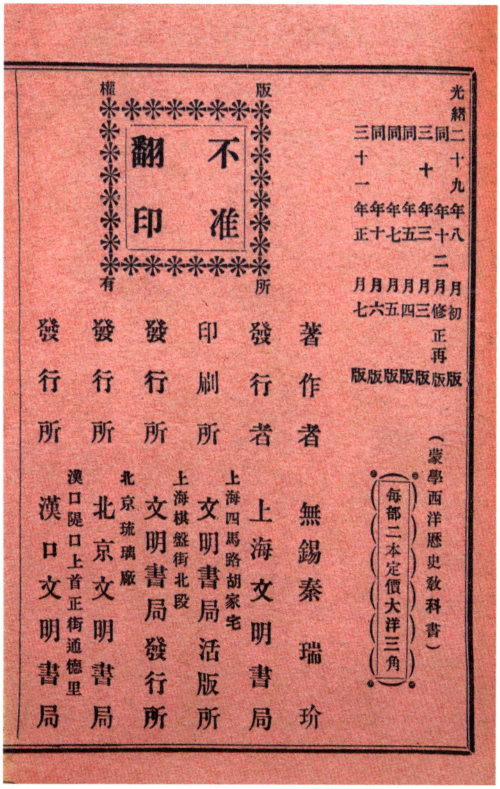

蒙學西洋歷史教科書

錢綬樊

光緒
二十九年八月初版
二十九年十月修正再版
三十年正月七版
同年六月版
同年五月版
同年四月版
三十一年三月版

（蒙學西洋歷史教科書）

每部二本定價大洋三角

版權所有　翻印不准

著作者　無錫秦瑞玠

發行者　上海文明書局

印刷所　上海四馬路胡家宅　文明書局活版所

發行所　上海棋盤街北段　文明書局發行所

發行所　北京琉璃廠　北京文明書局

發行所　漢口隄口上首正街通德里　漢口文明書局

232

书名：高等小学国史教科书

著者：汪承镛 / 编辑　廉泉 / 删订　吴启孙 / 校阅

出版印行：文明书局

出版时间：光绪三十年（1904）初版　光绪三十一年（1905）再版

册数：不详

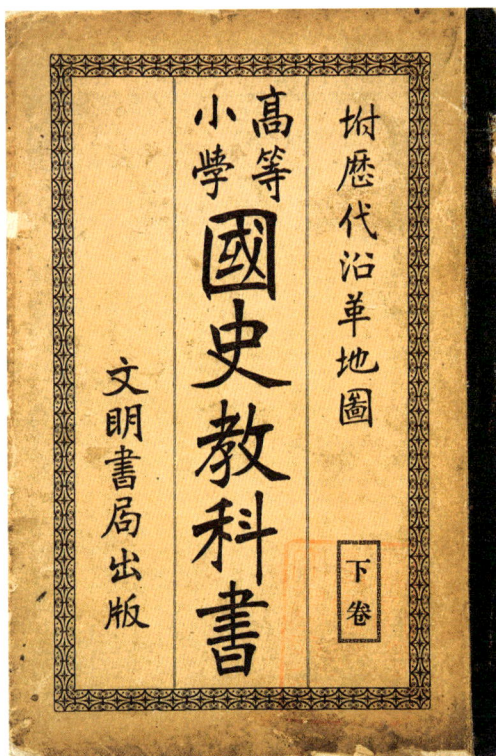

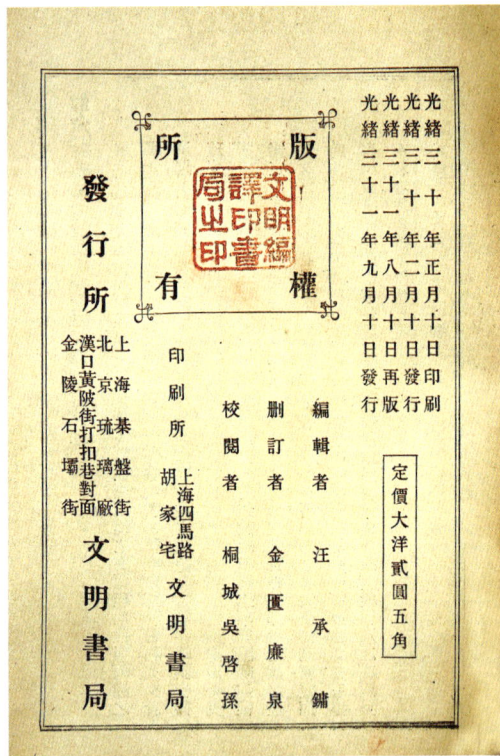

书名：最新初等小学中国历史教科书

著者：姚祖义 / 编纂

出版印行：商务印书馆

出版时间：光绪三十年（1904）初版　光绪三十二年（1906）8 版

册数：二

233

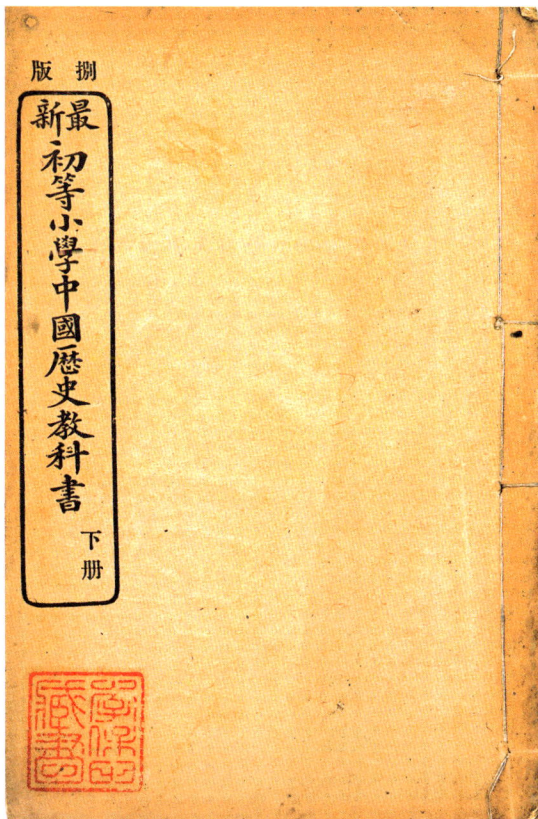

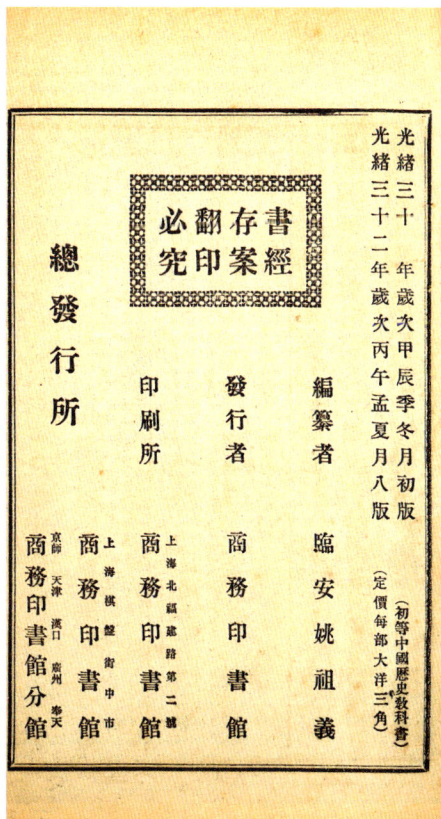

光緒三十年歲次甲辰季冬月初版
光緒三十二年歲次丙午孟夏月八版
（初等中國歷史教科書）
（定價每部大洋三角）

書經存案
翻印必究

編纂者　臨安姚祖義

發行者　商務印書館

印刷所　商務印書館
上海北蘇州路第二號

上海棋盤街中市
商務印書館

總發行所

京師
天津
漢口
廣州
奉天
商務印書館分館

236

书名：最新初等小学中国历史教科书

著者：姚祖义 / 编辑

出版印行：商务印书馆

出版时间：光绪三十年（1904）初版　光绪三十二年（1906）6版

册数：不详

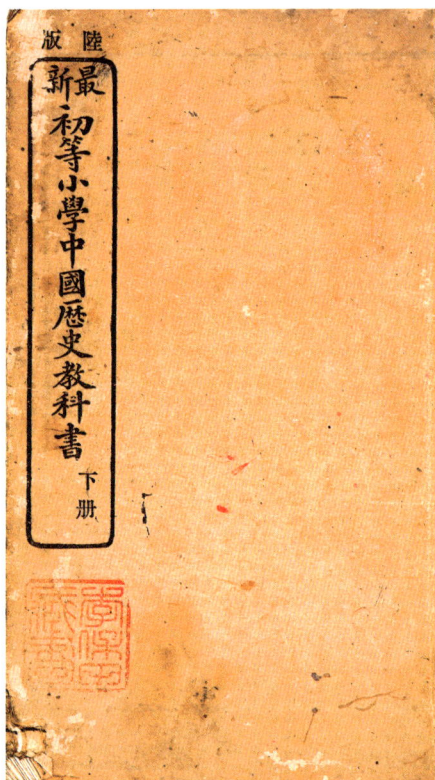

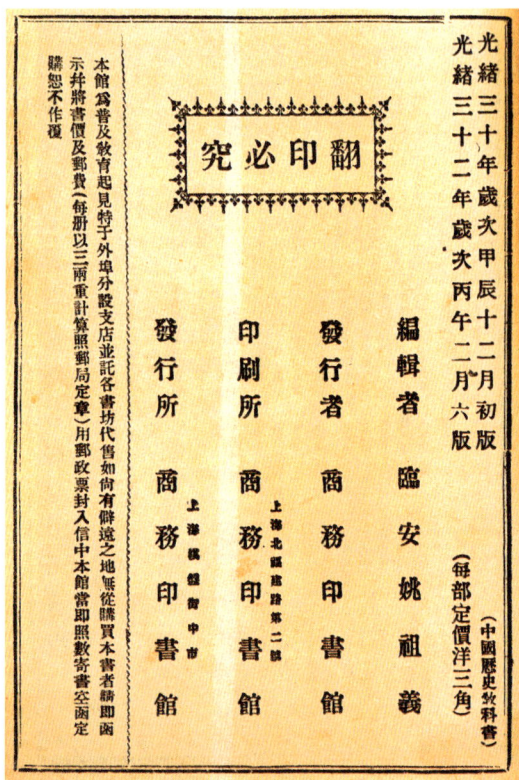

陸版

最新初等小學中國歷史教科書 下冊

翻印必究

光緒三十年歲次甲辰十二月初版
光緒三十二年歲次丙午二月六版

（中國歷史敎科書）
（每部定價洋三角）

編輯者　臨安姚祖義

發行者　商務印書館
上海北福州路第二號

印刷所　商務印書館
上海棋盤街衖中市

發行所　商務印書館

本館爲普及敎育起見特于外埠分設支店並託各書坊代售如尚有僻遠之地無從購買本書者請即函示并將書價及郵費（每冊以三兩重計算照郵局定章）用郵政票封入信中本館常即照數寄書空函定購恕不作覆

书名：绘图蒙学历史读本

著者：曹侃夫 / 编辑　吴调卿 / 绘画

出版印行：上海崇实书局

出版时间：光绪三十一年（1905）

册数：不详

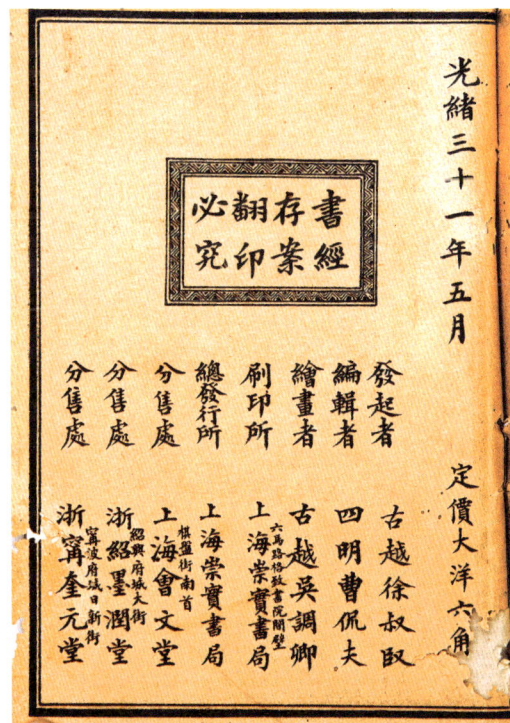

238　书名：高等小学中国历史教科书
　　　著者：张家模 / 编辑　会文书局 / 编译
　　　出版印行：会文书局 / 印刷　会文堂政记 / 发行
　　　出版时间：光绪三十一年（1905）初版　光绪三十二年（1906）再版
　　　册数：二

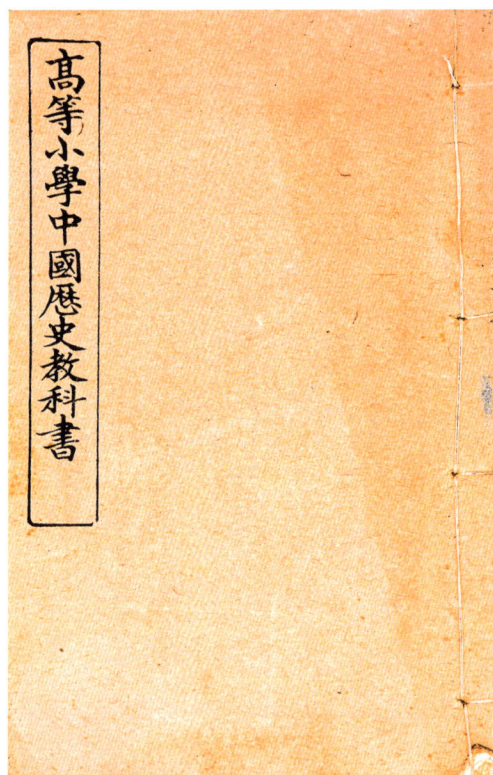

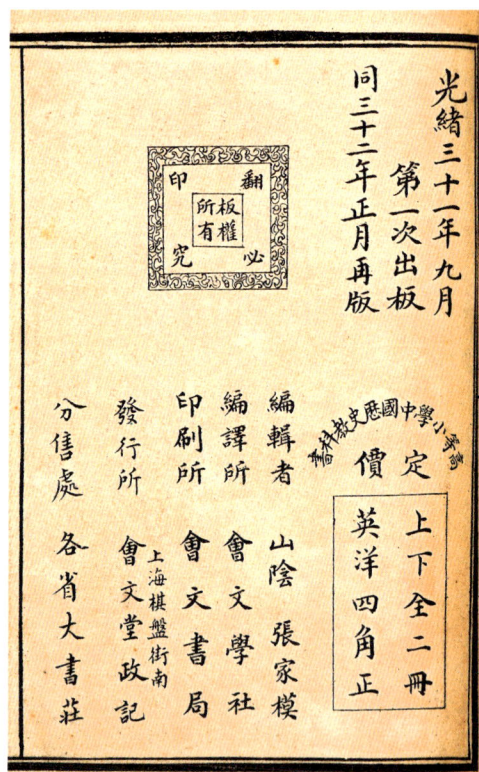

书名：简易历史课本
著者：富光年 / 编辑
出版印行：商务印书馆
出版时间：光绪三十二年（1906）初版　光绪三十二年（1906）3版
册数：不详

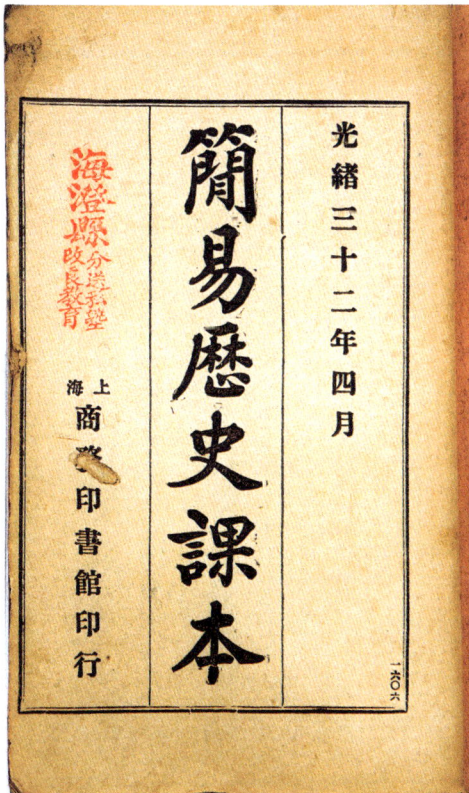

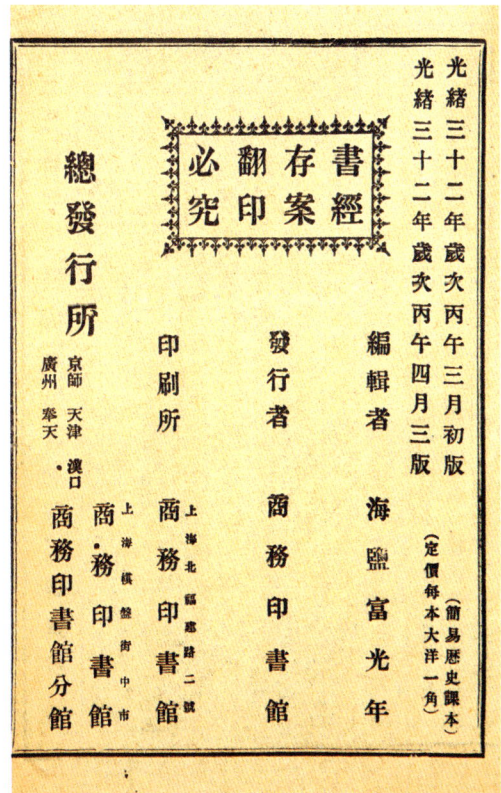

240

书名：广东乡土史教科书

著者：黄映奎 / 发起　黄佛颐 / 编辑

出版印行：粤城时中学校

出版时间：光绪三十二年（1906）

册数：不详

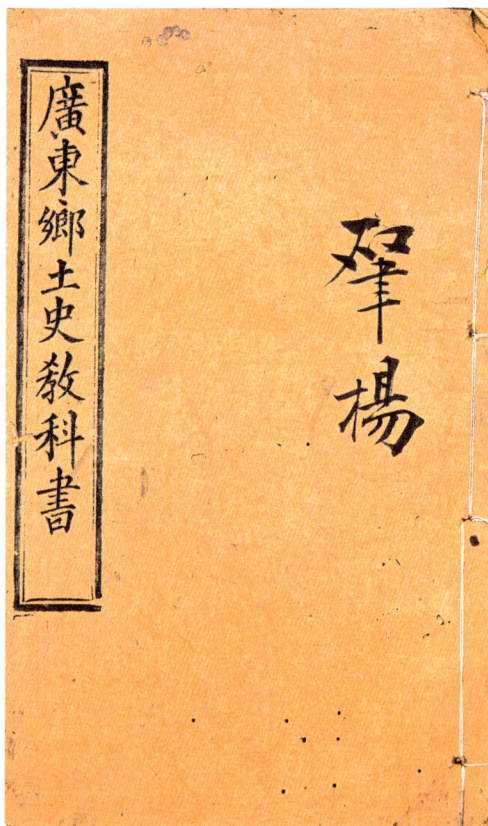

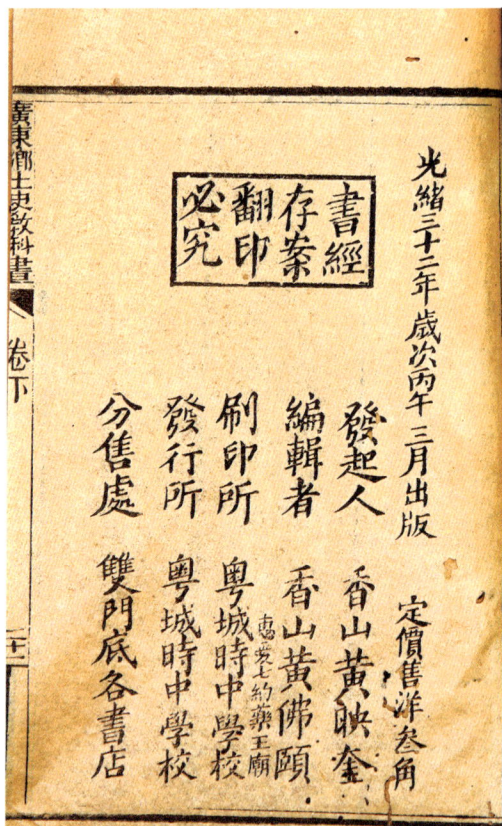

书名：中学教科书新体中国历史
著者：吕瑞延、赵澂璧／编纂　赵玉森、谭廉／重订
出版印行：商务印书馆
出版时间：（光绪）丁未年（1907）初版　民国八年（1919）24版
册数：一

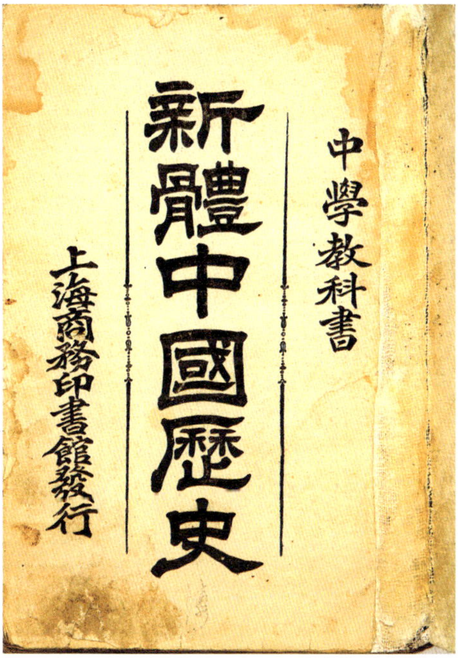

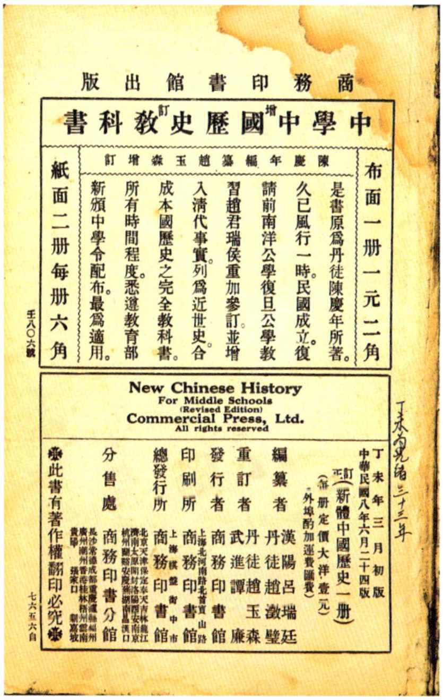

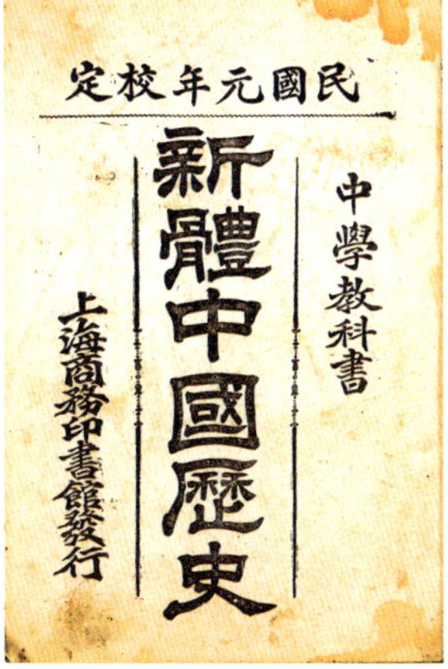

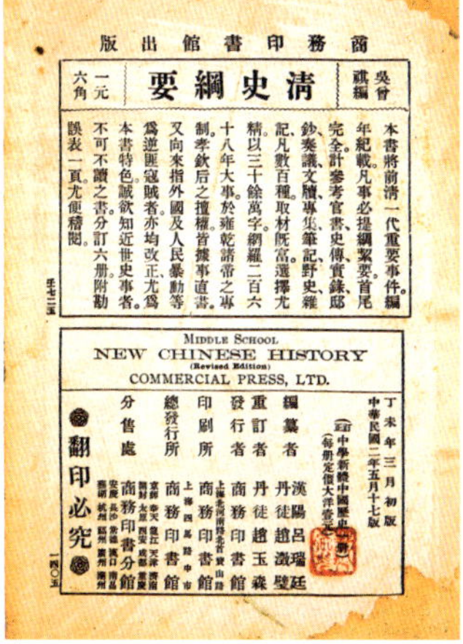

242　书名：高等小学历史课本

著者：赵钲铎 / 编辑　沈恩孚、朱寿朋 / 校订

出版印行：中国图书公司

出版时间：光绪三十四年（1908）初版　宣统三年（1911）7版

册数：六

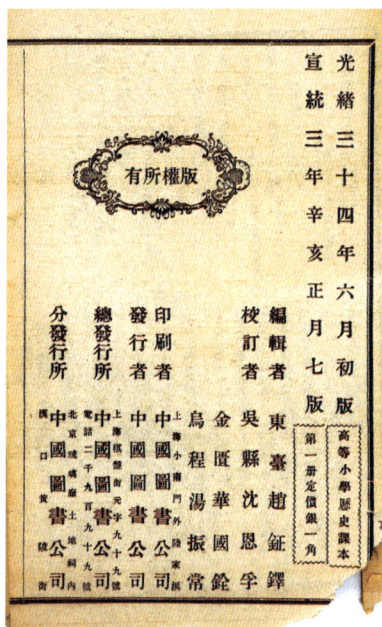

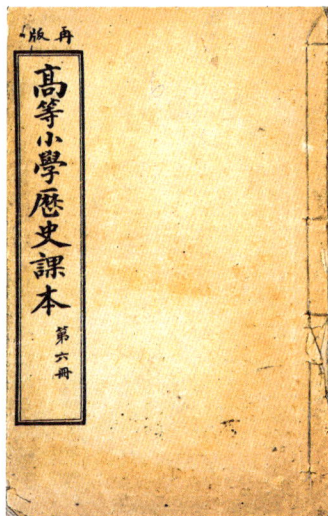
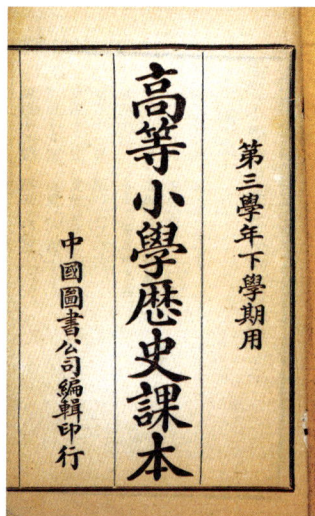
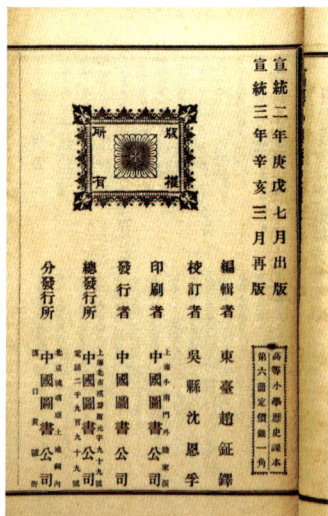

书名：中学中国历史教科书

著者：章嵚 / 编著

出版印行：文明书局

出版时间：光绪三十四年（1908）初版　宣统三年（1911）3 版

册数：三

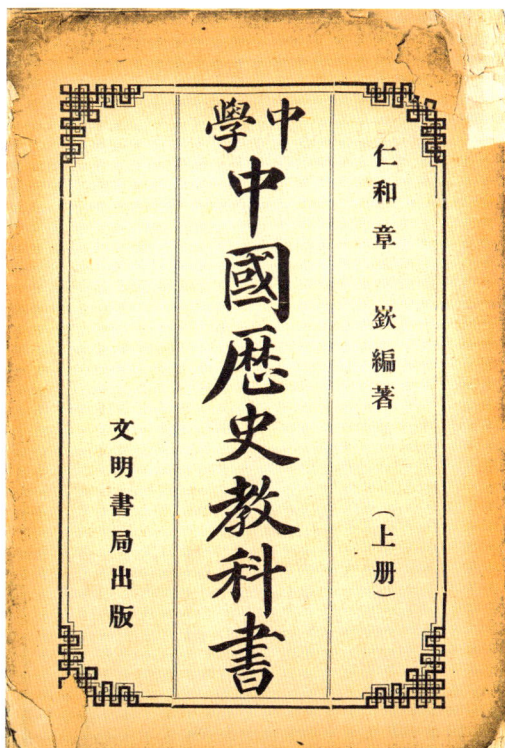

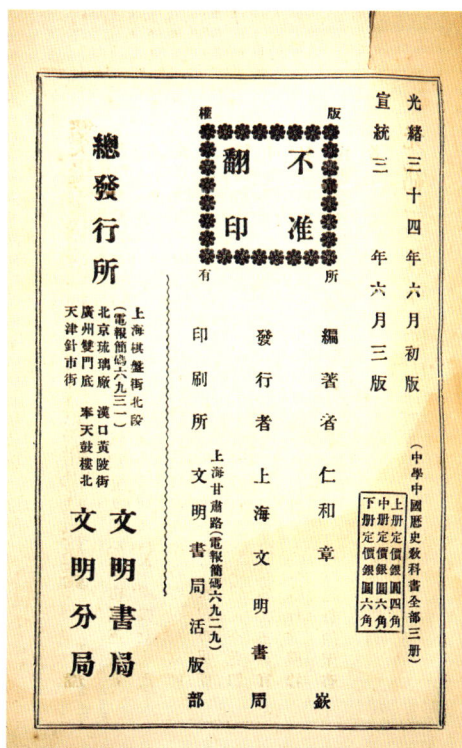

246　书名：普通新历史

著者：不详

出版印行：不详

出版时间：不详

册数：不详

书名：最新中国历史教科书（初等小学堂课本）

著者：不详

出版印行：上海会文学社

出版时间：不详

册数：不详

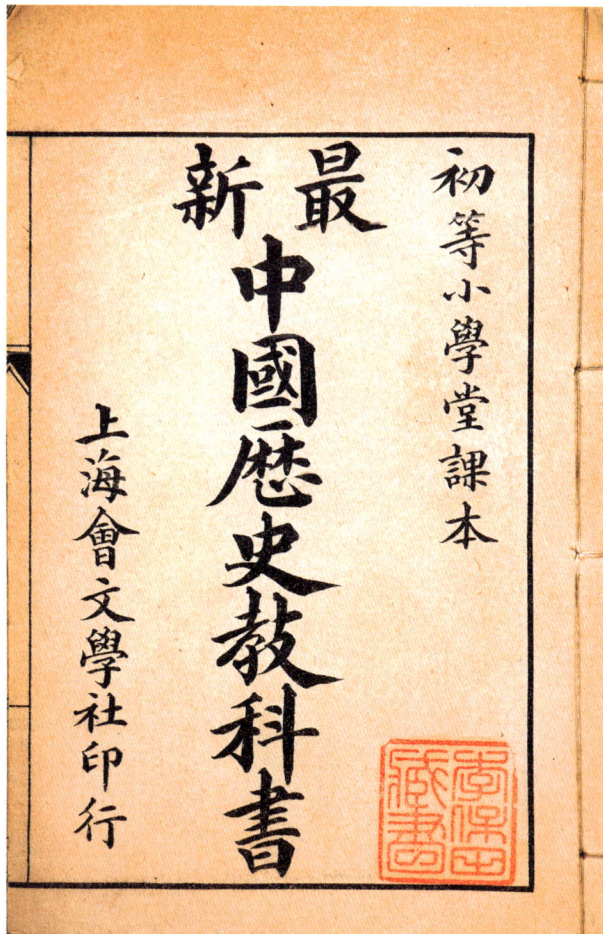

初等小學堂課本

最新中國歷史教科書

上海會文學社印行

248 书名：中国历史教科书
著者：不详
出版印行：不详
出版时间：不详
册数：不详

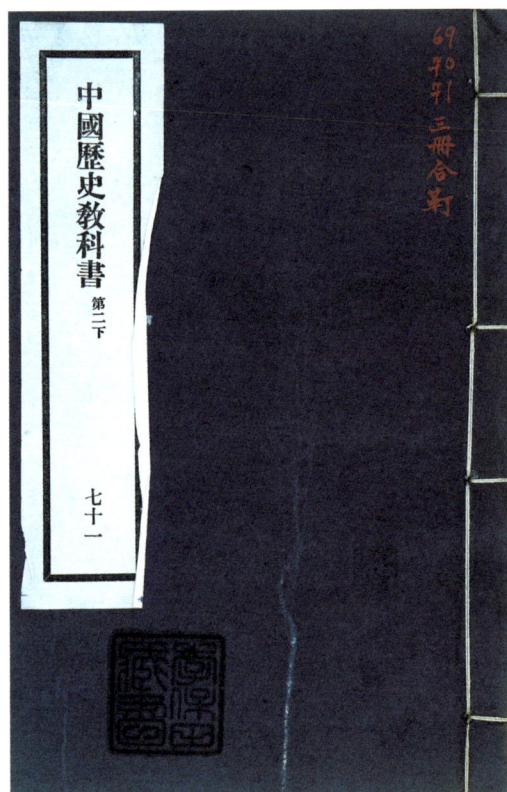

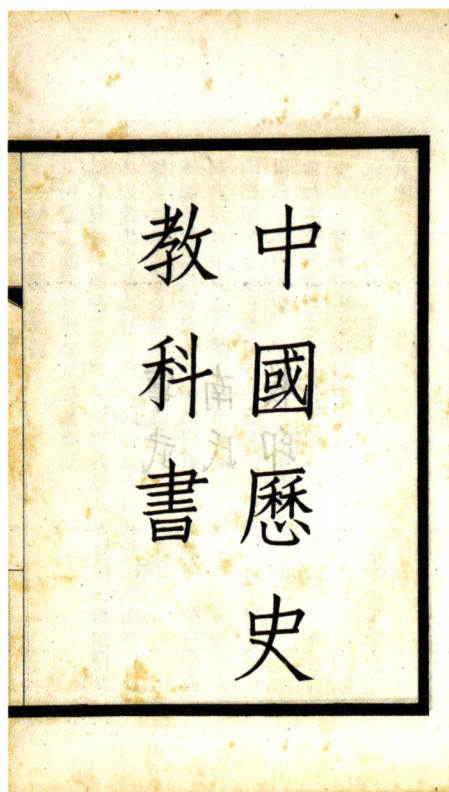

7 生理卫生类教材

书名：蒙学卫生教科书（初等小学堂学生用书）
著者：丁福保 / 著
出版印行：文明书局
出版时间：光绪二十九年（1903）初版　光绪三十二年（1906）10版
册数：一

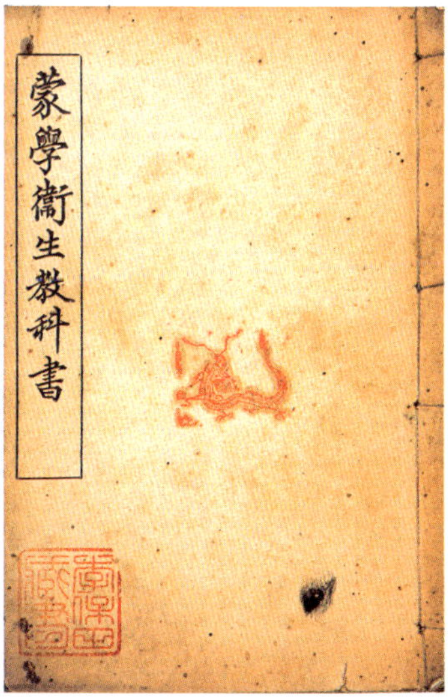

蒙學衛生教科書

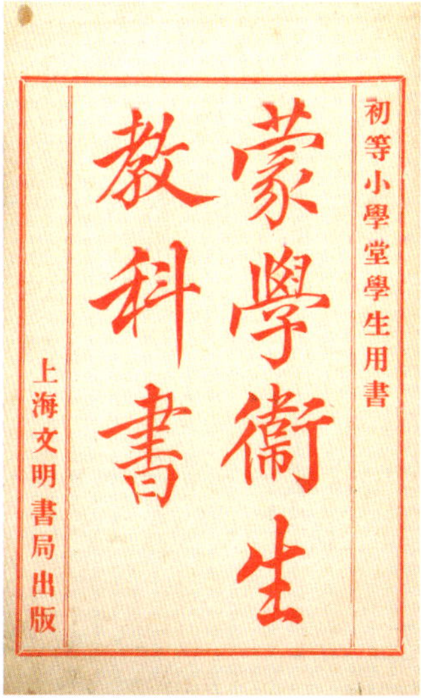

初等小學堂學生用書
蒙學衛生教科書
上海文明書局出版

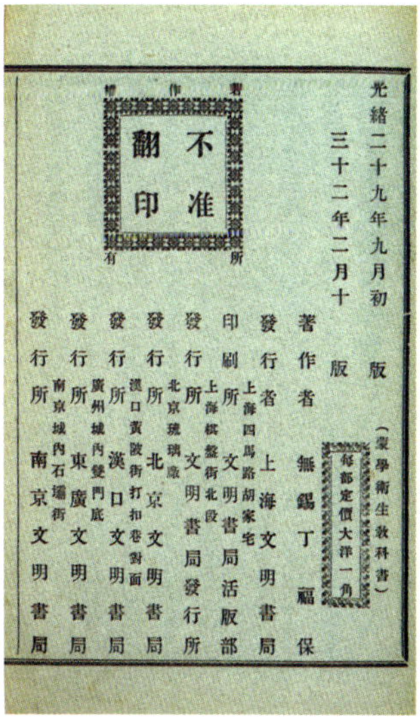

光緒二十九年九月初版
三十二年二月十版
（蒙學衛生教科書）
每部定價大洋一角
著作者 無錫丁福保
發行者 上海四馬路胡家宅 上海文明書局
印刷所 上海棋盤街北段 文明書局活版部
發行所 文明書局發行所
發行所 北京琉璃廠 北京文明書局
發行所 漢口黃陂街打扣巷對面 漢口文明書局
發行所 廣州城內雙門底 東廣文明書局
發行所 南京城內石壩街 南京文明書局
著作所有 不准翻印

252　书名：最新中学教科书生理学

著者：谢洪赉／原译　商务印书馆／校阅

出版印行：商务印书馆

出版时间：光绪三十年（1904）初版　光绪三十四年（1908）9版

册数：一

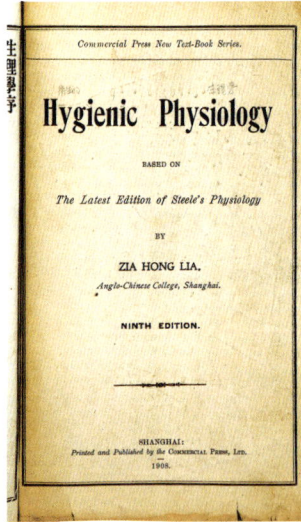

Commercial Press New Text-Book Series.

Hygienic Physiology

BASED ON

The Latest Edition of Steele's Physiology

BY

ZIA HONG LIA.

Anglo-Chinese College, Shanghai.

NINTH EDITION.

SHANGHAI:
Printed and Published by the COMMERCIAL PRESS, LTD.
1908.

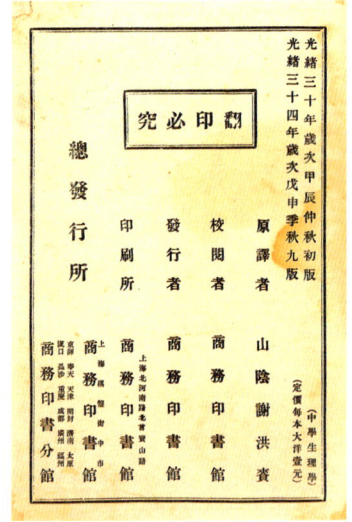

书名：最新女子卫生学
著者：沈福保／译述
出版印行：上海教育图书馆
出版时间：光绪三十四年（1908）初版
册数：一

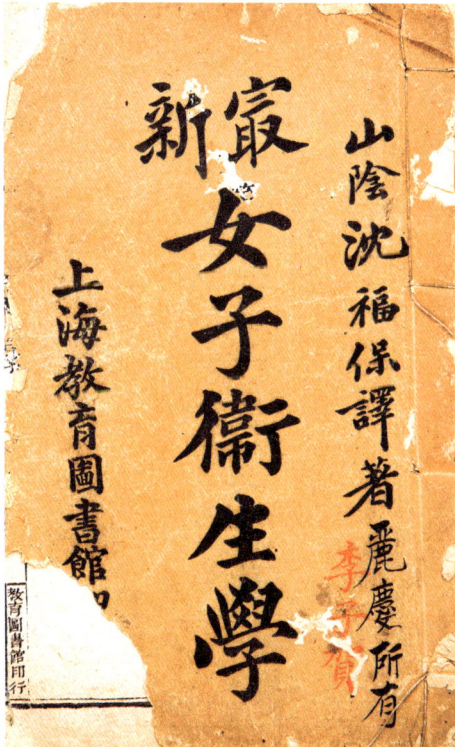

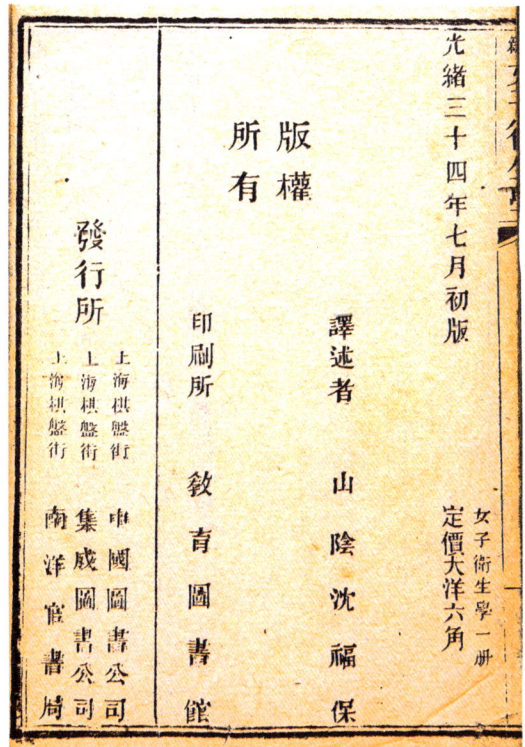

254

书名：师范学校教科书生理卫生学

著者：朱士杰／译述　孙佐／校订

出版印行：商务印书馆

出版时间：戊申年（1908）初版　民国九年（1920）12版

册数：一

定番部育教

最新 解剖生理衞生學　一元六角

●商務印書館出版

最新中學教科書
生理學教科書　四角

民國新教科書
中學生理衞生學　四角五分

共和國教科書
生理學　一元

最新教科書
師範學校生理衞生學　一角五分

師範學校生理衞生學　三角

師範講義生理學講義　三角

實用教科書生理衞生學　八角

教科書生理學　布面一元　紙面九角

丙又（218）

A Brief Course of Hygienic Physiology
For Normal Schools
Commercial Press, Ltd.
All rights reserved

譯述者　無錫朱士杰

校訂者　紹興孫佐

發行者　商務印書館

印刷所　上海北河南路北首寶山路　商務印書館

總發行所　上海棋盤街中市　商務印書館

分售處　北京天津保定太原濟南開封南昌南京杭州長沙漢口重慶成都廣州潮州汕頭香港桂林梧州雲南貴陽新喜坡張家口新奧南寧　商務印書館分館

戊申年七月初版

中華民國九年六月十三版

（師範學校教科書生理衞生學一册）

（每册定價大洋壹角伍分）

（外埠酌加運費滙費）

★此書有著作權翻印必究★

中華民國二年六月十三日東部註册十一月廿六日領到文字第一百卅一號軌照

八九六沈

书名：中等教育生理学

著者：吴球籤 / 编辑　庄景仲 / 校阅

出版印行：上海新学会社

出版时间：光绪三十四年（1908）初版

册数：一

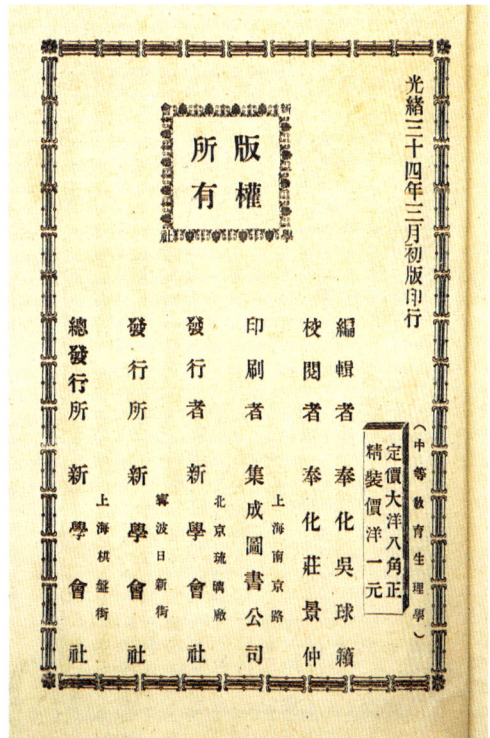

256　书名：初等诊断学教科书（丁氏医学丛书）

著者：丁福保 / 译述

出版印行：医学书局

出版时间：宣统元年（1909）出版　民国三年（1914）3版

册数：不详

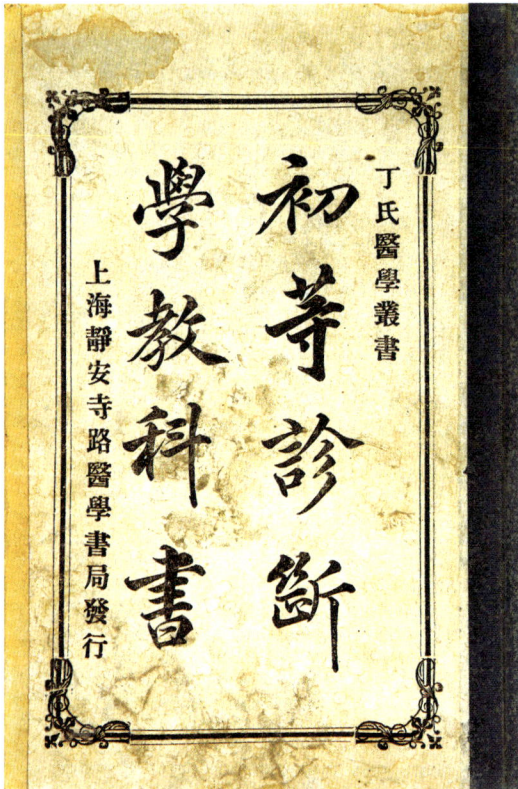

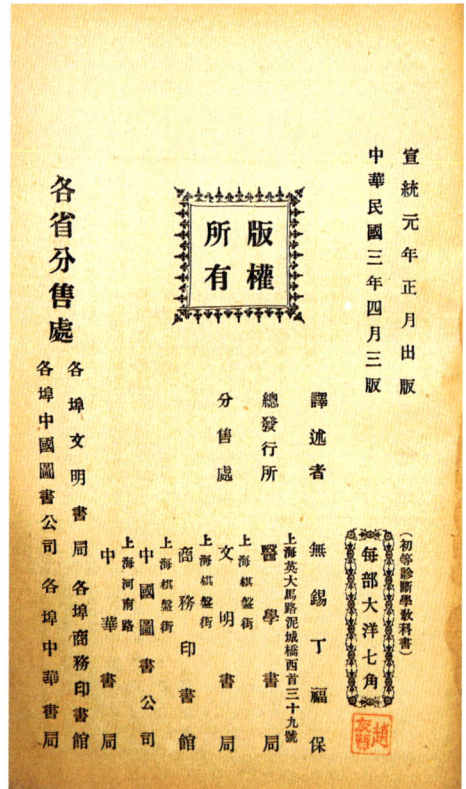

书名：卫生学问答

著者：不详

出版印行：文明书局

出版时间：不详

册数：不详

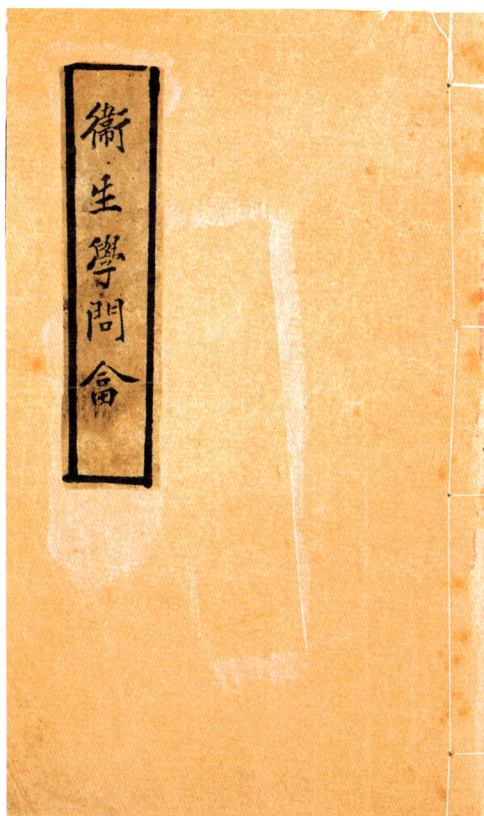

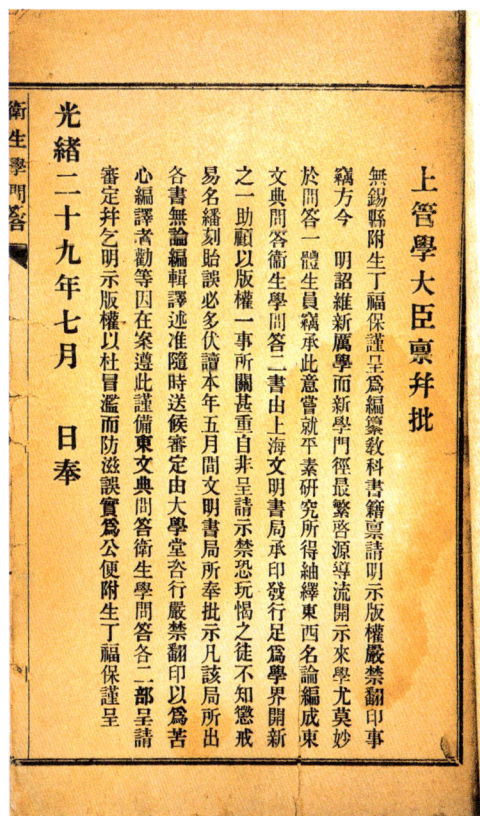

上管學大臣稟并批

無錫縣附生丁福保謹呈爲編纂教科書籍稟請明示版權嚴禁翻印事

竊方今 明詔維新屬學而新學門徑最繁啓源導流開示來學尤莫妙

於問答一體生員竊承此意曾就平素研究所得紬繹東西名論成東

文典問答衛生學問答二書由上海文明書局承印發行足爲學界開新

之一助顧以版權一事所關甚重自非呈請示禁恐玩愒之徒不知懲戒

易名繙刻貽誤必多伏讀本年五月間文明書局所奉批示凡該局所出

各書無論編輯譯述准隨時送候審定由大學堂咨行嚴禁翻印以爲苦

心編譯著勸等因在案遵此謹備東文典問答衛生學問答各二部呈請

審定并乞明示版權以杜冒濫而防滋誤實爲公便附生丁福保謹呈

光緒二十九年七月　日奉

衛生學問答

258 书名：高等小学卫生教科书
著者：不详
出版印行：不详
出版时间：不详
册数：不详

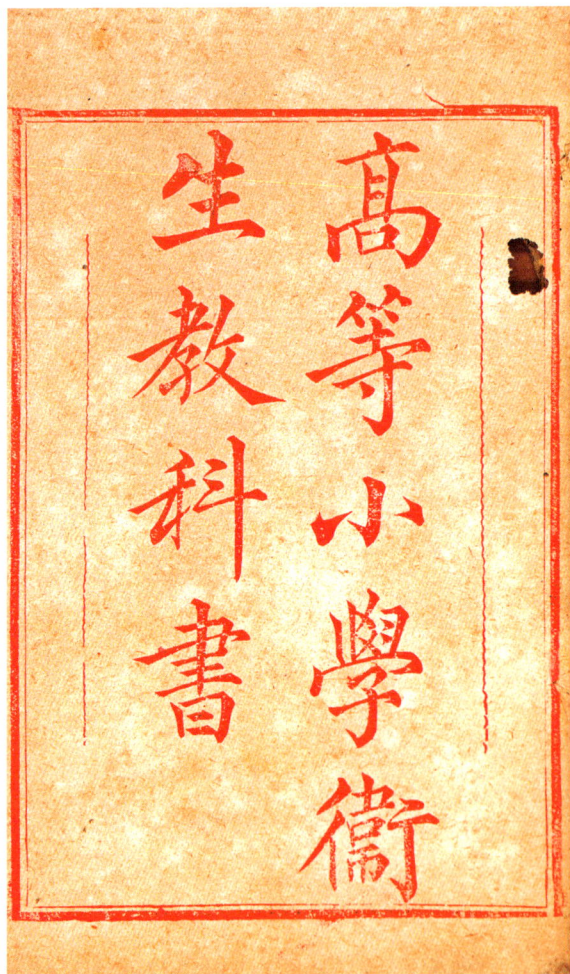

⑧ 理科教材

书名：高等小学理科教科书（高等小学堂学生用书）

著者：王季烈 / 原译　董瑞椿 / 重编、译补

出版印行：文明书局

出版时间：光绪二十九年（1903）初版　光绪三十一年（1905）再版

册数：四

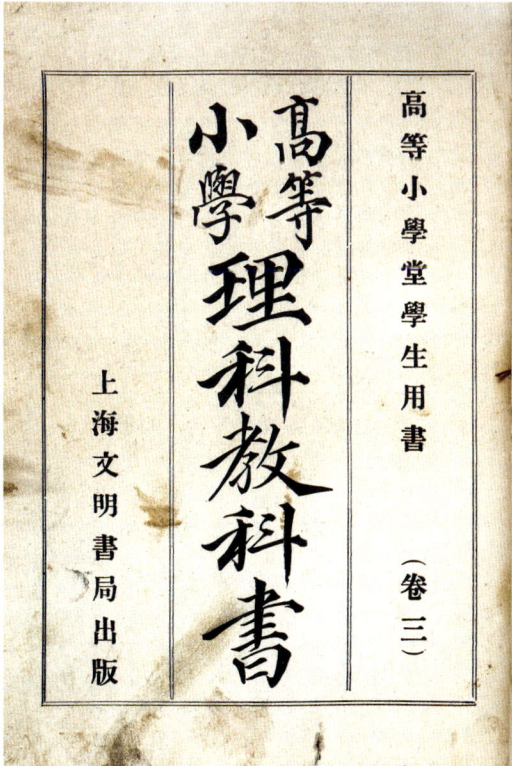

高等小學堂學生用書

高等小學理科教科書

（卷三）

上海文明書局出版

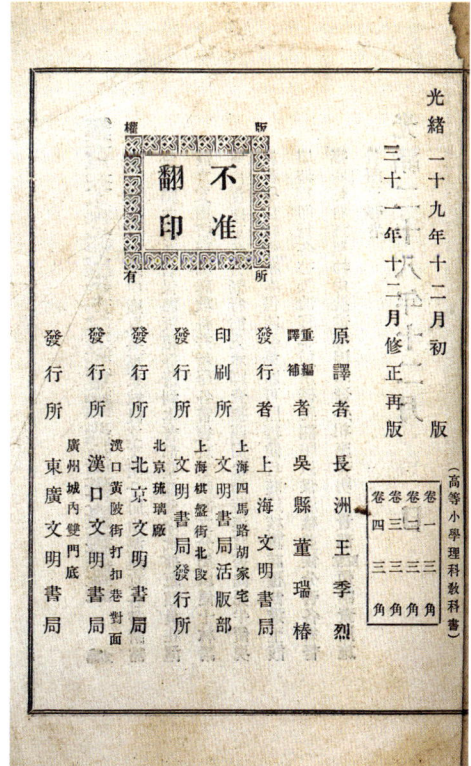

光緒二十九年十二月初版

三十一年十二月修正再版

（高等小學理科教科書）

卷一　三角三角
卷二　三角三角
卷三　三角三角
卷四　三角三角

版權所有　不准翻印

原譯者　長洲王季烈

譯補重編者　吳縣董瑞椿

發行者　上海文明書局

印刷所　上海四馬路胡家宅文明書局活版部

發行所　北京琉璃廠文明書局

發行所　上海棋盤街北段文明書局發行所

發行所　漢口黃陂街打扣巷對面漢口文明書局

發行所　廣州城內雙門底東廣文明書局

书名：最新理科教科书（高等小学用）

著者：谢洪赉／编纂　商务印书馆／校订

出版印行：商务印书馆

出版时间：光绪三十年（1904）初版　宣统二年（1910）15版

册数：四

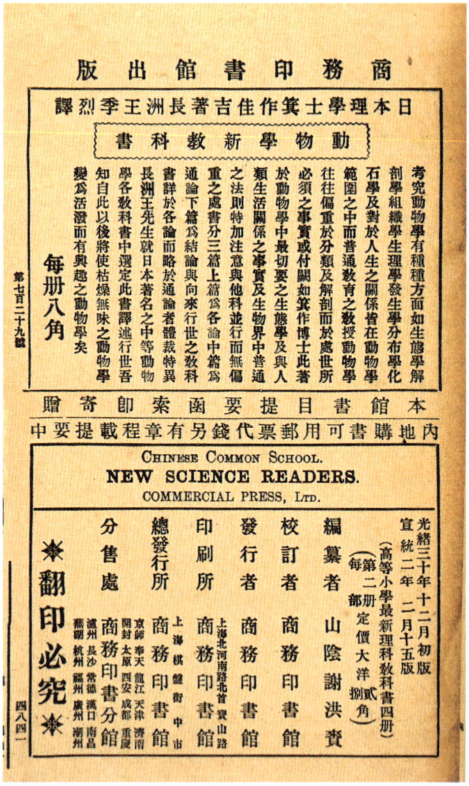

262

书名：新理科书（学部审定；各省小学校教科用；生徒用） 263

著者：由宗龙、刘昌明 / 编辑

出版印行：模范书局

出版时间：光绪三十一年（1905）初版　宣统三年（1911）11版

册数：四

学部審定

各省小學校教科用

新理科書

高等第三年

卷三

生徒用

書經審案

存書嚴禁

翻刻刊

光緒三十一年正月九日初版發行

光緒三十一年二月十日再版發行

光緒三十二年三月廿四日三版

光緒三十二年四月廿五日四版訂正

光緒三十三年七月五日五版訂正

光緒三十三年閏四月廿五日六版訂正

光緒三十四年五月廿五日七版訂正

宣統元年三月廿五日八版訂正

宣統三年正月五日九版訂正

宣統三年三月廿五日十版訂正十一版

編輯者　由宗龍　劉昌明

發行者　由宗龍

東京市神田區三崎町三丁目一番地

印刷者　上村龍之助

東京市神田區三崎町三丁目一番地

印刷所　博信堂

代售處　上海天津北京各大書肆

總發行所　模範書局

麥家圈　上海

生徒用全四冊

定價九角二分

264　书名：高等小学理科教授法（教员用书）
　　　著者：董瑞椿／著
　　　出版印行：文明书局
　　　出版时间：光绪三十二年（1906）初版　宣统元年（1909）4版
　　　册数：四

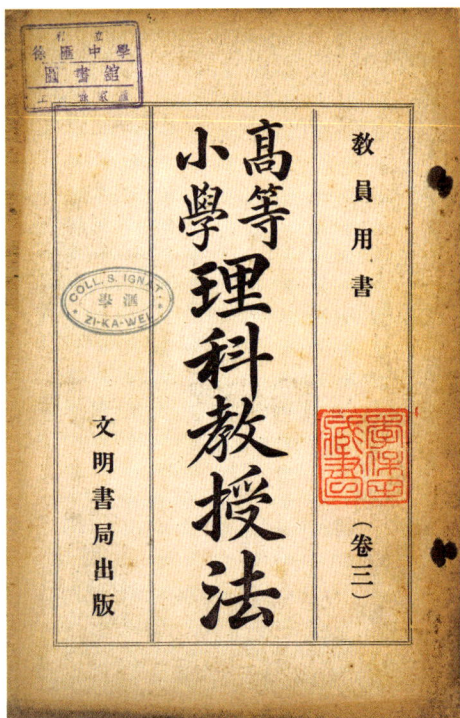

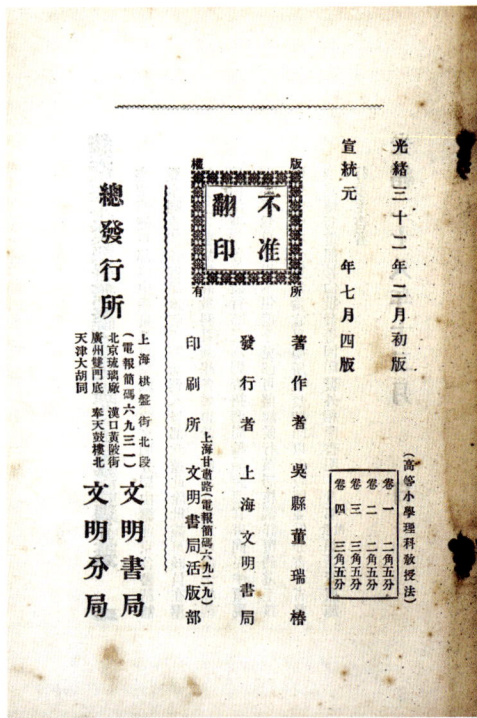

书名：最新高等小学理科教科书
著者：不详
出版印行：不详
出版时间：不详
册数：四

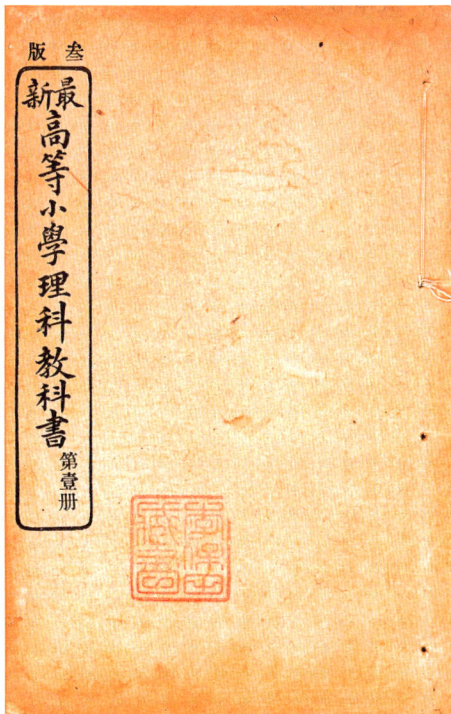

版叁

最新高等小學理科教科書 第壹冊

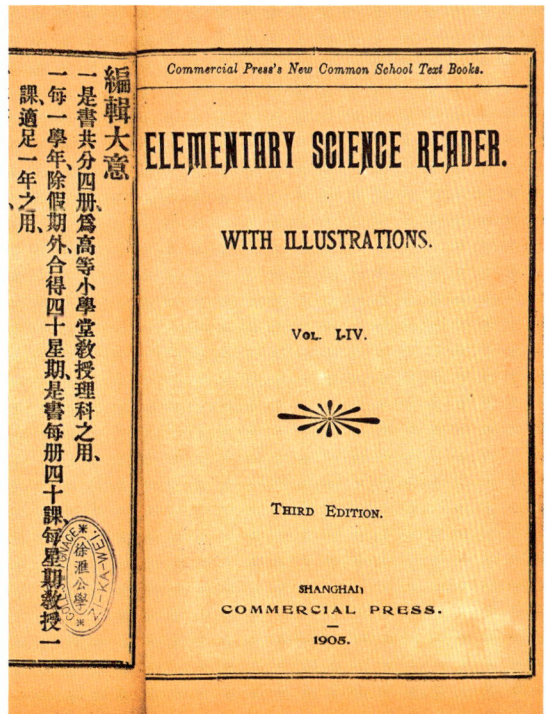

編輯大意

一 是書共分四冊為高等小學堂教授理科之用、

一 每一學年除假期外合得四十星期是書每冊四十課每星期教授一課、適足一年之用、

Commercial Press's New Common School Text Books.

ELEMENTARY SCIENCE READER.

WITH ILLUSTRATIONS.

VOL. I-IV.

THIRD EDITION.

SHANGHAI.
COMMERCIAL PRESS.
1905.

9 格致教材

书名：蒙学格致教科书

著者：钱承驹 / 著

出版印行：文明书局

出版时间：光绪二十九年（1903）初版　光绪三十二年（1906）15版

册数：一

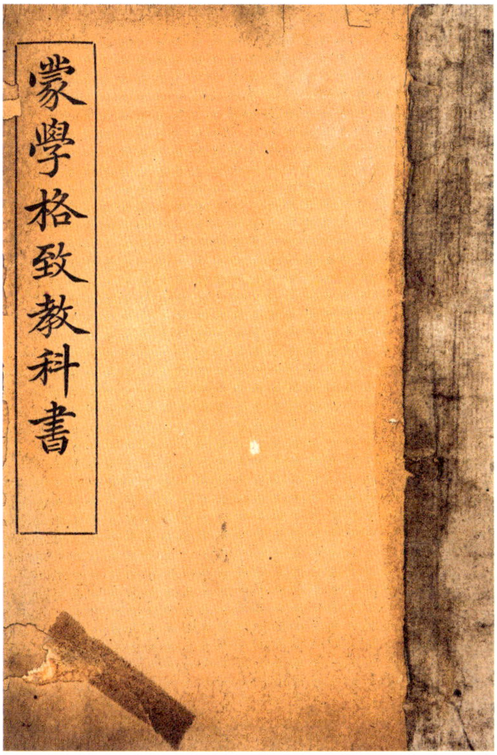

蒙學格致教科書

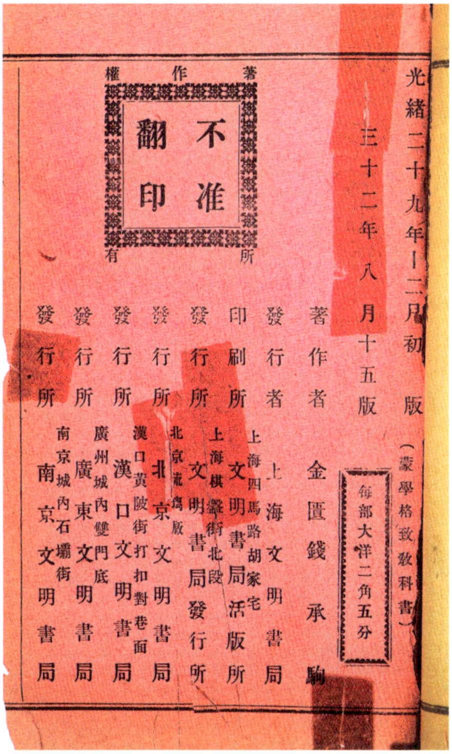

作權　著
不准翻印
所有

光緒二十九年十二月初版（蒙學格致教科書）

三十二年八月十五版

著作者　金匱錢承駒

每部大洋二角五分

印刷所　上海文明書局活版所

發行所　上海文明書局發行所

發行所　北京文明書局

發行所　漢口黃陵街打扣對巷面文明書局

發行所　廣州城內廣東文門底文明書局

發行所　南京城內石壩街文明書局

书名：中等格致课本

著者：不详

出版印行：南洋公学

出版时间：光绪癸卯年（1903）

册数：不详

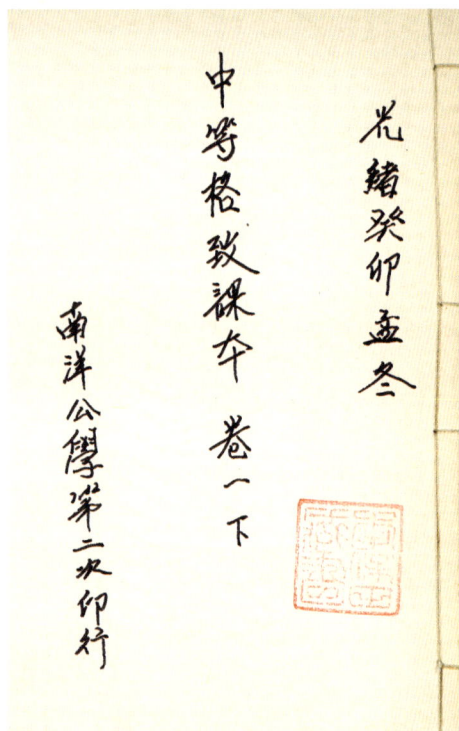

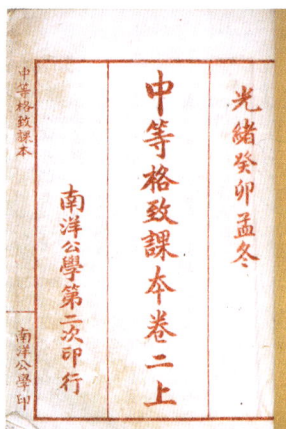

书名：最新格致教科书（初等小学堂用）

著者：杜亚泉／编纂

出版印行：商务印书馆

出版时间：光绪三十二年（1906）初版　宣统二年（1910）5版

册数：三

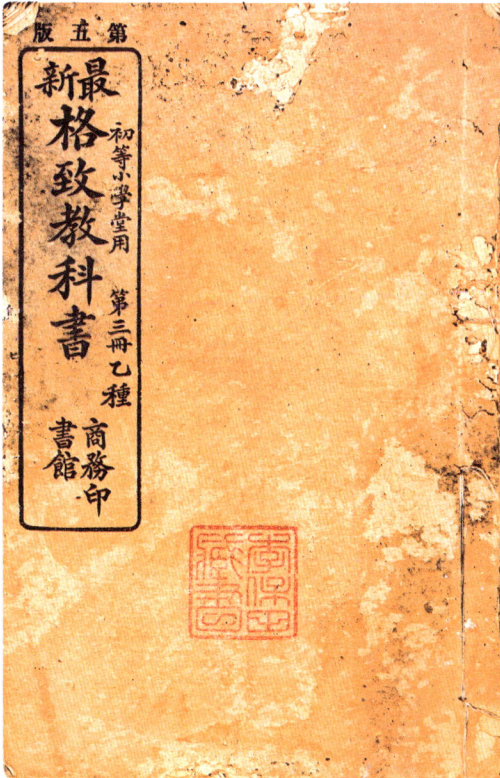

最新格致教科书

初等小学堂用　第三册乙种

商務印書館

第五版

商務印書館發行

理科教授指南

最保誠校訂

定價五角

理科教授須前後聯絡繁簡得宜使見

童於不知不識之間完全其常識高尚

其人格故其教授之法最宜研究是書

共分七章（一）總論（二）要旨（三）材料（四）方

法（五）與他教科之關係（六）實驗上之注

意（七）教授上之注意卷末附錄教授例

案小學校花壇設法二種其所叙述

頗名費末發之覆準此施教必有左

右逢源恰盡理科能事之樂從事斯道

者試一展讀之當不河漢斯言也

第八百四十一號

CHINESE PRIMARY SCHOOL.

Primary Lessons in Natural History.

COMMERCIAL PRESS, Ltd.

本書地內可書購用郵票代錢另有章程載要提要中

編纂者　山陰杜亞泉

發行者　商務印書館

印刷所　上海北河南路麥盧北首　商務印書館

總發行所　上海棋盤街中市　商務印書館

分售處　商務印書分館
德州　泰安　奉天　漢口　杭州　天津　大原　濟南　長沙　常德　開封　南昌　福州　廣州　潮安　南陽

光緒三十二年十一月初版

宣統二年四月五版

（初等小學乙種格致教科書三册）

（第三册定價大洋貳角）

※翻印必究

五三六五

书名：最新格致教科书教授法（初等小学教员用）

著者：杜亚泉／编纂

出版印行：商务印书馆

出版时间：光绪三十二年（1906）初版　宣统元年（1909）8版

册数：三

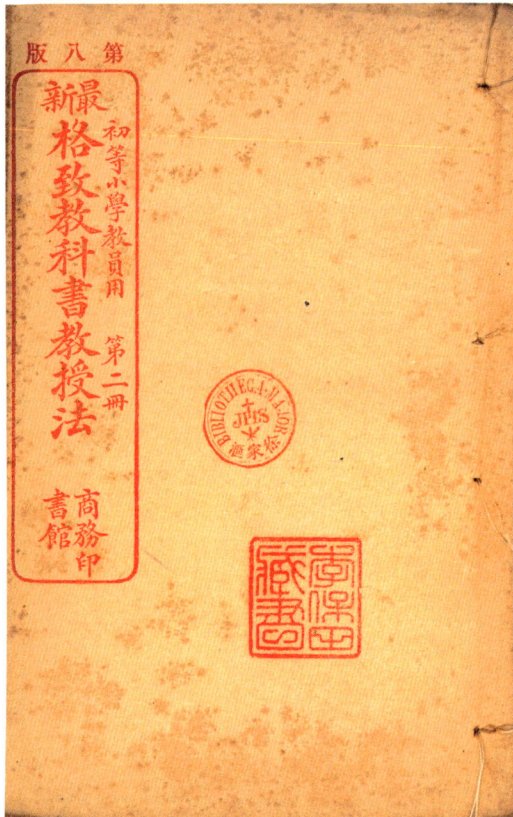

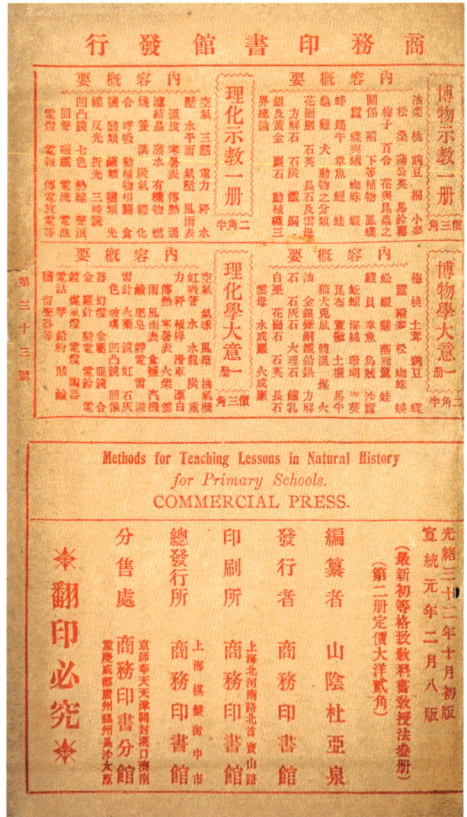

书名：高等小学格致课本

著者：吴传绂、吴家煦 / 编辑　沈恩孚 / 校订

出版印行：中国图书公司

出版时间：光绪三十三年（1907）初版　宣统二年（1910）再版

册数：不详

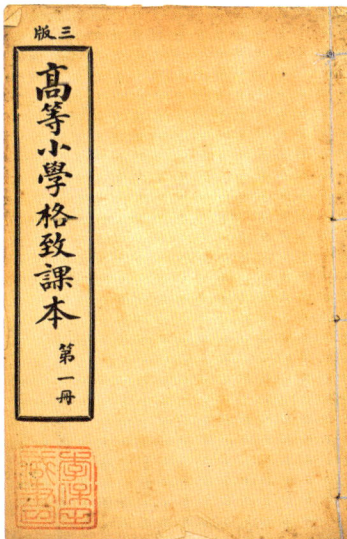

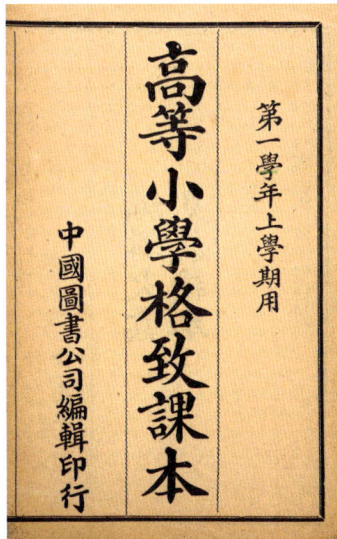

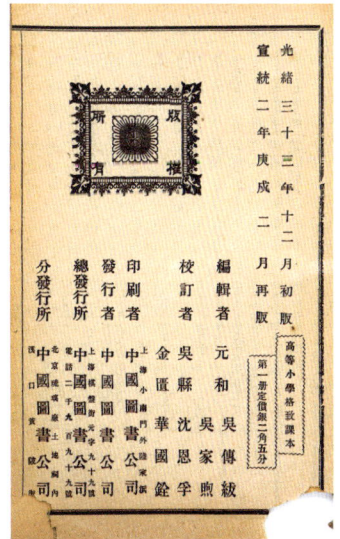

274　书名：格致课本（初等小学用）
著者：商务印书馆编译所 / 编纂
出版印行：商务印书馆
出版时间：光绪三十三年（1907）初版　光绪三十三年（1907）再版
册数：二

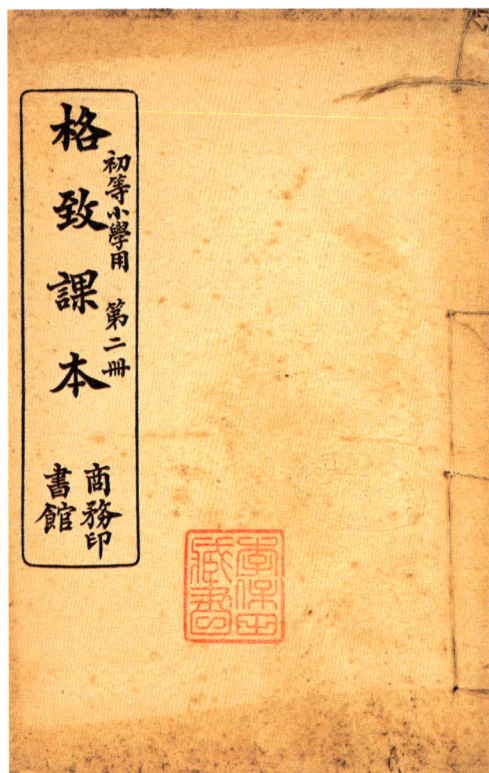

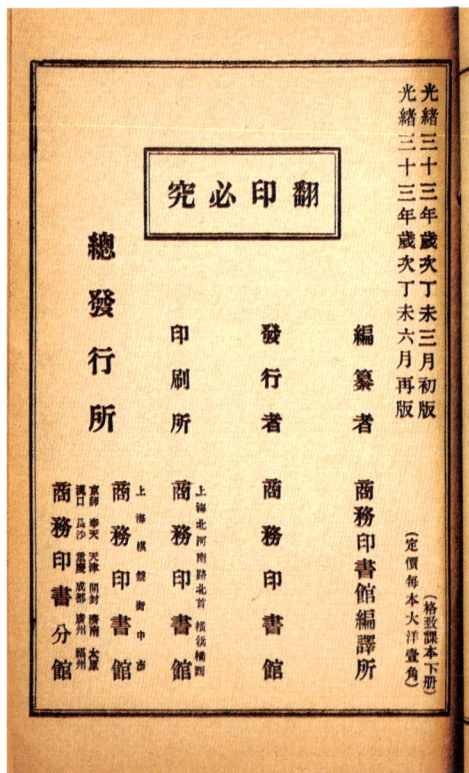

书名：学部第一次编纂高等小学格致教科书

著者：不详

出版印行：学部图书局

出版时间：宣统二年（1910）

册数：不详

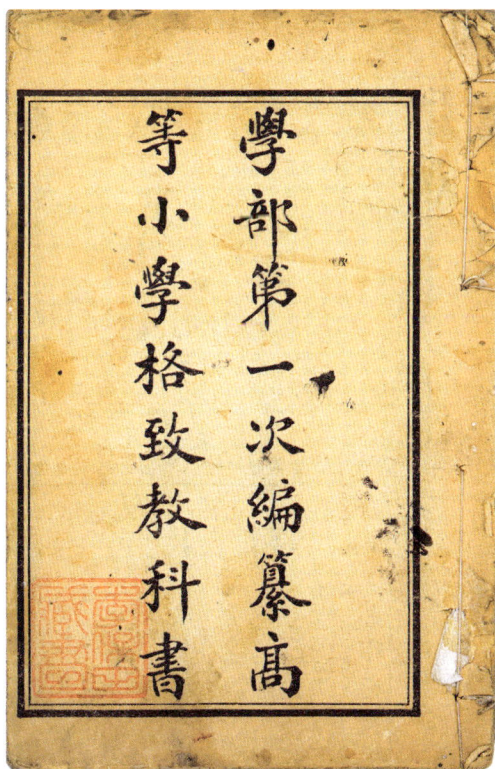

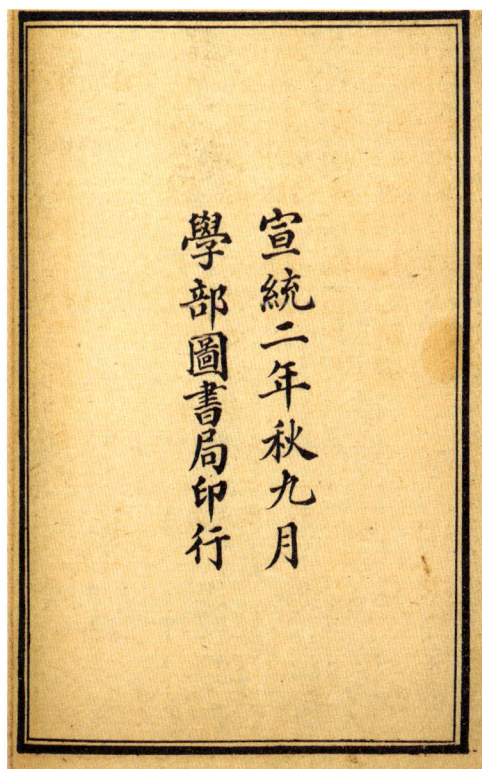

书名：高等小学简明格致教科书（学生用）

著者：严保诚 / 编纂　钟观光 / 校订

出版印行：商务印书馆

出版时间：宣统三年（1911）初版

册数：八

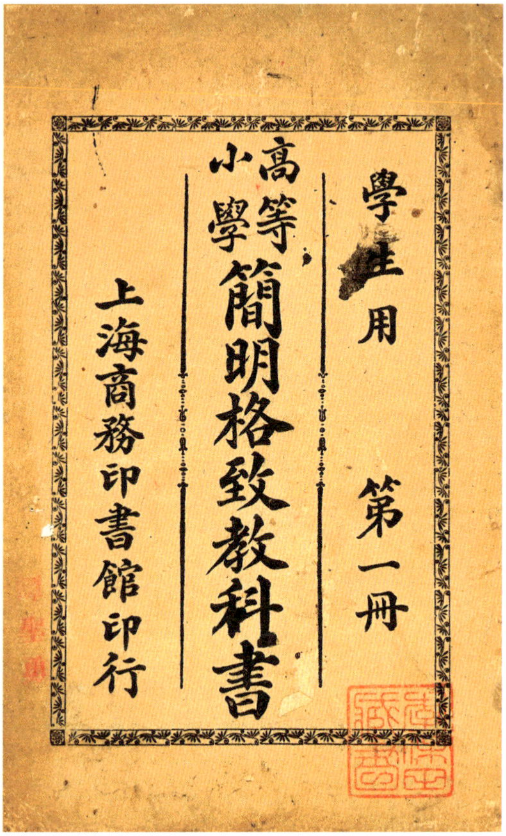
高等小學簡明格致教科書

學生用　第一冊

上海商務印書館印行

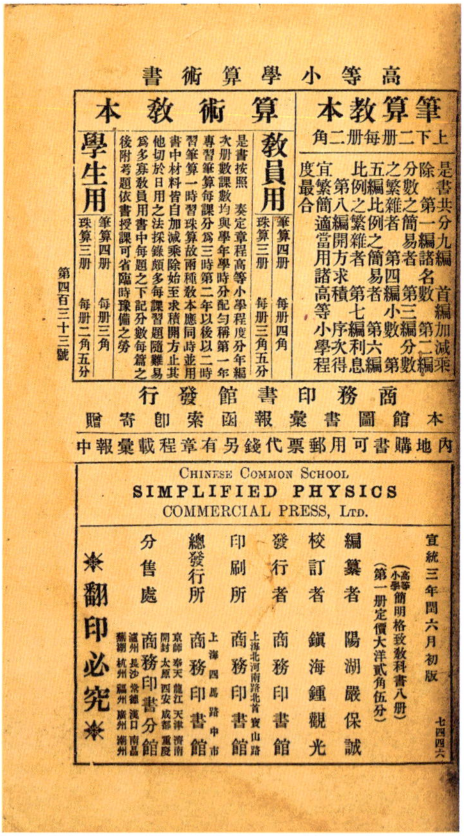
高等小學算術書

筆算教本　上下二冊每冊二角

是書共分九編首編加減乘除第一編諸名數第二編分數之簡易者第三編分數之繁雜者第四編小數第五編比例之簡易者第六編比例之繁雜者第七編利息第八編開方求積序次得宜繁簡適當用諸高等小學程度最合

算術教本

教員用　筆算四冊　每冊四角　珠算三冊　每冊三角五分

是書按照　奏定章程高等小學程度分年編次冊數課數均與學年學時分配勻稱第一年專習筆算每課分爲三時第二年以後以二時習筆算一時習珠算故兩種教本應同時並用書中材料皆自加減乘除始至求積開方止其他切於日用之法採錄頗多每課習題隨難易爲多寡教員用書中每題之下記分數每篇之後附考題依書授課可省臨時豫備之勞

學生用　筆算四冊　每冊三角　珠算三冊　每冊二角五分

第四百三十三號

商務印書館發行

本館圖書彙報函索即寄贈

內地購書可用郵票代錢另有章程載彙報中

CHINESE COMMON SCHOOL
SIMPLIFIED PHYSICS
COMMERCIAL PRESS, LTD.

宣統三年閏六月初版

（高等小學簡明格致教科書八冊）
（第一冊定價大洋貳角伍分）

編纂者　陽湖嚴保誠
校訂者　鎮海鍾觀光
發行者　商務印書館
印刷所　上海北河南路北首寶山路　商務印書館
總發行所　上海四馬路中市　商務印書館
分售處　京師　奉天　龍江　天津　濟南　開封　太原　西安　成都　重慶　瀘州　長沙　常德　漢口　南昌　蕪湖　杭州　福州　廣州　潮州　商務印書分館

※翻印必究※

七四四六

书名：最新初等小学格致教科书
著者：不详
出版印行：不详
出版时间：不详
册数：不详

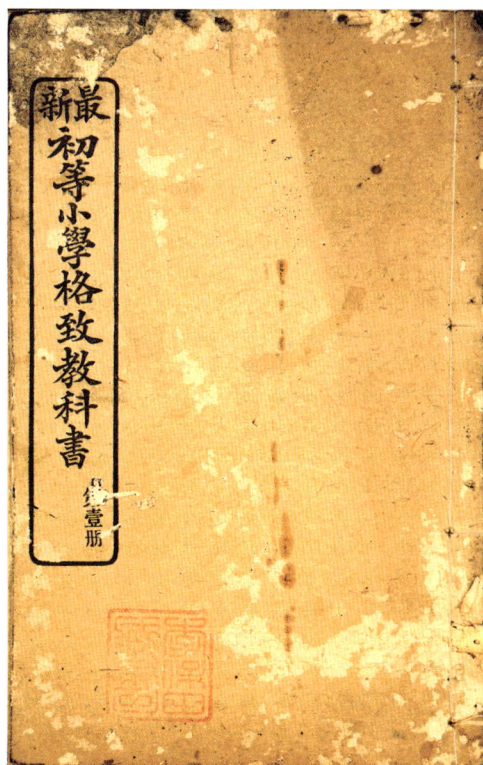

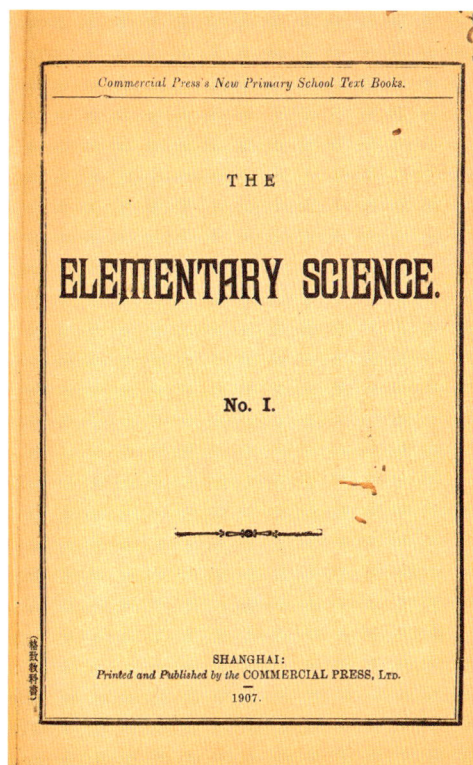

10 算术、笔算、珠算类教材

书名：蒙学笔算教科书（初等小学堂学生用书）
著者：丁福保
出版印行：文明书局
出版时间：1903年
册数：一

第二十九課　除法中之截圈

若法實之末位有〇位者則先將法末之〇截去若干位而實末之〇亦同截去若干位其求得之數與未截〇者相同而演草則簡易多矣。

例題　設有數六六六四〇〇〇〇〇〇。以一九六〇〇〇〇除之問得若干。　答三四〇〇。

算　運

96)666400(3400
　　588
　　784
　　784
　　　00

第一　先將法實之末位之〇皆截去四個。

第二　如常法除之得三千四百即求得之數也。

蒙學筆算教科書　二十八　上海文明編

答數

（二）四五六〇〇〇〇
（四）二四〇〇〇〇〇〇〇
（七）二九〇四三〇〇〇〇〇
（十）二二四五〇〇〇〇

（二）五三五五〇〇〇
（五）一一二〇〇〇〇〇
（八）四三六〇〇〇〇〇
（九）二六四〇〇〇〇〇

（二）二五六〇〇〇〇
（六）一九七六六〇〇〇〇

（6）42000　49300
（7）109000　2700
（8）872000　5000
（9）240000　1100
（10）150000　830

譯書局印行

282　书名：笔算数学（官话上）

著者：[美]狄考文 / 编辑　邹立文 / 述

出版印行：上海美华书馆

出版时间：光绪申辰年（1904）14版

册数：三

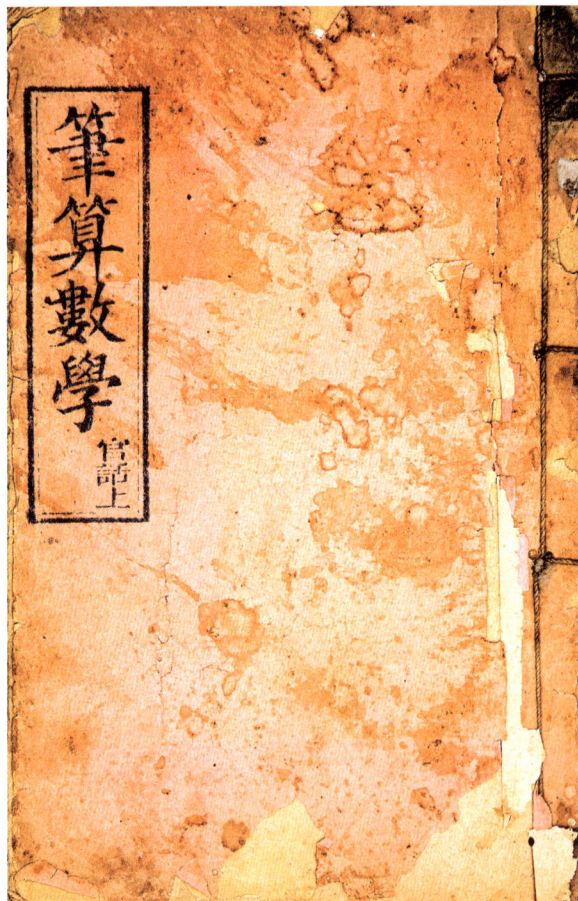

书名：普通珠算课本
著者：不详
出版印行：商务印书馆
出版时间：光绪三十年（1904）
册数：不详

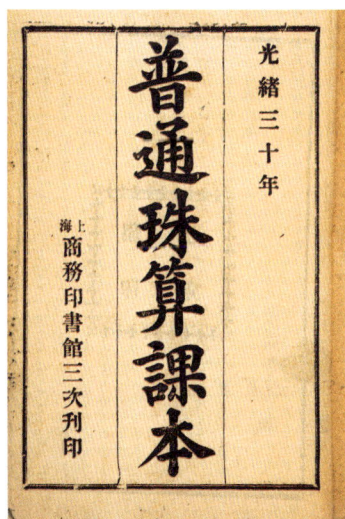
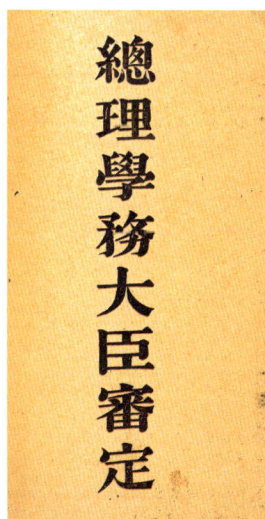

284　书名：最新初等小学笔算教科书教授法

　　　著者：徐㿟 / 编纂

　　　出版印行：商务印书馆

　　　出版时间：光绪三十年（1904）首版　光绪三十一年（1905）4 版

　　　册数：不详

肆版

最新初等小學筆算教科書教授法

第貳冊

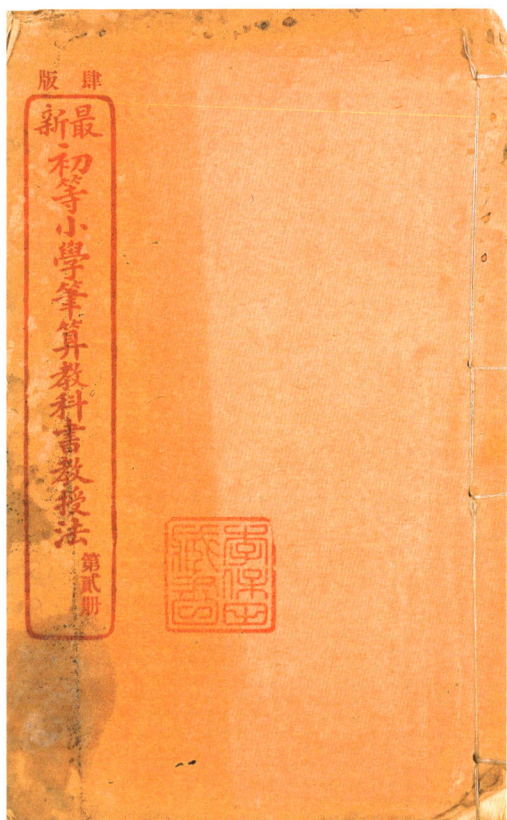

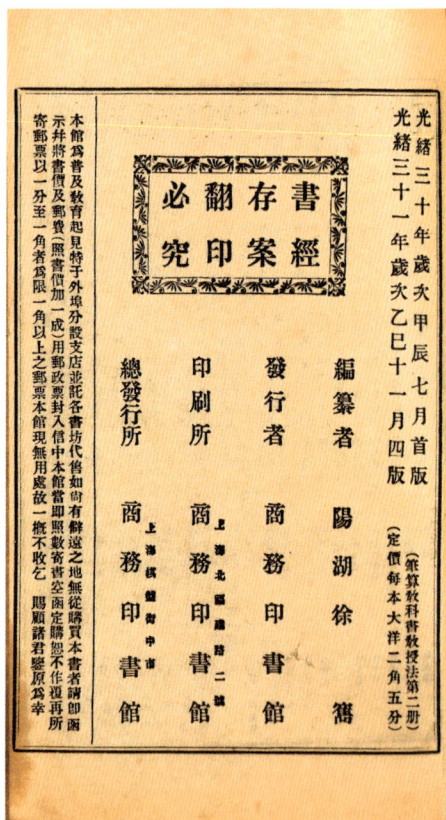

光緒三十年歲次甲辰七月首版

光緒三十一年歲次乙巳十一月四版（筆算教科書教授法第二冊）

（定價每本大洋二角五分）

編纂者　陽湖徐㿟

發行者　商務印書館

印刷所　上海北區河南路二號　商務印書館

總發行所　上海棋盤街中市　商務印書館

書經存案　翻印必究

本館爲普及教育起見特于外埠分設支店並託各書坊代售如尙有僻遠之地無從購買本書者請即函示並將書價及郵費（照書價加一成）用郵政寄票封入信中本館當即照數寄書空函定購恕不作退再所寄郵票以一分至一角爲限一角以上之郵票本館現無用處故一槪不收乞賜顧諸君鑒原爲幸

书名：最新笔算教科书（学部审定；初等小学用）
著者：徐㧑 / 编纂
出版印行：商务印书馆
出版时间：光绪三十年（1904）初版　光绪三十四年（1908）18 版
册数：不详

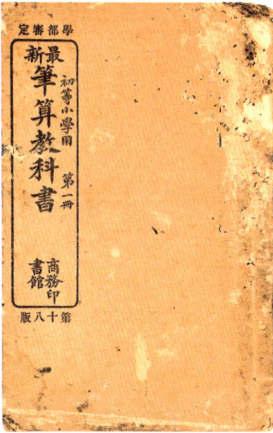
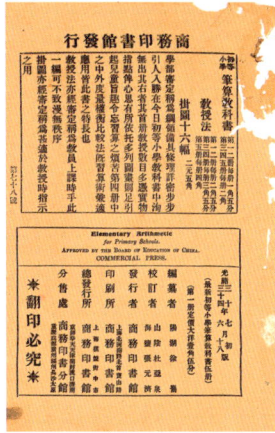

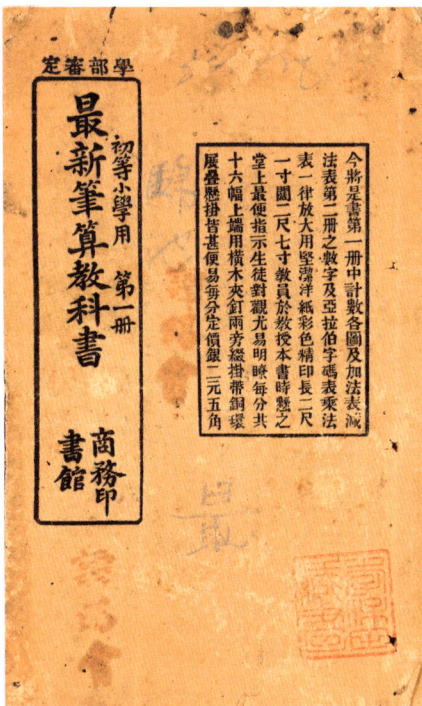
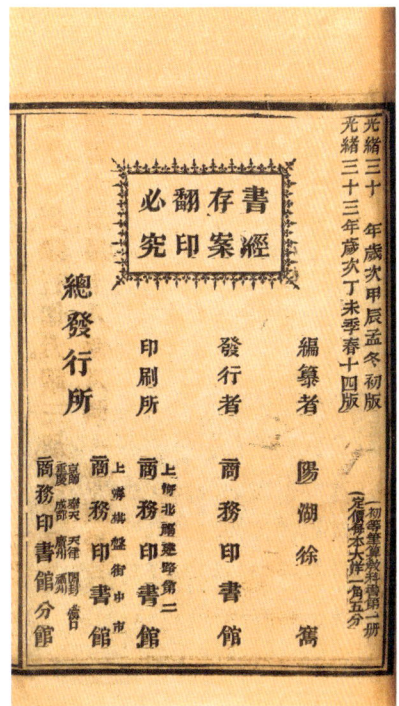

286　书名：中学算术教科书
著者：通州师范学校 / 编译　翰墨林编译印书局 / 校印
出版印行：翰墨林编译印书局
出版时间：光绪三十年（1904）
册数：不详

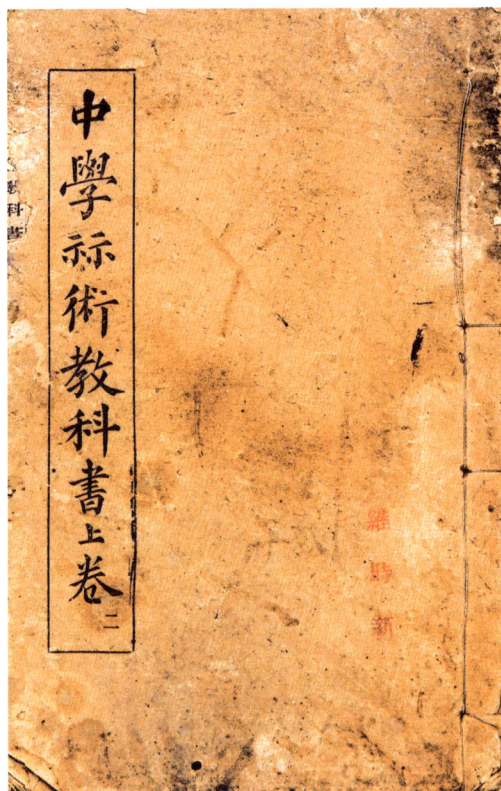

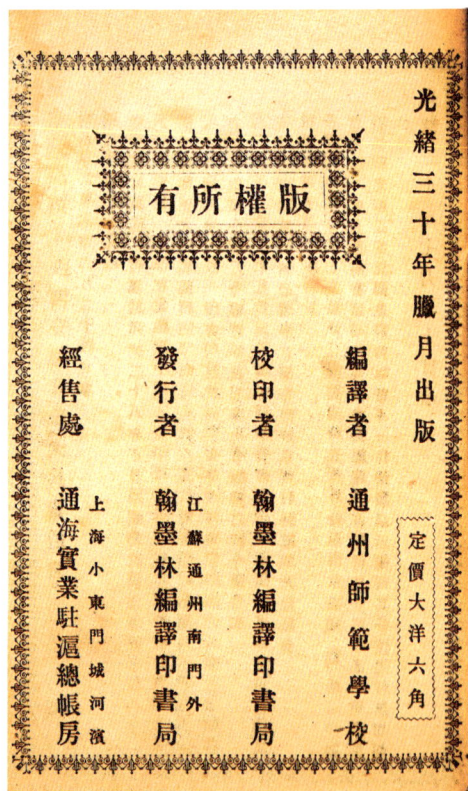

中學示術教科書上卷
二

光緒三十年臘月出版

有所權版

定價大洋六角

編譯者　通州師範學校

校印者　翰墨林編譯印書局

發行者　江蘇通州南門外城河澨　翰墨林編譯印書局

經售處　上海小東門城河澨　通海實業駐滬總帳房

书名：最新高等小学笔算教科书

著者：杜亚泉／编纂

出版印行：商务印书馆

出版时间：光绪三十一年（1905）初版　光绪三十二年（1906）3版

册数：不详

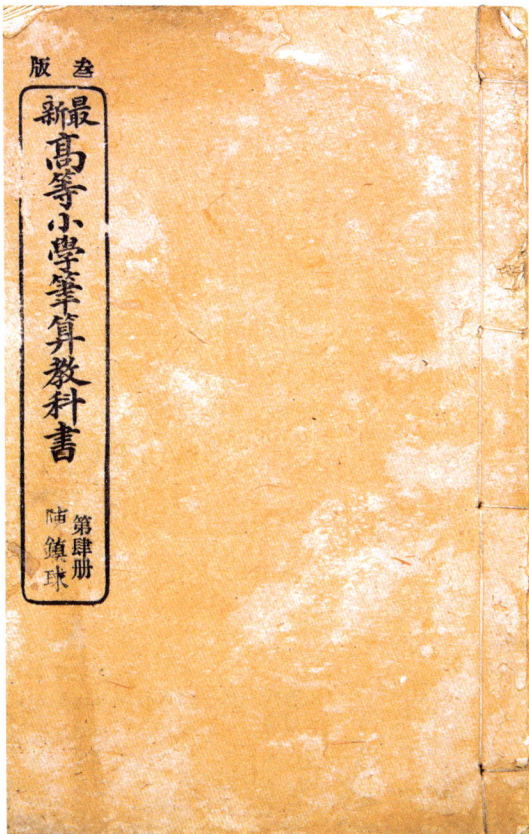

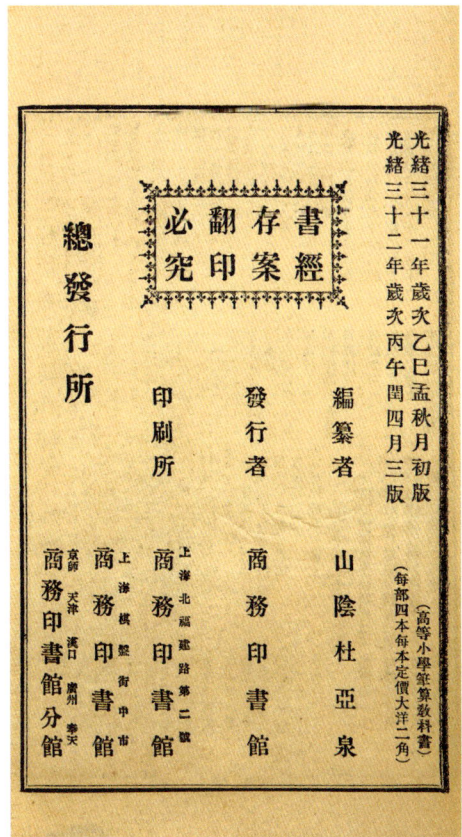

288 书名：小学笔算新教科书（学部审定）

著者：张景良 / 著

出版印行：文明书局

出版时间：光绪三十一年（1905）初版　宣统三年（1911）21版

册数：五

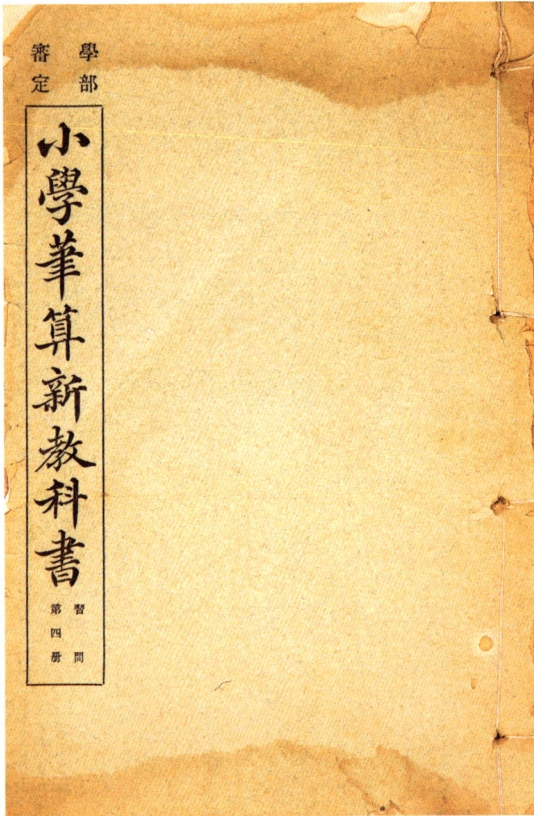

书名：最新中学教科书用器画
著者：孙钺／编纂　杜亚泉／校订
出版印行：商务印书馆
出版时间：光绪三十二年（1906）初版　宣统元年（1909）8版
册数：一

新編學中

新編算書

用器畫

學部審定

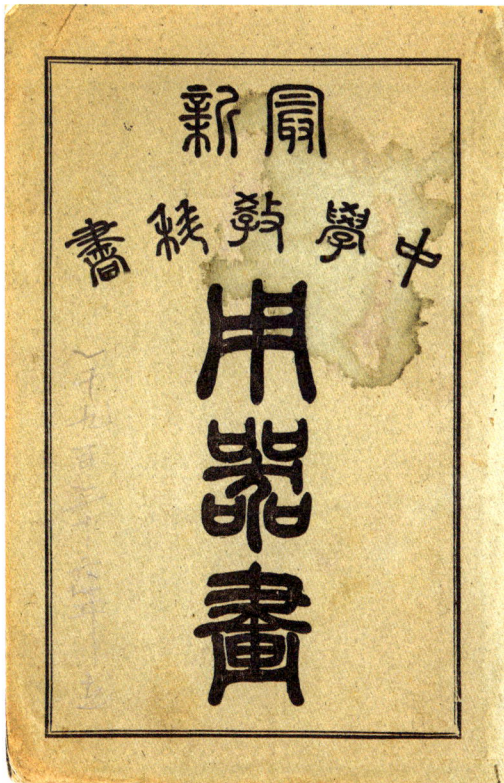

代數幾何三角微積自數學眉累而上如階梯然往時亦有各種譯本但閱時已久其法未免陳舊且成書非出一人彼此體例各殊不相聯絡於學者拾級而登之奧昧亦未能充滿

第四百三十二號

右四書其原本皆美國名著學說之新編蓋之詳審詳解之明圖表之美觀習題之多趣前此所未有而又皆由謝洪賚君一手譯成不當自成首尾誠算學界不可多得之書

最新高等學堂教科書微積學　一冊

最新中學教科書　平面三角　三角術　一冊　　一元三角

最新中學教科書代數學　平面幾何　立體幾何　二冊　　一元二角

最新中學教科書幾何學　每冊一元三角　二冊

最新中學教科書代數學　每冊一元二角　二冊

商務印書館發行

編纂者 南通州孫鉞

校訂者 山陰杜亞泉

發行者 商務印書館 上海北河南路北首寶山路

印刷所 商務印書館 上海棧盤街中市

總發行所 商務印書館

分售處 商務印書館 京都 奉天 開封 濟南 天津 漢口 重慶 杭州 潮州 温州 福州 漳州 長沙 太原 商務印書分館

光緒三十二年四月初版
宣統元年孟夏月八版

（中學用器畫教科書　平面幾何附影）
（每冊定價大洋伍角伍分）

※ 翻印必究 ※

290　书名：高等代数学详草

著者：[日]上野清 / 原著　译书公会 / 编译

出版印行：文明书局

出版时间：光绪三十二年（1906）

册数：五

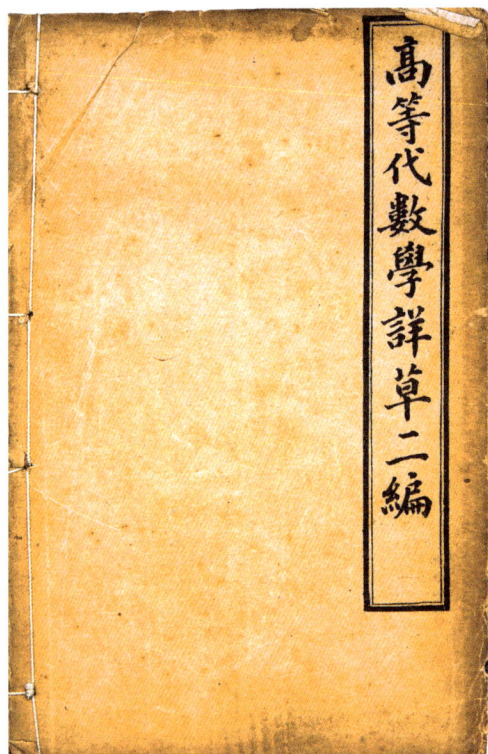

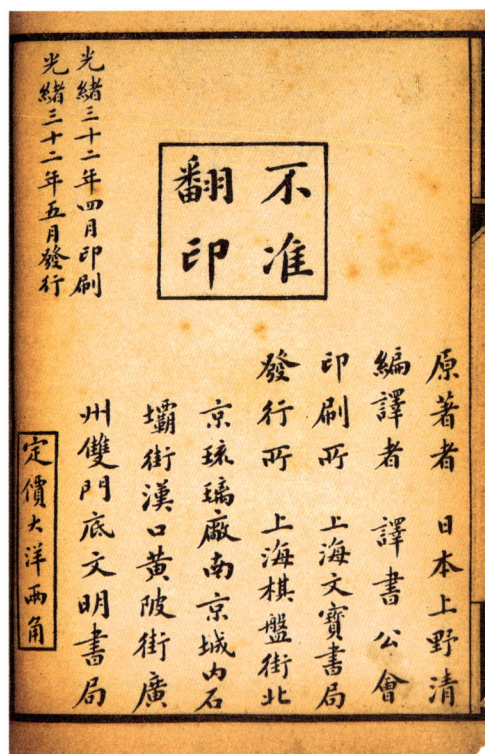

高等代數學詳草二編

不准翻印

光緒三十二年四月印刷
光緒三十二年五月發行

定價大洋兩角

原著者　日本上野清

編譯者　譯書公會

印刷所　上海文寶書局

發行所　上海棋盤街北京珠瑀廠南京城山石壩街漢口黃陂街廣州雙門底文明書局

书名：绘图蒙学珠算实在易

著者：范鸿藻 / 编辑　彪蒙编辑所 / 校阅

出版印行：彪蒙书室

出版时间：光绪三十四年（1908）初版

册数：二

291

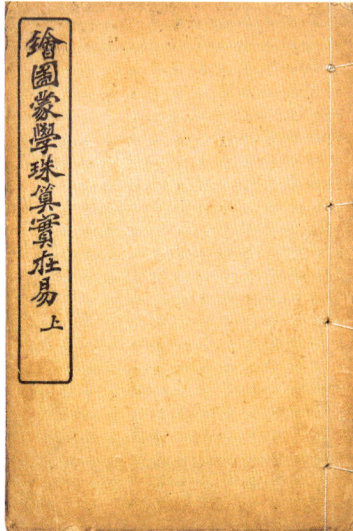

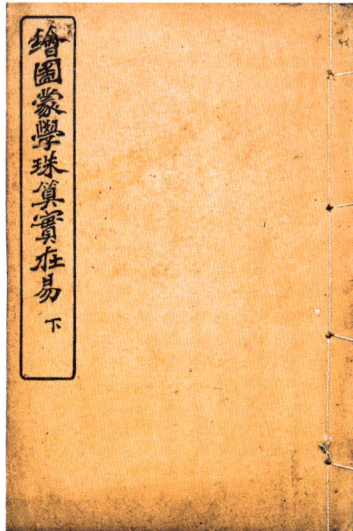

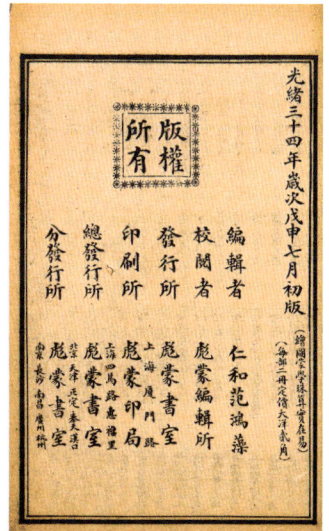

292 | 书名：初等小学堂五年完全科珠算教科书
著者：学部编译图书局／编纂
出版印行：学部编译图书局
出版时间：宣统元年（1909）
册数：三

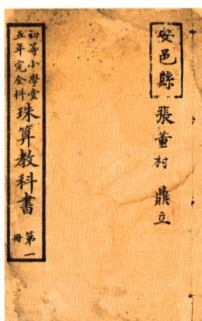

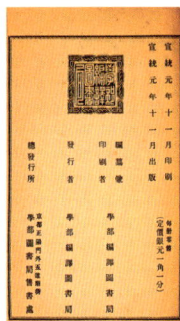

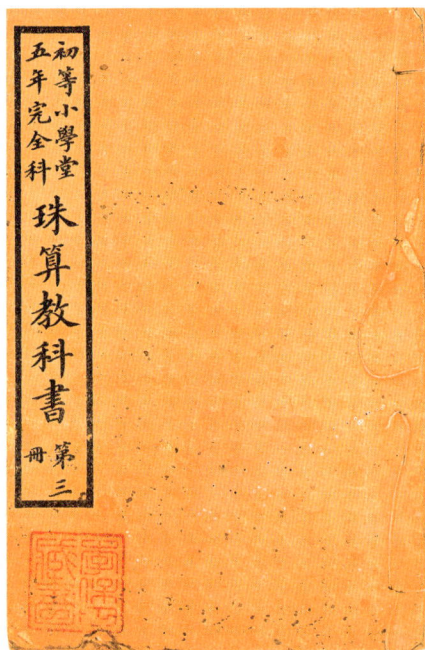
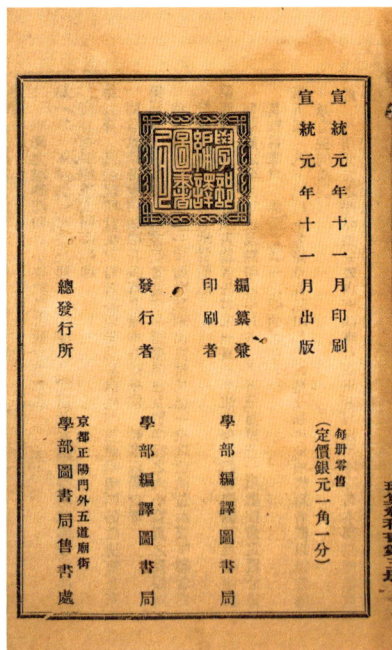

书名：特别维新商学普通算术问答尺牍教科书
著者：不详
出版印行：曹云记
出版时间：宣统二年（1910）
册数：二

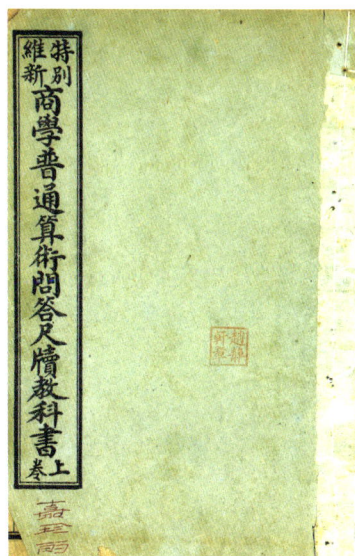
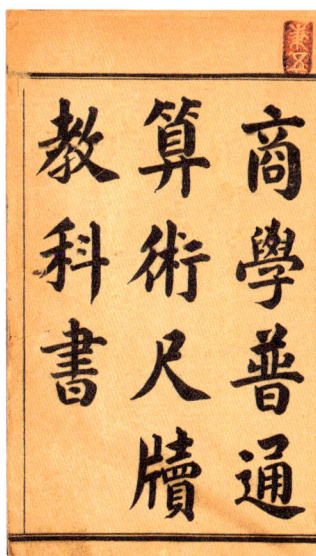
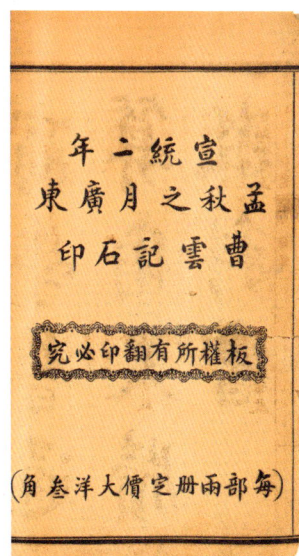

294　书名：陈文中学算术详草

著者：王世 / 演草

出版印行：群学书社

出版时间：宣统三年（1911）初版　宣统三年（1911）再版

册数：不详

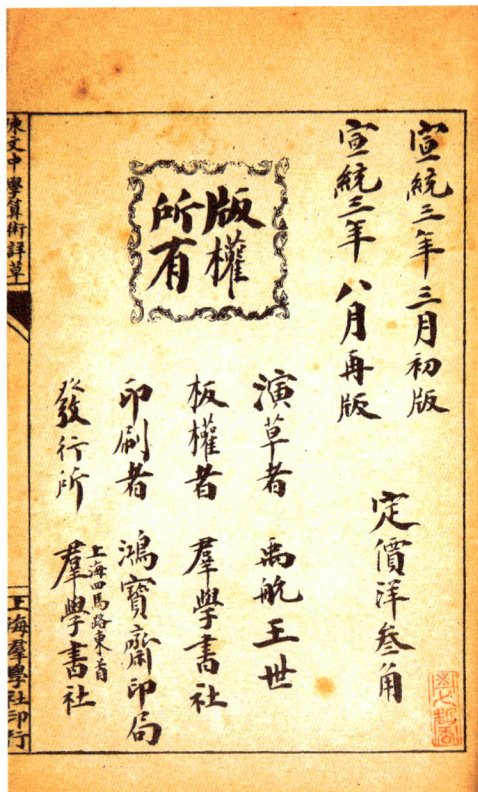

书名：最新笔算教科书教授法
著者：王兆枬、杜亚泉 / 编纂
出版印行：商务印书馆
出版时间：辛亥年（1911）6版
册数：四

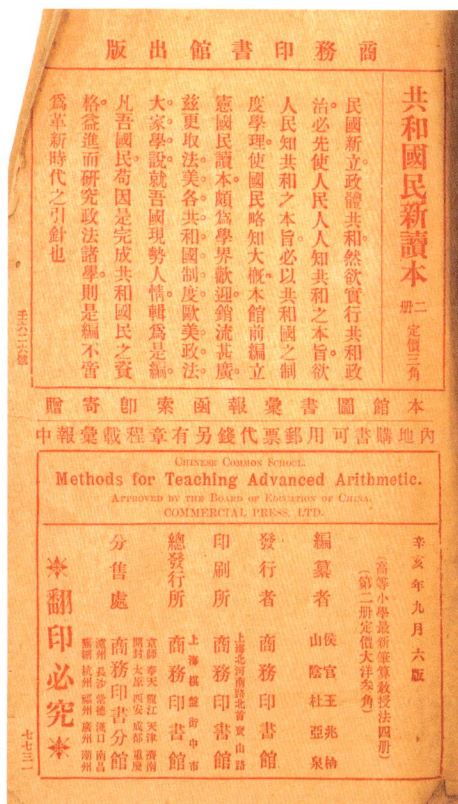

296 书名：笔算数学详草

著者：不详

出版印行：不详

出版时间：不详

册数：不详

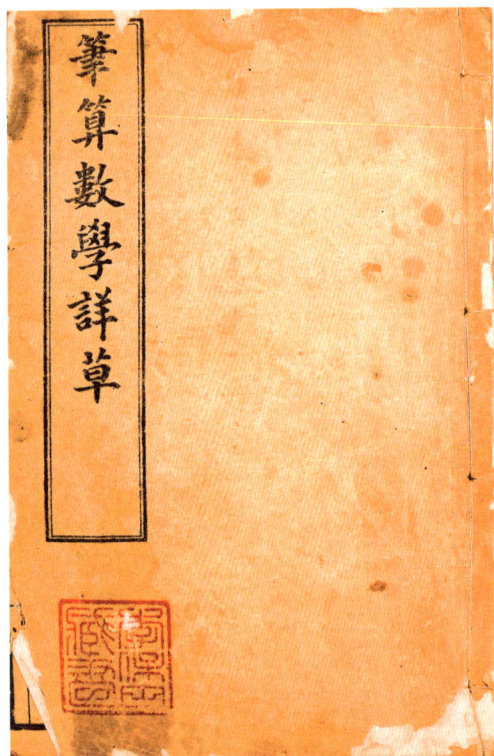

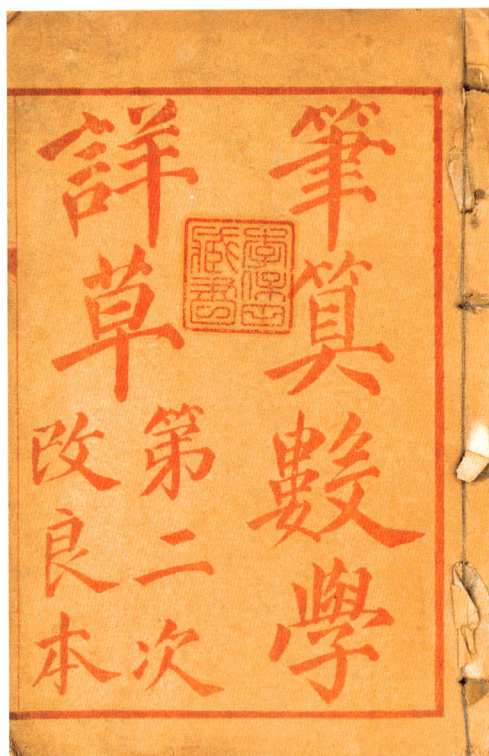

书名：小学绀珠
著者：不详
出版印行：不详
出版时间：不详
册数：不详

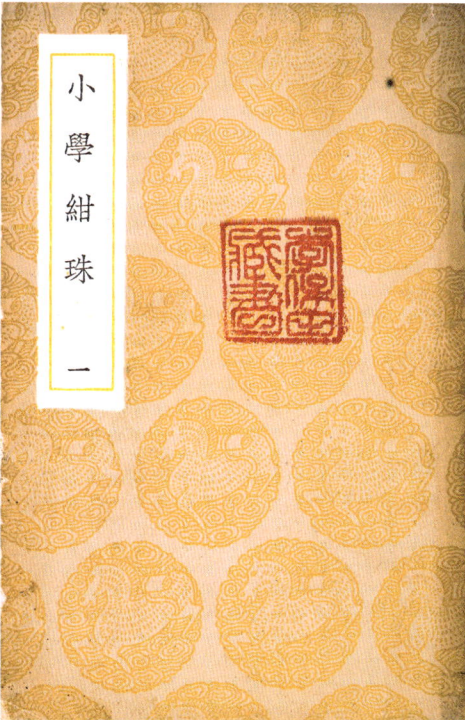

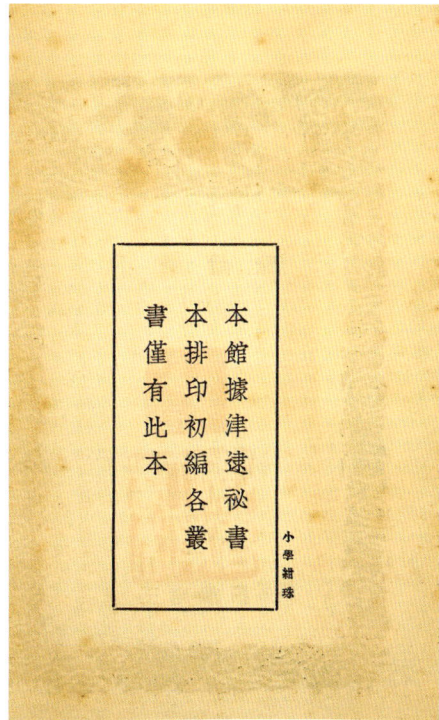

小學紺珠
一

本館據津逮祕書
本排印初編各叢
書僅有此本

小學紺珠

11 文法类教材

书名：蒙学文法教科书

著者：朱树人

出版印行：文明书局

出版时间：1903年

册数：三

备注：本书计划编辑上中下三册，下册因故未能出版。

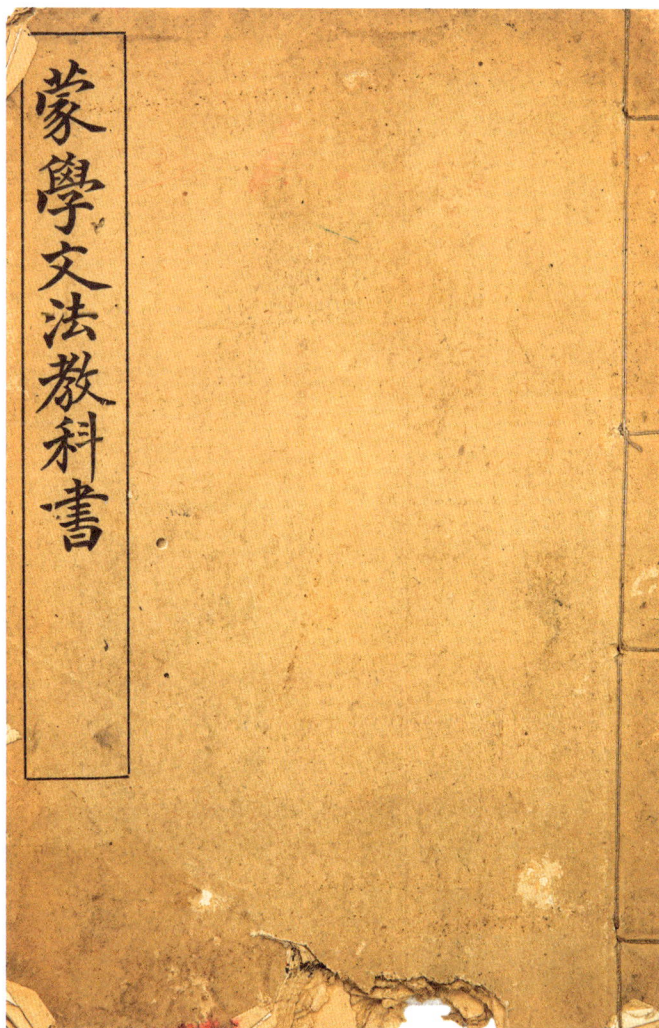

蒙學文法教科書

302 书名：桐城吴氏文法教科书

著者：吴闿生 / 著

出版印行：文明书局

出版时间：光绪三十一年（1905）初版　宣统元年（1909）3版

册数：不详

光緒三十一年五月初版

宣統元　年六月三版

著作權所有　不准翻印

總發行所

上海棋盤街北段
（電報掛號六九三一）
北京琉璃廠
漢口黃陂街
廣州雙門底
天津大胡同
奉天鼓樓北

文明書局
文明分局

著作者　桐城吳闓生

發行者　上海文明書局

印刷所　上海甘肅路（電報掛號六九二九）
文明書局活版部

桐城吳氏文法教科書

每部銀圓二角五分

书名：中学文法教科书

著者：龙伯纯／编辑

出版印行：广智书局

出版时间：光绪三十一年（1905）初版　光绪三十二年（1906）再版

册数：二

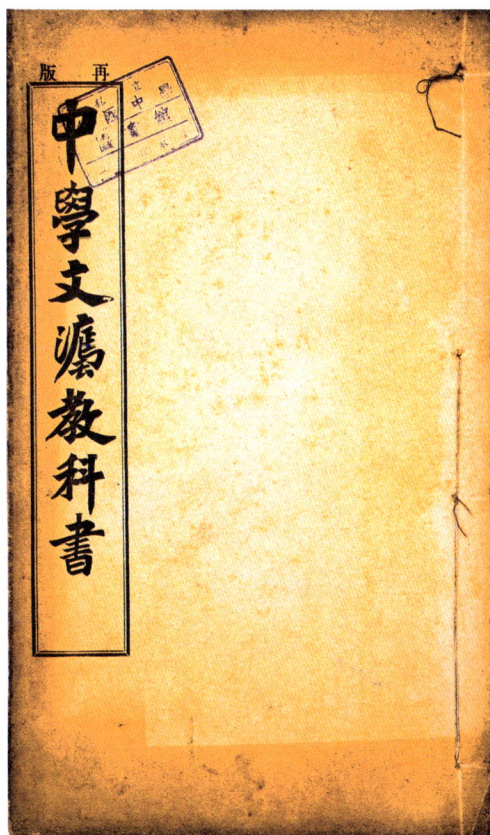

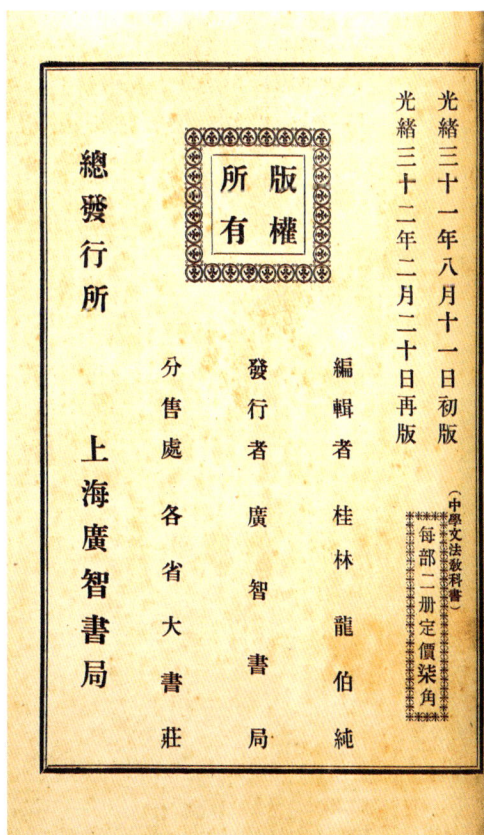

光緒三十一年八月十一日初版

光緒三十二年二月二十日再版

版權所有

總發行所

上海廣智書局

分售處 各省大書莊

發行者 廣智書局

編輯者 桂林 龍伯純

（中學文法教科書）

每部二冊定價柒角

书名：绘图速通虚字法续编
著者：不详
出版印行：广益书局
出版时间：不详
册数：不详

书名：实用文字学

著者：吴契宁 / 著

出版印行：商务印书馆

出版时间：不详

册数：不详

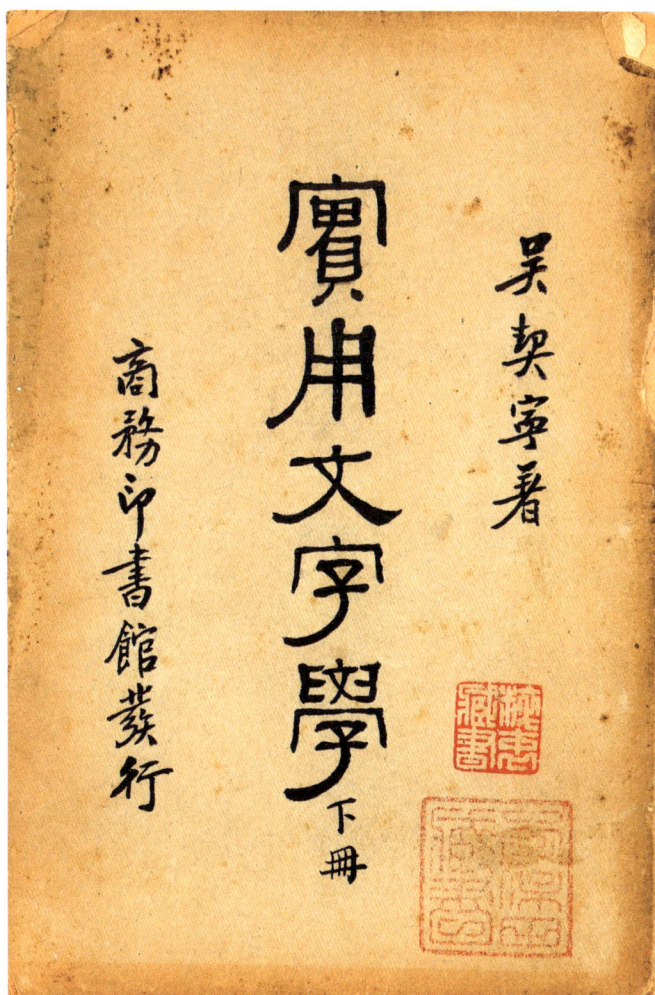

12 理化类教材

书名：初等物理学教科书（高等小学堂用）

著者：高慎儒／编译　　杜就田／校阅

出版印行：商务印书馆

出版时间：光绪三十二年（1906）2版

册数：不详

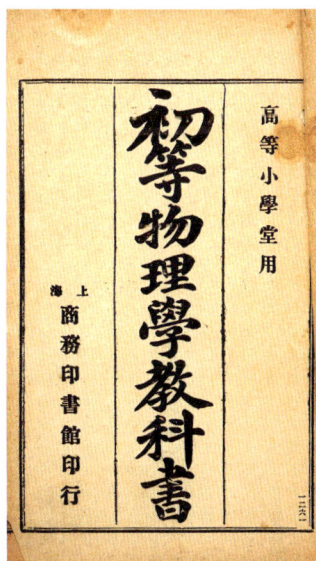

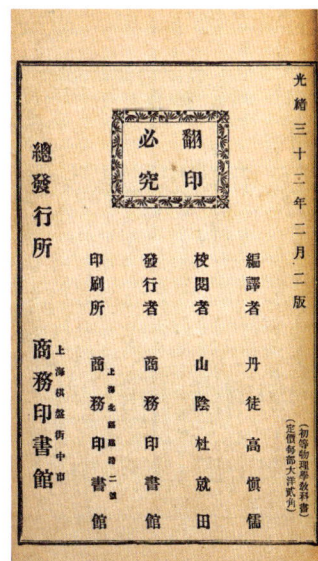

310 书名：理化示教（学部审定）
著者：杜亚泉 / 编译
出版印行：商务印书馆
出版时间：光绪三十二年（1906）初版　宣统三年（1911）9版
册数：一

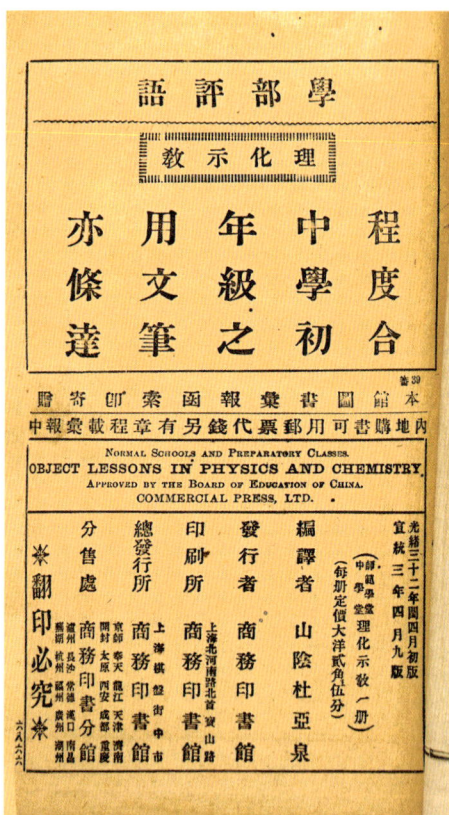

书名：最新博物示教

著者：[日]山崎忠兴 / 原著　钱承驹 / 辑译

出版印行：文明书局

出版时间：光绪三十四年（1908）

册数：不详

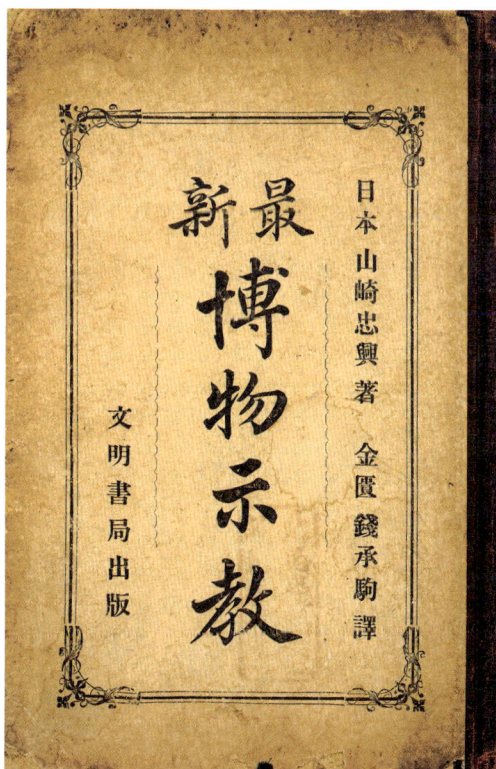

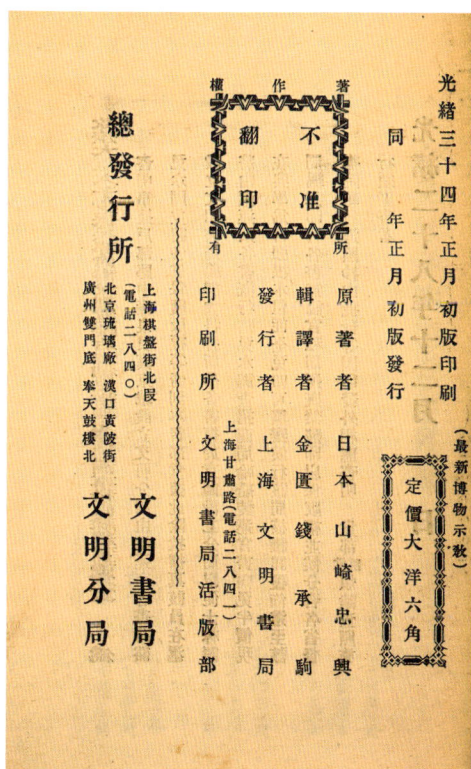

312

书名：物理学讲义（实验理论）

著者：陈学郢 / 编纂

出版印行：商务印书馆

出版时间：光绪三十四年（1908）初版　宣统三年（1911）4版

册数：三

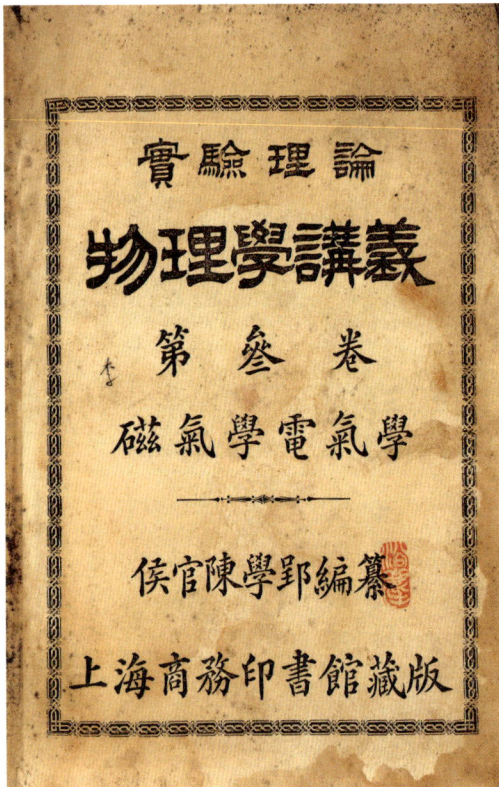

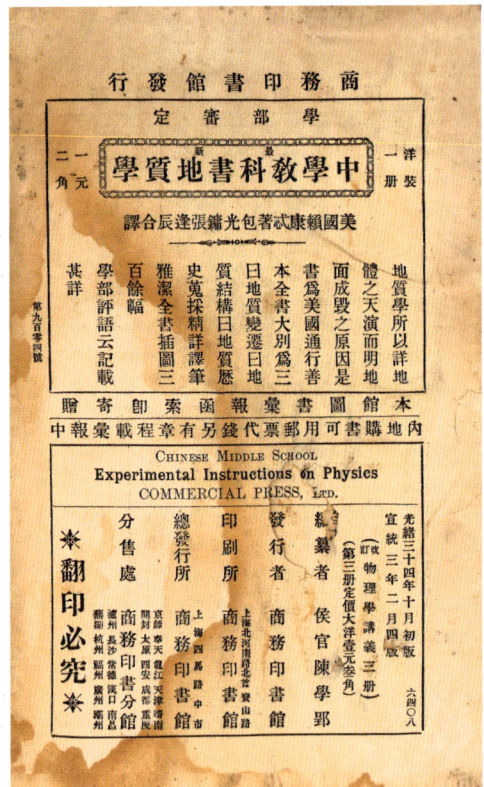

书名：理化学提纲
著者：不详
出版印行：作新社
出版时间：不详
册数：不详

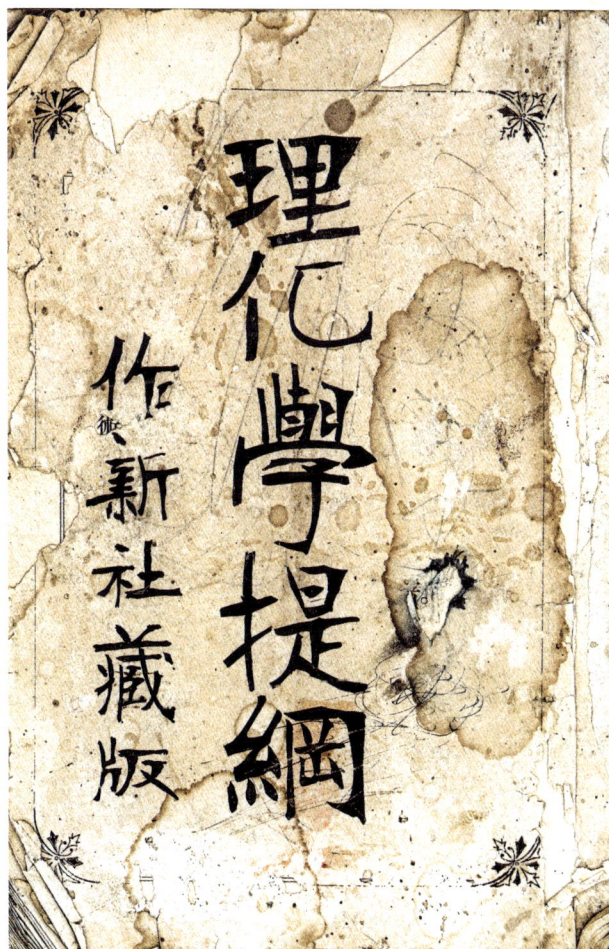

13 文学类教材

书名：绘图文学初阶（初等小学堂用）

著者：杜亚泉／编纂

出版印行：商务印书馆

出版时间：光绪二十九年（1903）第1版　光绪三十二年（1906）13版

册数：六

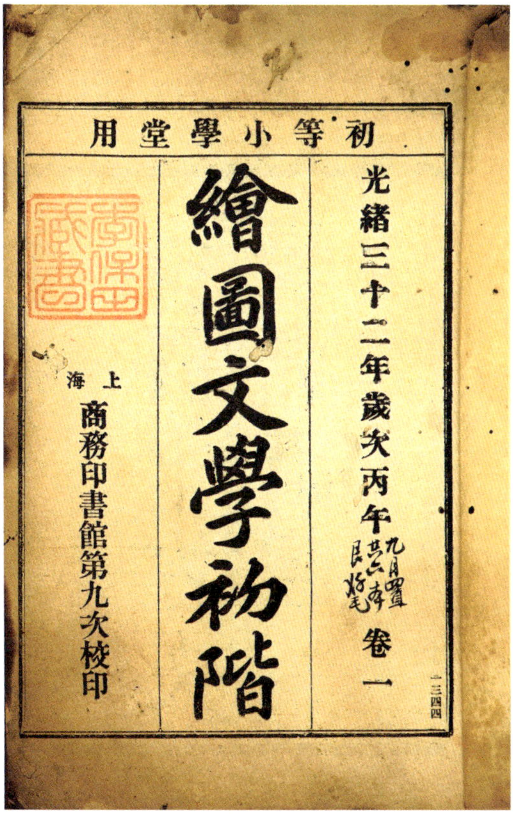

初等小學堂用

繪圖文學初階

光緒三十二年歲次丙午九月重印 卷一

上海商務印書館第九次校印

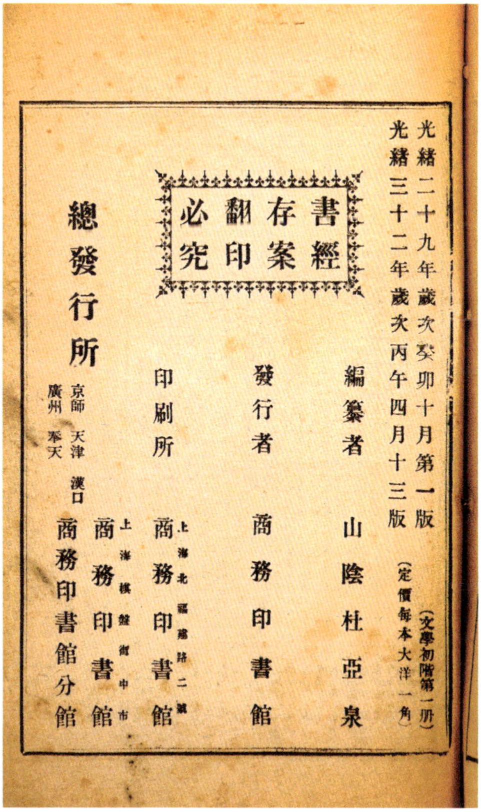

一三四四

光緒二十九年歲次癸卯十月第一版

光緒三十二年歲次丙午四月十三版

（文學初階第一册）

（定價每本大洋一角）

書經案存翻印必究

編纂者　山陰　杜亞泉

印刷所

發行者　商務印書館

總發行所

京師　天津　漢口　廣州　奉天　上海棋盤街中市　上海北蘇路第二號

商務印書館　商務印書館　商務印書館分館

318　书名：中国中古文学史讲义

著者：不详

出版印行：不详

出版时间：不详

册数：不详

_DSC0648

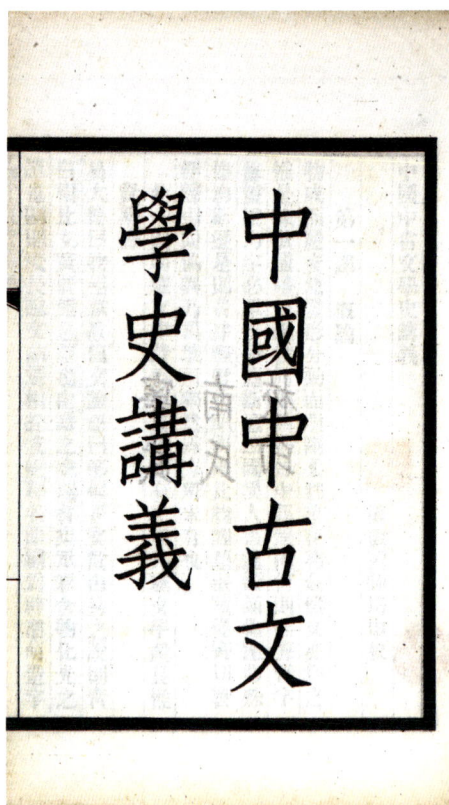

14 外语类教材

书名：英话注解
著者：冯祖宪
出版印行：不详
出版时间：咸丰庚申（1860）
册数：不详

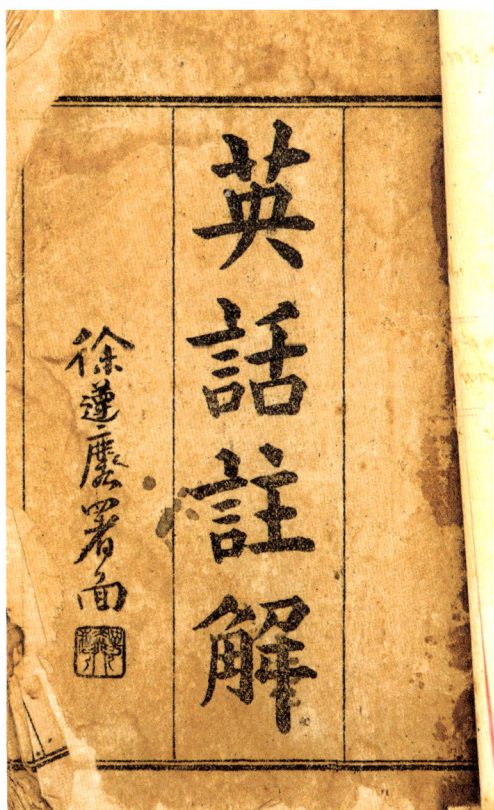

英話註解

徐達廣署面

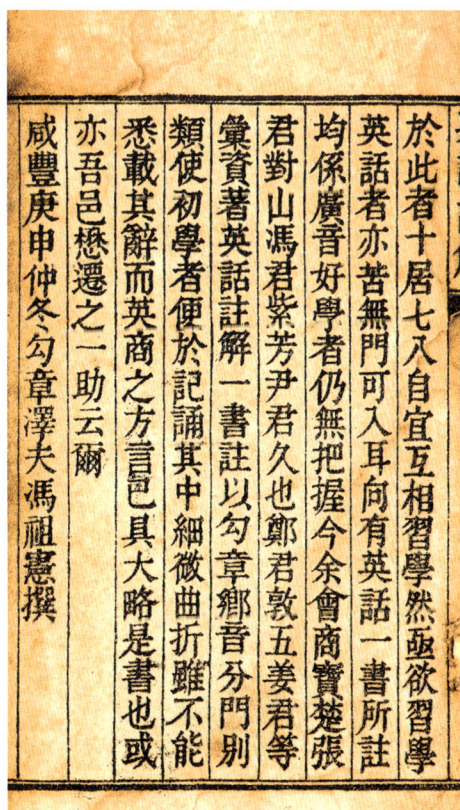

於此者十居七八自宜互相習學然亟欲習學
英話者亦苦無門可入耳向有英話一書所註
均係廣音好學者仍無把握今余會商寶楚張
君對山馮君紫芳尹君久也鄭君敦五姜君等
彙資著英話註解一書註以勾章鄉音分門別
類使初學者便於記誦其中細微曲折雖不能
悉載其辭而英商之方言邑具大略是書也或
亦吾邑懇邇之一助云爾
咸豐庚申仲冬勾章澤夫馮祖憲撰

322

书名：英字入门

著者：曹驤 / 编译

出版印行：上海申昌书局

出版时间：光绪戊戌年（1898）

册数：不详

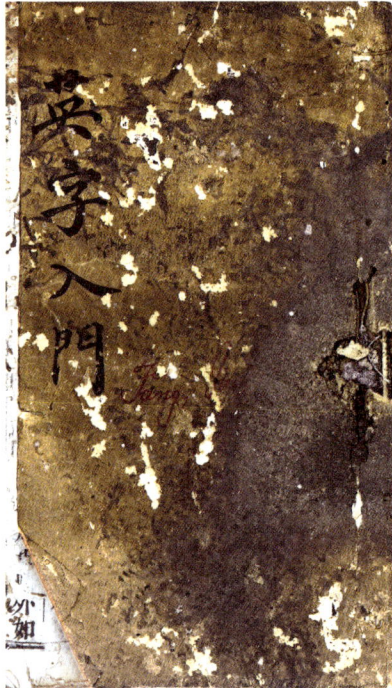

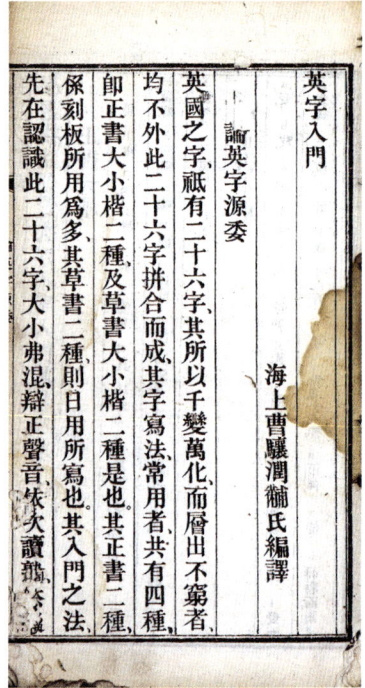

英字入門

論英字源委

海上曹驤潤甫氏編譯

英國之字祇有二十六字，其所以千變萬化，而層出不竭者，均不外此二十六字拼合而成，其字寫法常用者，共有四種，即正書大小楷二種，及草書大小楷二種是也。其正書二種，係刻板所用為多，其草書二種，則日用所寫也。其入門之法，先在認識此二十六字大小弗混辯正聲音，然次讀熟

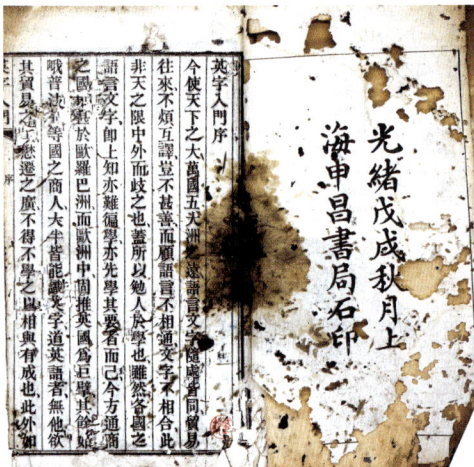

英字入門序

光緒戊戌秋月上海申昌書局石印

书名：华英初阶

著者：谢洪赉 / 译著

出版印行：商务印书馆

出版时间：1898年初版

册数：一

备注：是目前学界公认我国最早之英语课本，也是商务印书馆所出版之第一本教科书。

书名：华英字典
著者：商务印书馆
出版印行：商务印书馆
出版时间：光绪二十九年（1903）
册数：一

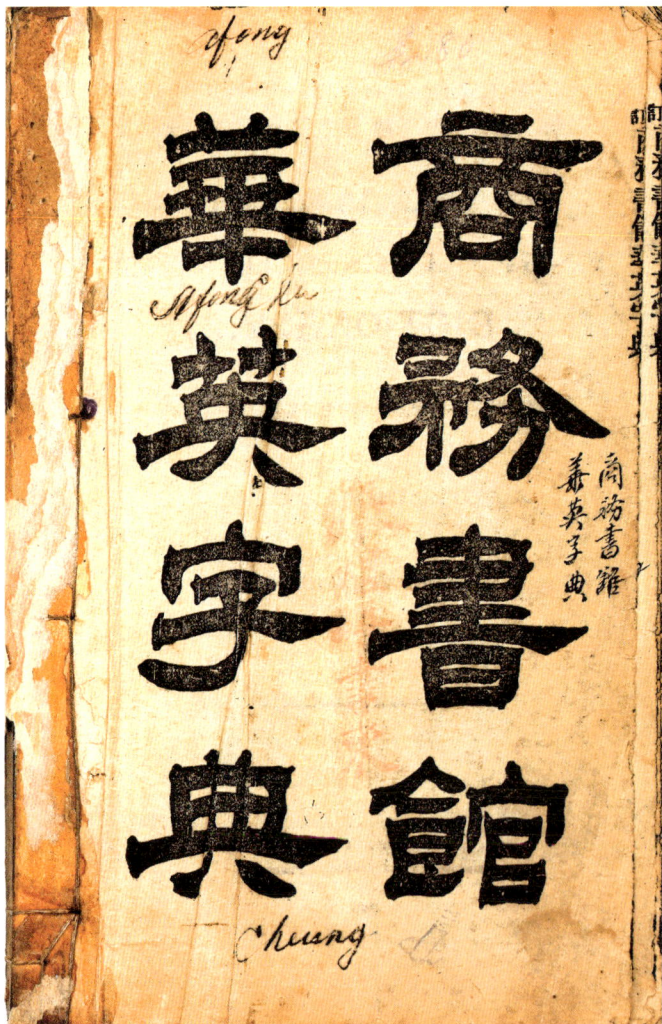

书名：华英进阶

著者：商务印书馆

出版印行：商务印书馆

出版时间：光绪三十二年（1906）

册数：不详

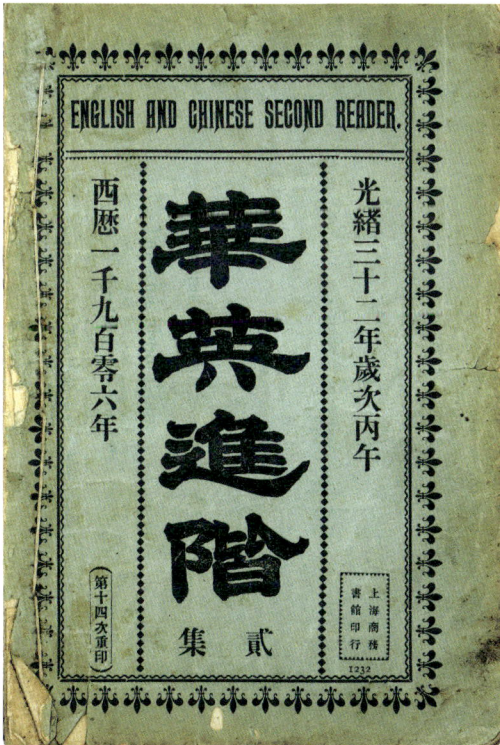

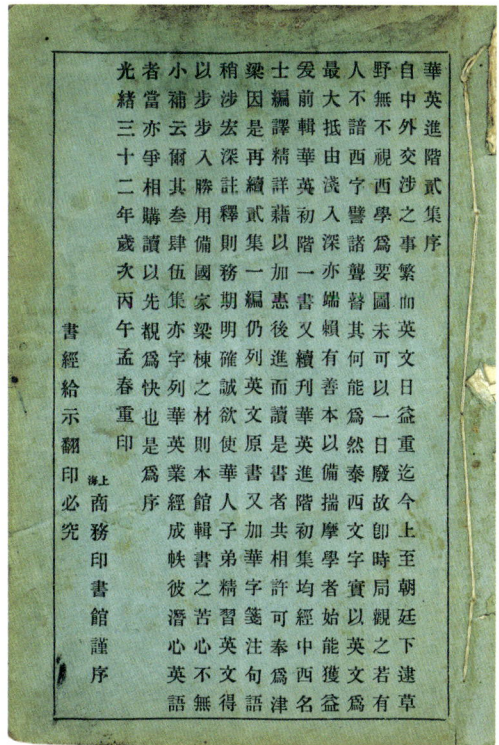

15 动物类教材

书名：动物学启蒙

著者：不详

出版印行：不详

出版时间：光绪戊戌年（1898）

册数：不详

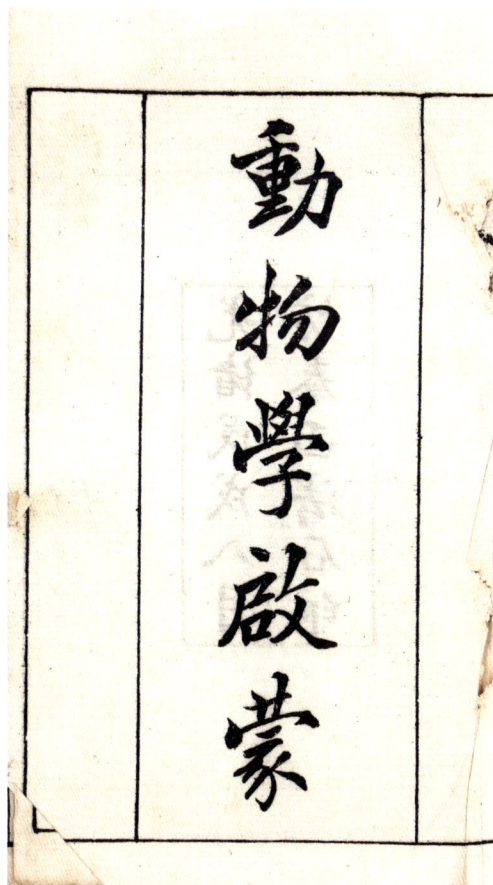

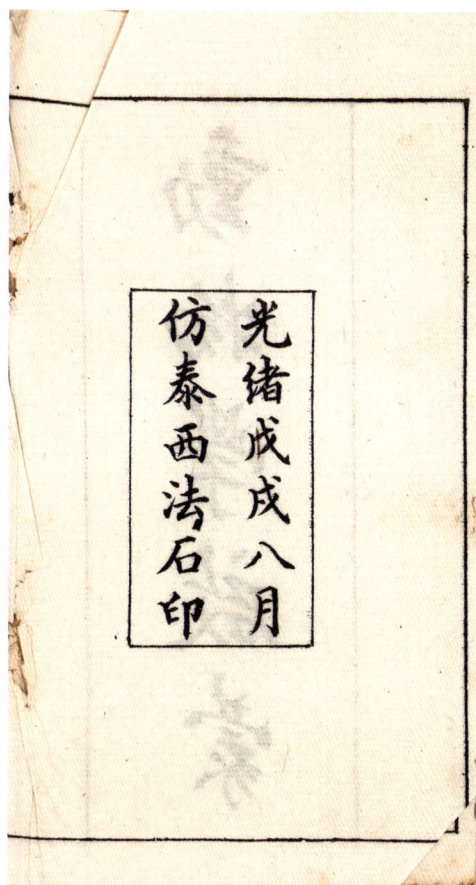

书名：蒙学动物教科书

著者：华循 / 著

出版印行：文明书局

出版时间：光绪三十年（1904）初版　光绪三十一年（1905）4 版

册数：不详

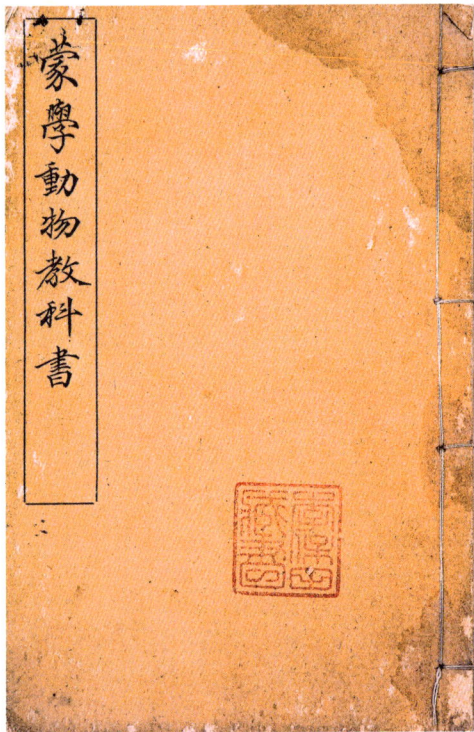

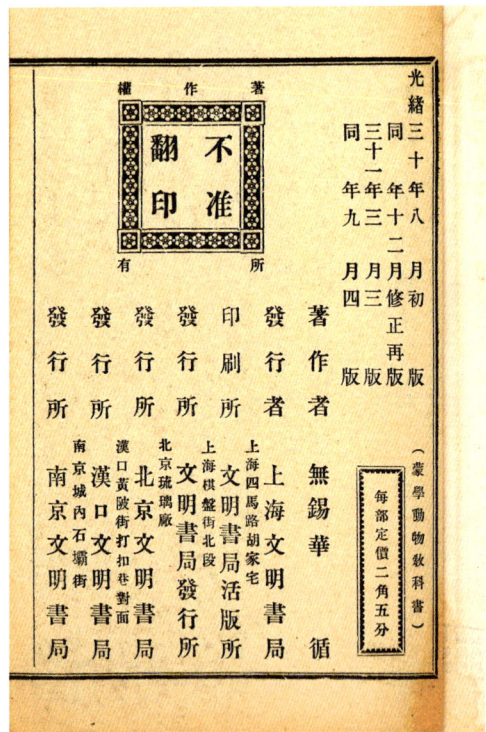

16 农业类教材

书名：农话

著者：陈启谦／编辑

出版印行：商务印书馆

出版时间：光绪三十二年（1906）6版

册数：一

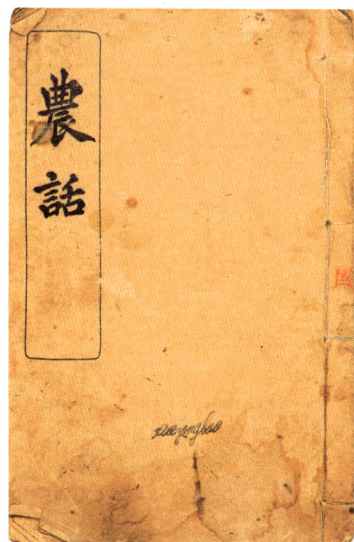

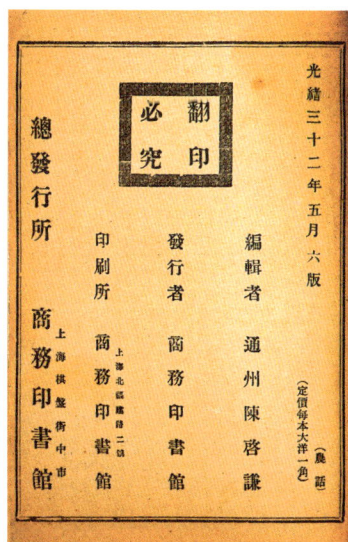

334　书名：最新农业教科书（高等小学用）
　　　著者：陈耀西／编纂　严保诚、杜亚泉／校订
　　　出版印行：商务印书馆
　　　出版时间：光绪三十四年（1908）初版　宣统二年（1910）3版
　　　册数：四

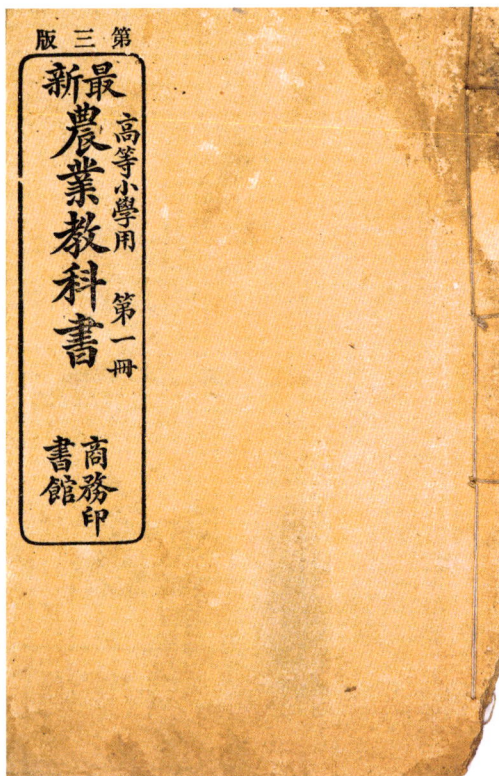

第三版

最新農業教科書

高等小學用 第一冊

商務印書館

商務印書館出版

最新商業教科書

桐鄉陸費達編

一冊二角

二冊一角五分

三冊一角五分

四冊

第七百五十號

我國之人擅長商業為世界各國所驚服然無學以輔之途不得不敗北於商戰之場本書於貿易連輸銀行貨幣大小商業之事項商用之文字法規皆就我國情形逃其大要如發票提單保險單稅單等皆示其離形兼及中西簿記之法尤注重於養商業道德擴充國民天才養成完全商人一洗數千年賤末之積習可充高等小學及初等商業學堂教科之用其他從事商業者若能人手一冊亦可助其事業之昌盛

本館書目提要函索即寄贈

內地購書可用郵票代錢另有章程載提要中

CHINESE COMMON SCHOOL.

NEW AGRICULTURAL READERS.

COMMERCIAL PRESS, LTD.

光緒三十四年十月初版
宣統二年二月三版
（高等小學）最新農業教科書四冊
（第一冊定價大洋壹角伍分）

編纂者　侯官陳耀西

校訂者　山陰嚴保誠
　　　　山陰杜亞泉

印刷所　商務印書館

發行者　商務印書館

總發行所　上海棋盤街中市　商務印書館

分售處　商務印書分館

京都　奉天　龍江　天津　太原　西安　成都　重慶　漢口　長沙　常德　南昌　福州　漳州　潮州　杭州　福州　開封

翻印必究

四八三五

書名：最新农学初阶
著者：不详
出版印行：不详
出版时间：不详
册数：不详
备注：吴汝纶题写书名。

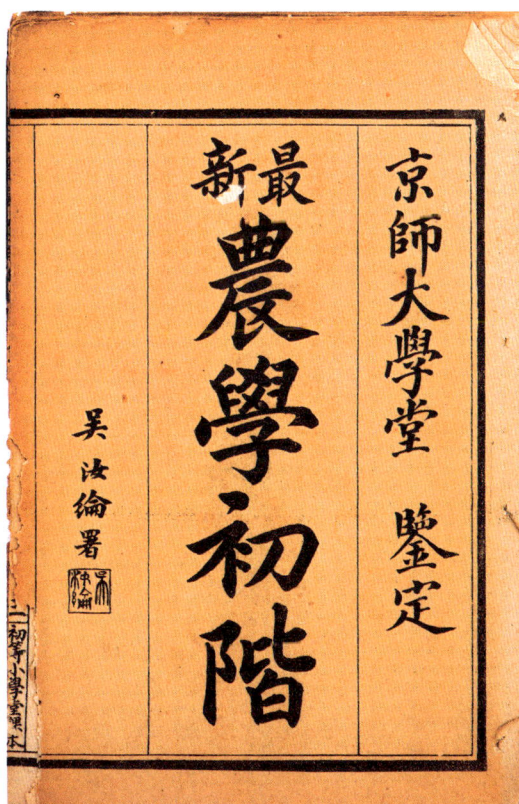

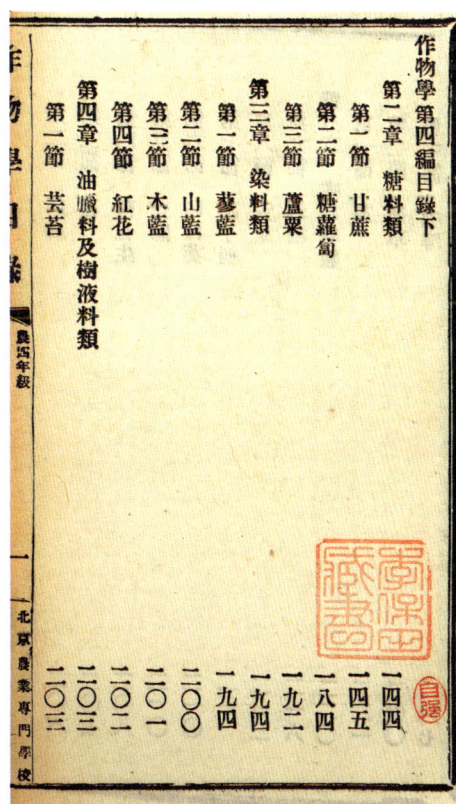

京師大學堂　鑒定

最新農學初階

吳汝綸著

北京農業專門學校

336

书名：高等小学养蚕教科书

著者：不详

出版印行：不详

出版时间：不详

册数：不详

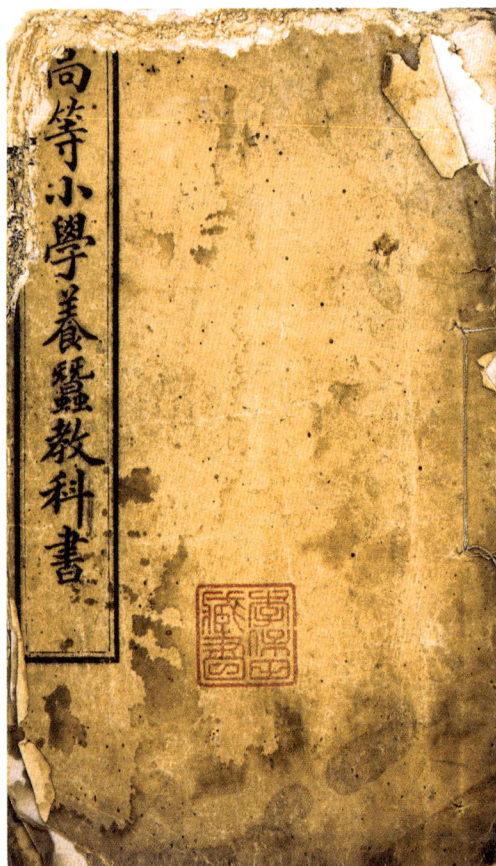

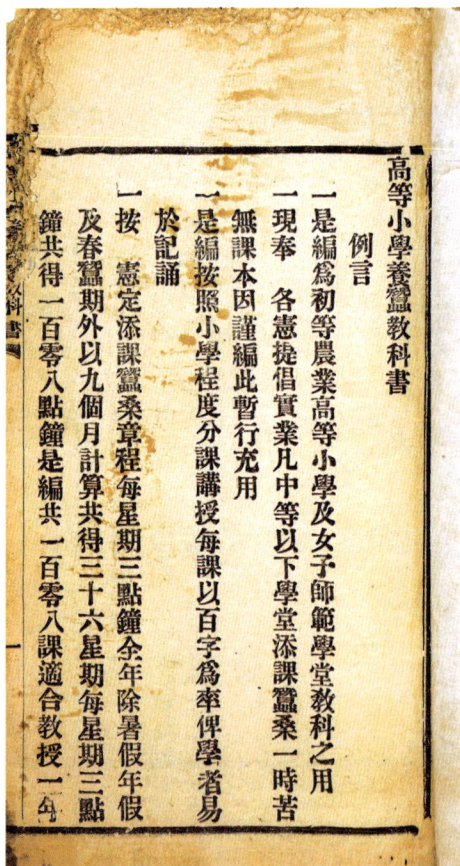

高等小學養蠶教科書

例言

一　是編爲初等農業高等小學及女子師範學堂教科之用

一　現奉　各憲提倡實業凡中等以下學堂添課蠶桑一時苦無課本因謹編此暫行充用

一　是編按照小學程度分課講授每課以百字爲率俾學者易於記誦

一　按　憲定添課蠶桑章程每星期三點鐘余年除暑假年假及春蠶期外以九個月計算共得三十六星期每星期三點鐘共得一百零八點鐘是編共一百零八課適合教授一用

17 教育教学类教材

书名：教育新理问答（寻常小学校用）
著者：不详
出版印行：不详
出版时间：不详
册数：不详

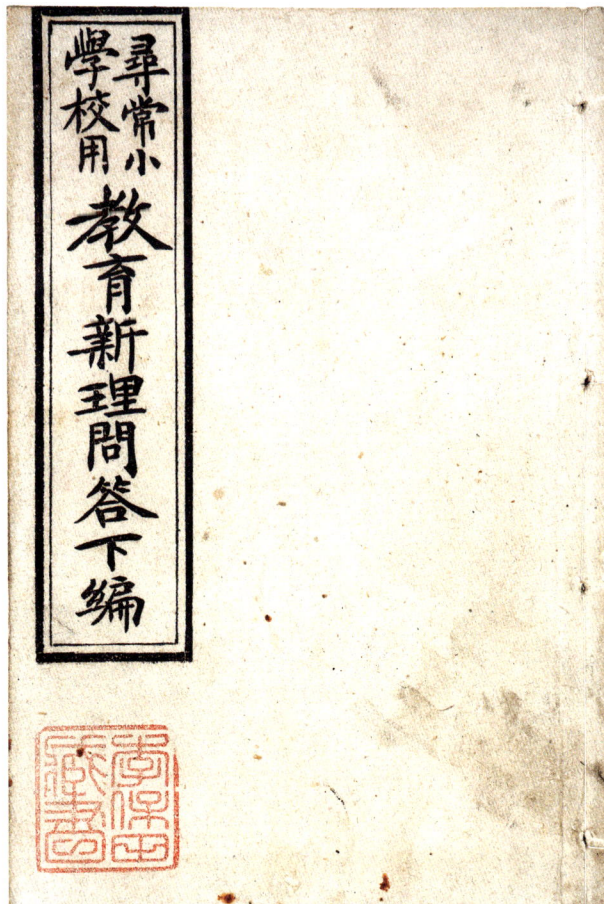

18 尺牍教材

书名：最新商务尺牍教科书

著者：周天鹏 / 著

出版印行：会文学社

出版时间：光绪三十三年（1907）

册数：不详

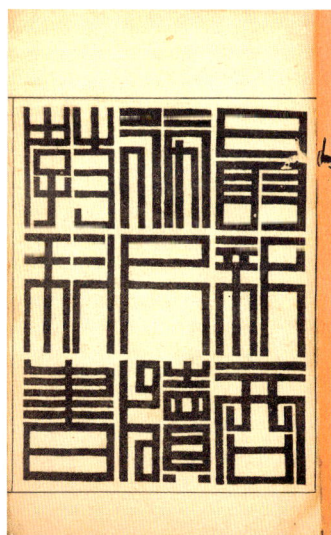

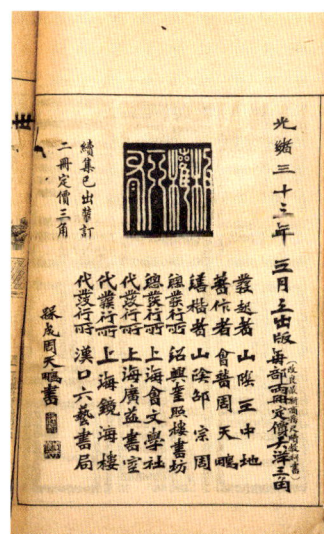

344　　书名：初学字辨信札

　　　　著者：不详

　　　　出版印行：佛山文光书局

　　　　出版时间：光绪丁未年（1907）

　　　　册数：二

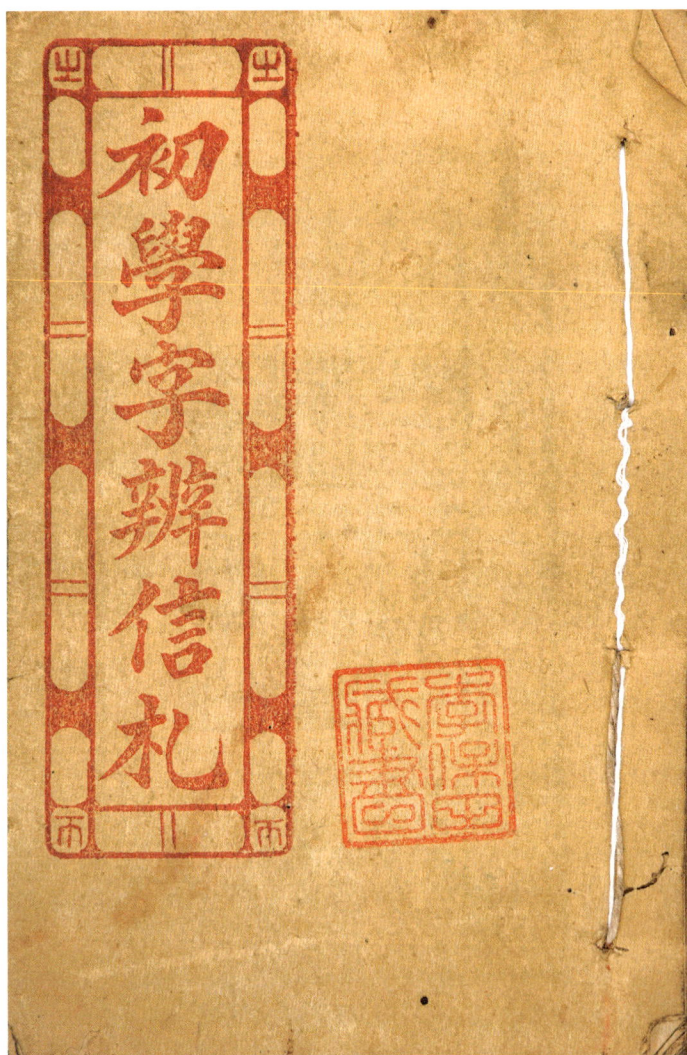

书名：新应尺牍

著者：杨樾 / 缮楷　陈小楼 / 校阅

出版印行：福记书局

出版时间：宣统三年（1911）

册数：二

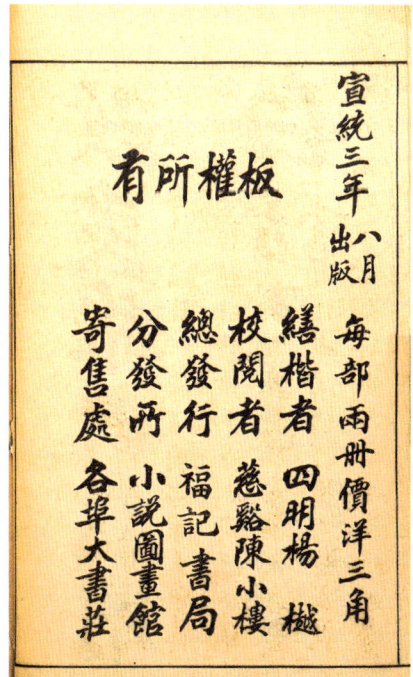

346　书名：最新蒙学尺牍教科书

　　　著者：不详

　　　出版印行：不详

　　　出版时间：不详

　　　册数：不详

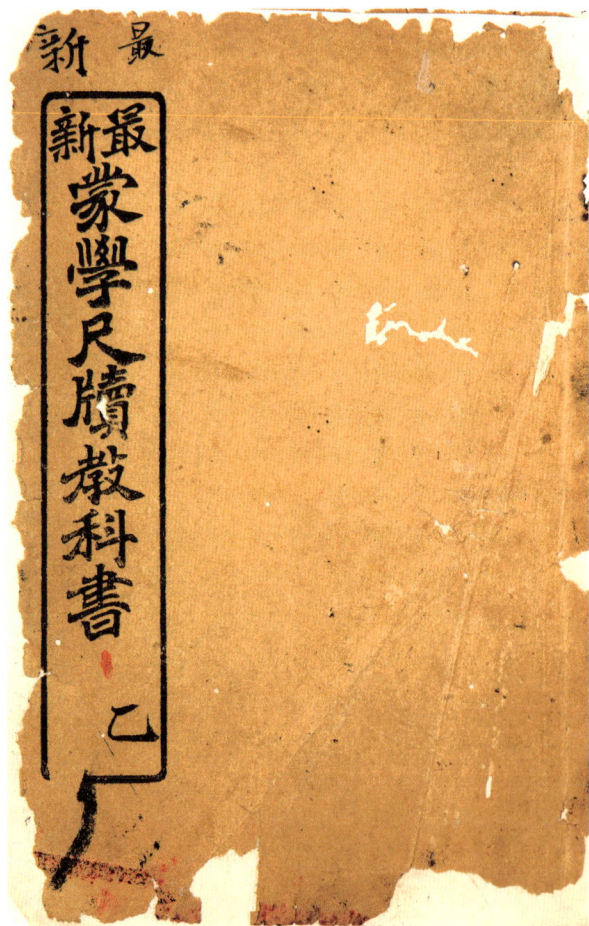

书名：幼学信札

著者：不详

出版印行：禅山福禄大街英文堂

出版时间：不详

册数：不详

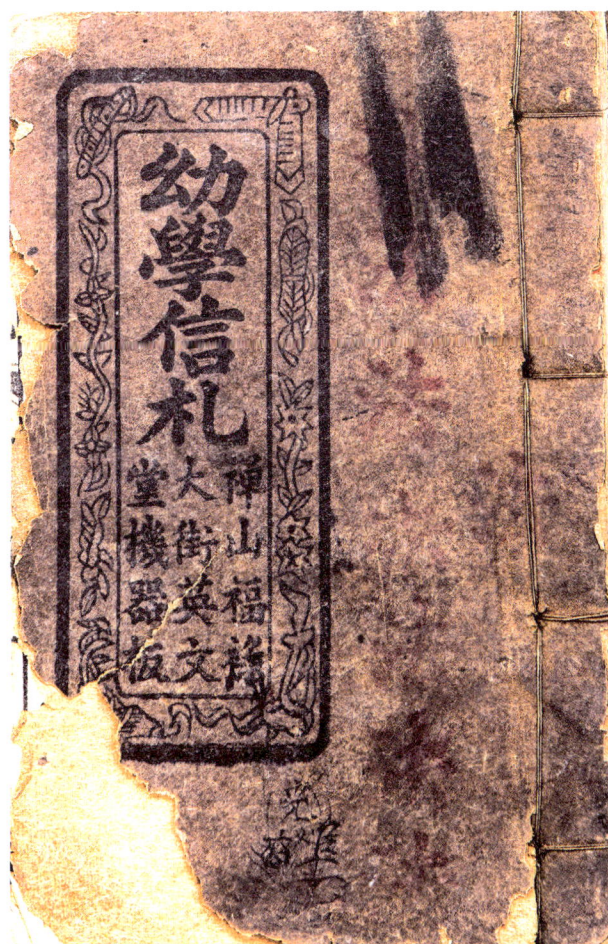

19 美术、书法教材

书名：铅笔习画帖（高等小学堂用）

著者:[日]尾竹竹坡、徐永清／著

出版印行：商务印书馆

出版时间：光绪三十一年（1905）初版　宣统二年（1910）7版

册数：八

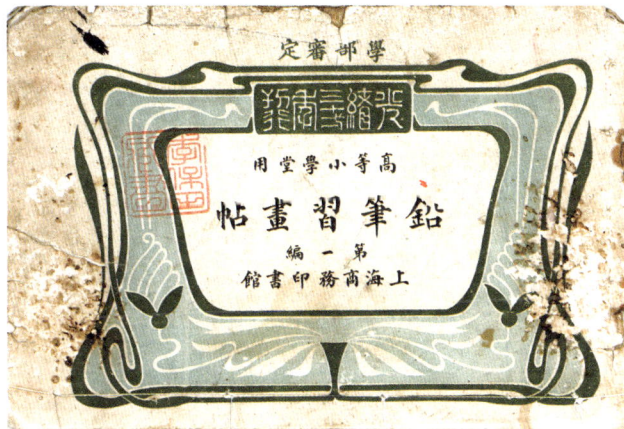

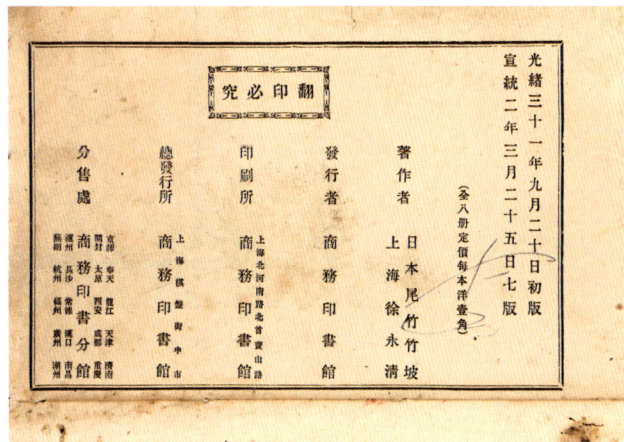

352 │ 书名：篆学教科书
　　　著者：董金南 / 编辑　会文学社 / 编译
　　　出版印行：会文书局 / 印刷　会文堂政记 / 发行
　　　出版时间：光绪三十二年（1906）初版
　　　册数：二

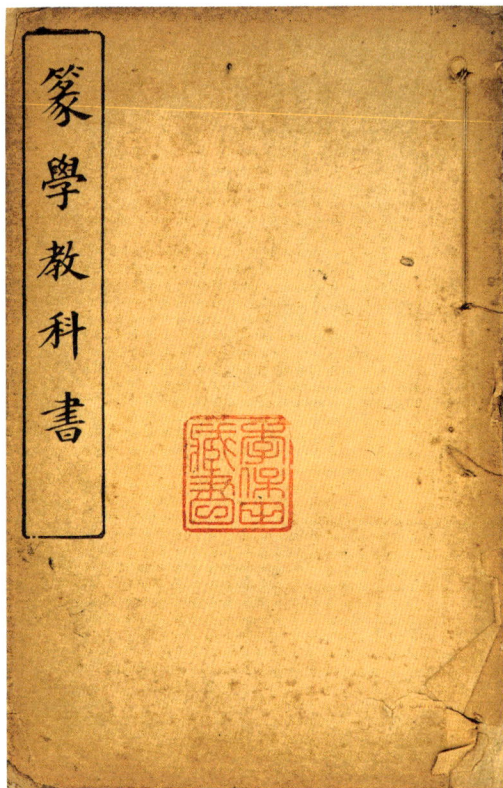

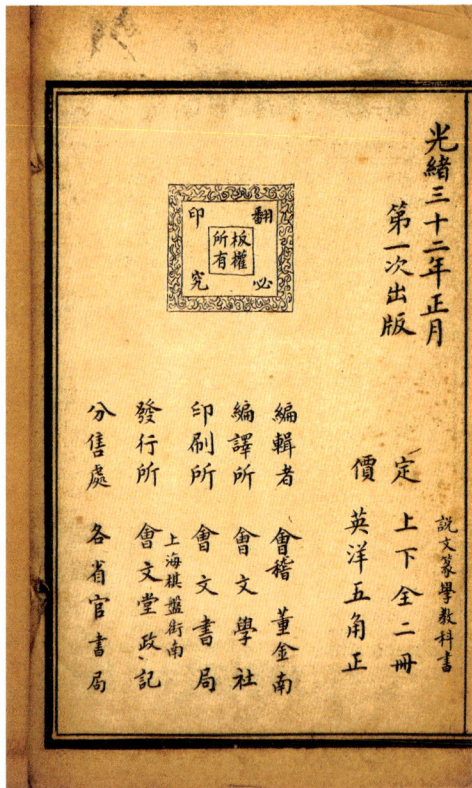

书名：毛笔习画范本（最新出版初等小学校学生用）

著者：商务印书馆编译所 / 编辑

出版印行：商务印书馆

出版时间：丙午年（1906）初版　民国二年（1913）3版

册数：八

书名：中学铅笔习画帖

著者：商务印书馆 / 编辑

出版印行：商务印书馆

出版时间：光绪三十二年（1906）初版　光绪三十三年（1907）5版

册数：不详

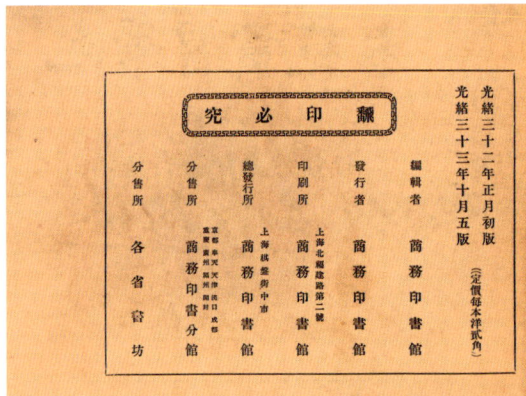

书名：铅笔画范本（中学堂及师范学堂用）
著者：村井熊之辅 / 画　商务印书馆 / 编辑
出版印行：商务印书馆
出版时间：光绪三十三年（1907）初版　宣统元年（1909）再版
册数：七

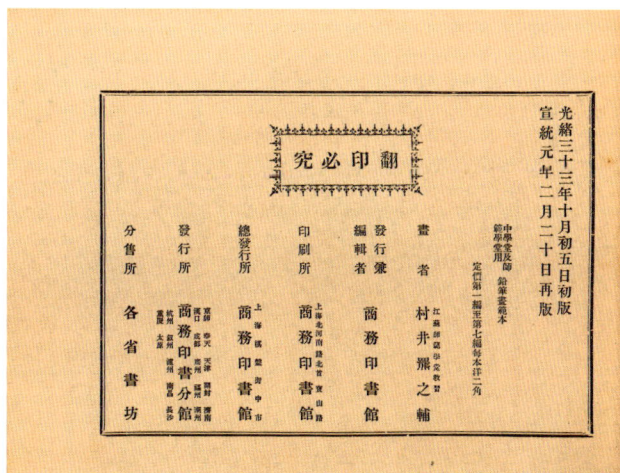

356　书名：中学图画教科书

　　　著者：丁宝书、吴谦 / 编著

　　　出版印行：文明书局

　　　出版时间：光绪三十三年（1907）

　　　册数：不详

书名：水彩画范本（中学堂及师范学堂用）

著者：村井鼐之辅 / 画　商务印书馆 / 编辑

出版印行：商务印书馆

出版时间：光绪三十三年（1907）初版　宣统二年（1910）3版

册数：不详

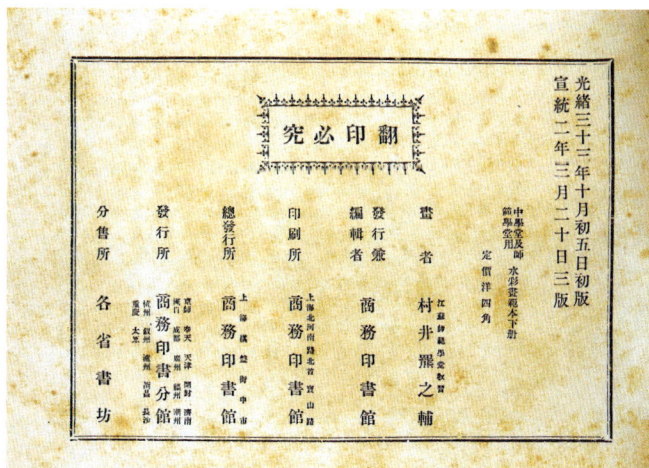

358 | 书名：初等小学图画教科书
著者：学部编译图书局 / 编纂
出版印行：学部图书局售书处
出版时间：光绪三十四年（1908）
册数：不详

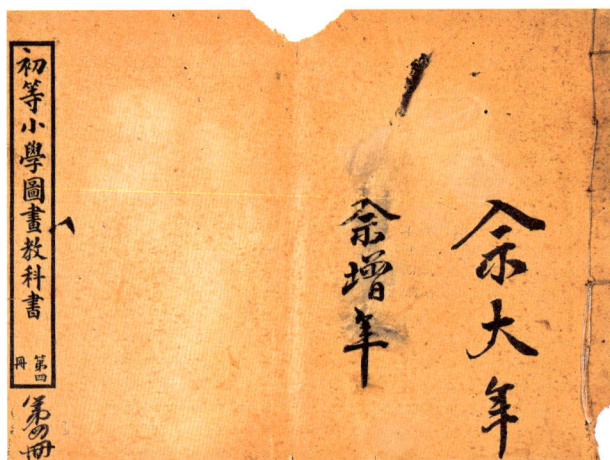

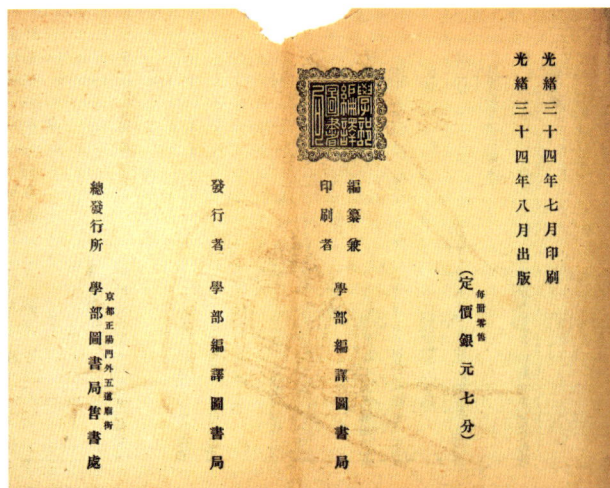

书名：学部第一次编纂初等小学图画教科书

著者：不详

出版印行：学部图书局

出版时间：1909年

册数：一

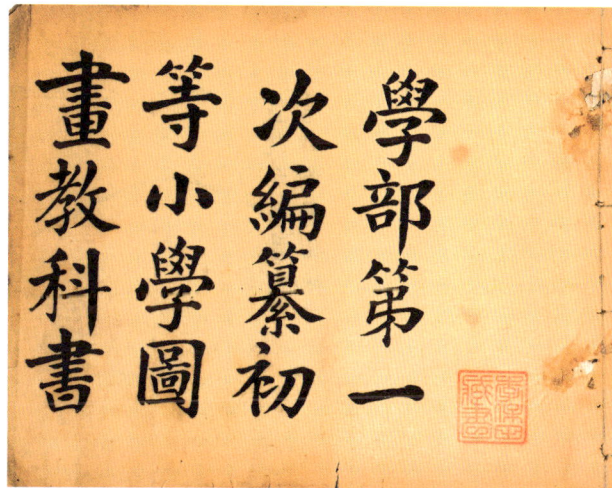

學部第一次編纂初等小學圖畫教科書

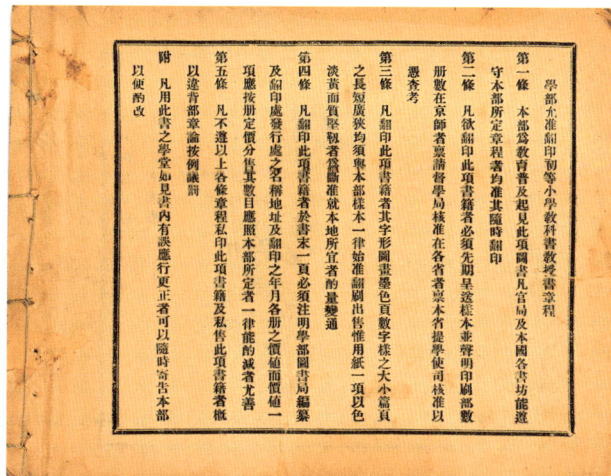

學部允准翻印初等小學教科書繕校售書章程

第一條　本部爲教育普及起見此項圖書凡官局及本國各書坊能遵守本部所定章程者均准其隨時翻印

第二條　凡欲翻印此項書籍者必須先期呈送樣本并聲明印刷部數冊數在京師者禀請督學局核准在各省者禀本省提學使司核准以憑查考

第三條　凡翻印此項書籍者其字形圖畫墨色頁數字樣之大小篇頁之長短廣狹均須與本部樣本一律始准翻印出售惟用紙一項以色淡黃而質堅韌者爲合宜准就本地所宜者的量變通

第四條　凡翻印此項書籍者於書末一頁必須注明學部圖書局編纂及翻印處發行處之名稱地址及翻印之年月各册之價值面價值一項應按册定價分售其數目應照本部所定者一律能的減售此項書籍者尤善

第五條　凡不遵以上各條章程私印此項書籍及私售此項書籍者概以違背部章論按例議罰

附　凡用此書之學堂如見書內有誤應行更正者的可以隨時寄告本部以便酌改

书名：初等小学堂习字帖
著者：见备注
出版印行：商务印书馆
出版时间：己酉年（1909）初版
册数：十
备注：第九、十册署何维朴、严复，其他八册不详。

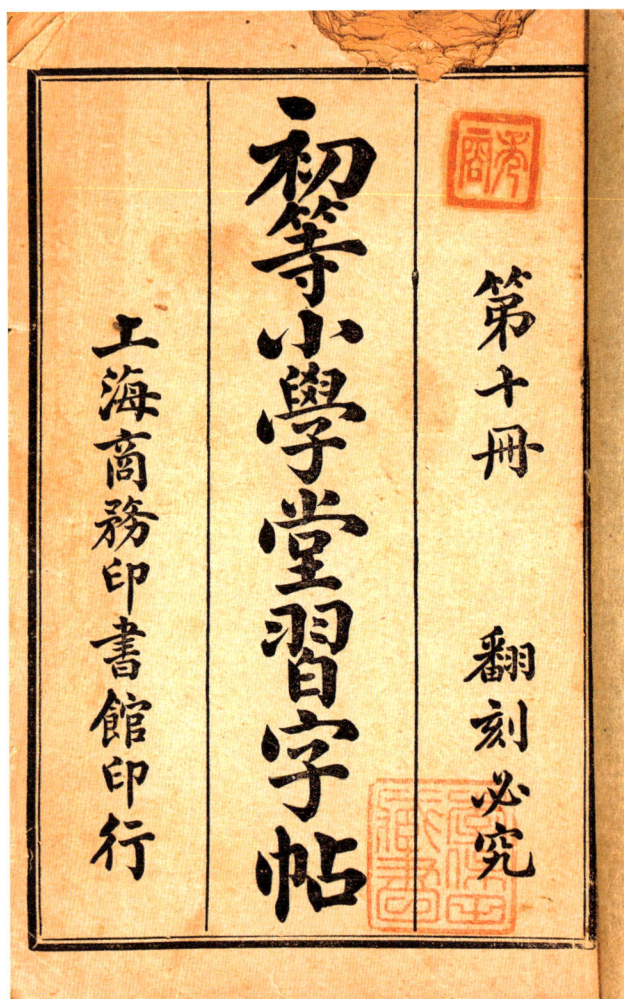

书名：高等小学毛笔习画帖

著者：不详

出版印行：点石斋

出版时间：不详

册数：不详

362　书名：梅花馆高等小学新习画帖

著者：不详

出版印行：梅花馆

出版时间：不详

册数：不详

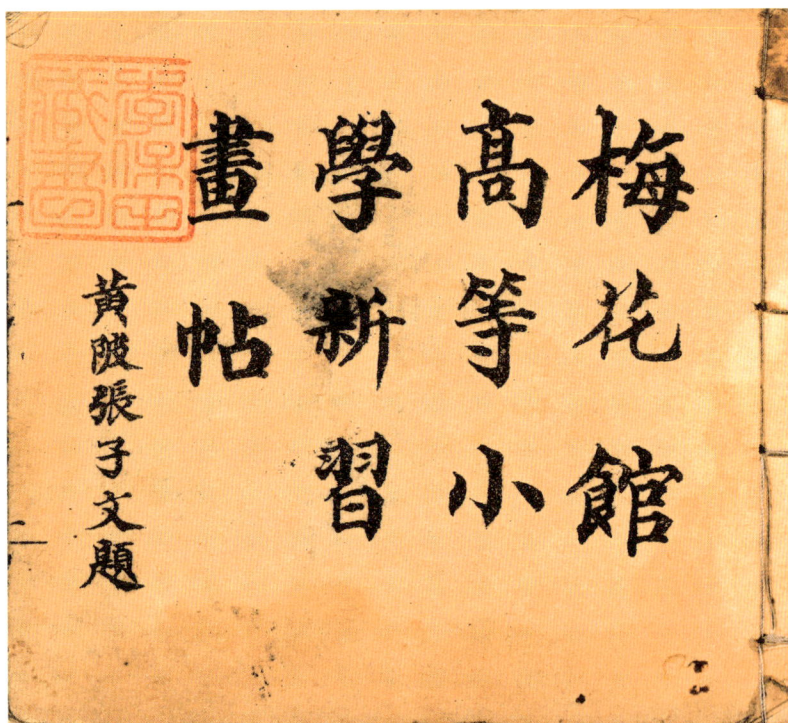

书名：铅笔习画帖（高等小学堂学生用）
著者：不详
出版印行：文明书局
出版时间：不详
册数：不详

364 书名：初等小学堂习字范本

著者：不详

出版印行：时中书局

出版时间：不详

册数：不详

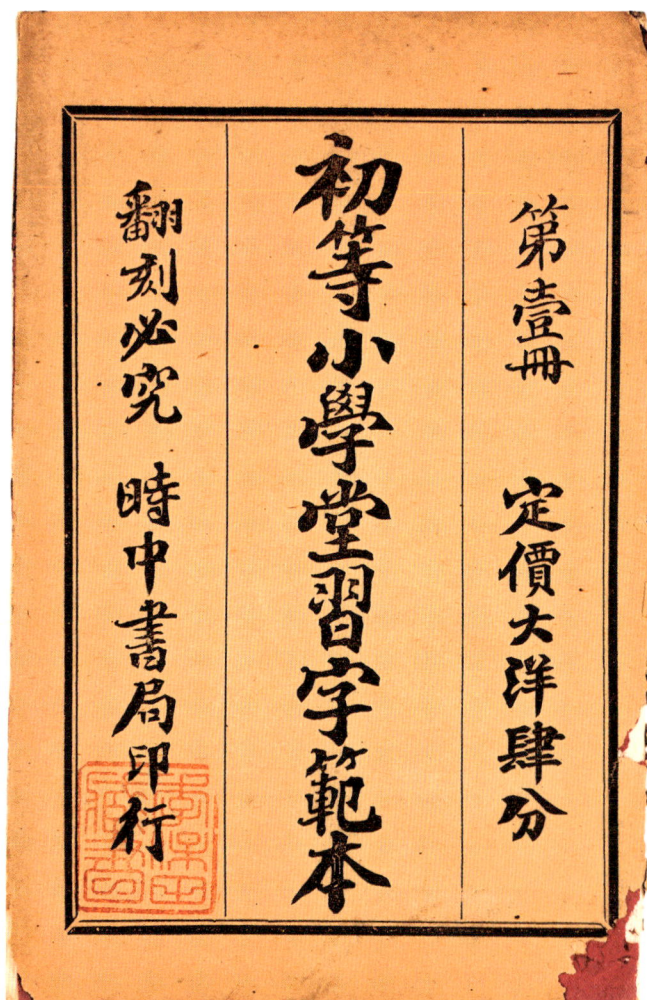

20 其他教材

书名：蒙学体操教科书

著者：[日]坪井玄道、[日]田中盛业／原著　丁锦／译著

出版印行：文明书局

出版时间：光绪二十九年（1903）初版　光绪三十年（1904）3版

册数：不详

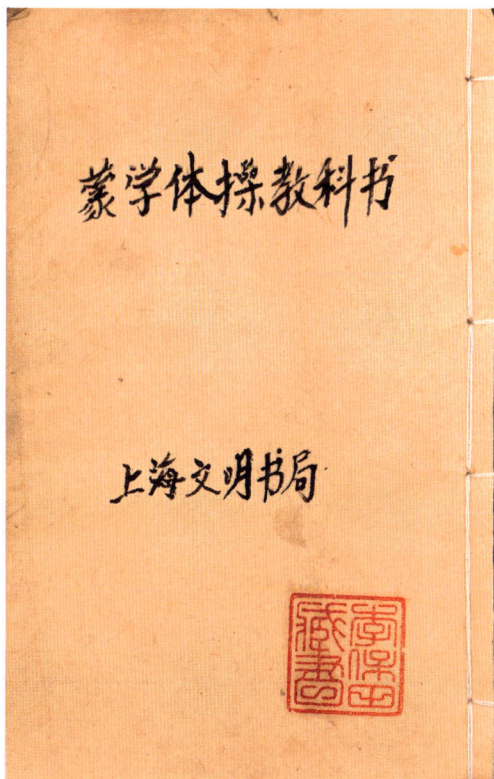

蒙学体操教科书

上海文明书局

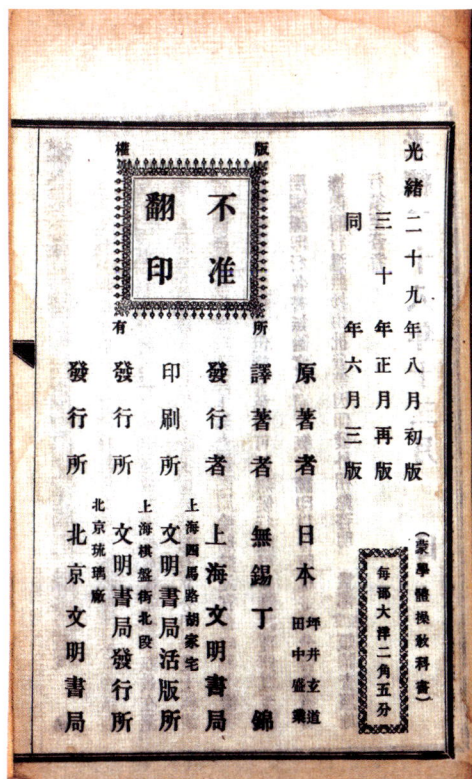

（蒙學體操教科書）

每部大洋二角五分

光緒二十九年八月初版

同　三十年六月三版

版權所有　不准翻印

原著者　日本　坪井玄道　田中盛業

譯著者　無錫丁錦

發行者　上海文明書局

印刷所　上海棋盤街北段　文明書局活版所

發行所　上海文明書局發行所

發行所　北京琉璃廠　北京文明書局

368　书名：最新中学教科书矿物学
　　　著者：亚泉学馆／编译
　　　出版印行：商务印书馆
　　　出版时间：光绪三十二年（1906）初版　宣统元年（1909）6版
　　　册数：一

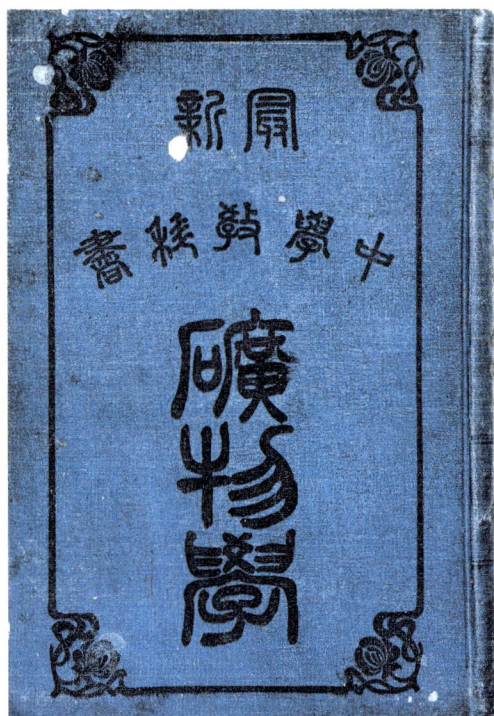

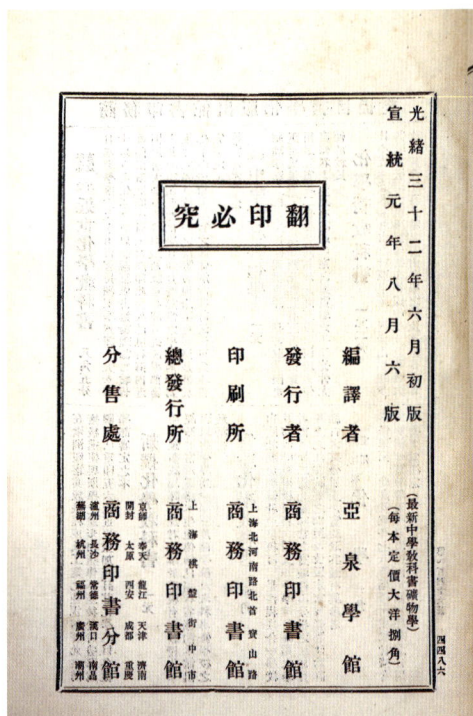

翻印必究

光緒三十一年六月初版
宣統元年八月六版

（最新中學教科書礦物學）
（每本定價大洋捌角）

編譯者　亞泉學館

發行者　商務印書館

印刷所　上海北河南路北首　寶山路
　　　　商務印書館

總發行所　上海棋盤街中市
　　　　商務印書館

分售處　商務印書館分館
京師　奉天　龍江　天津　濟南
開封　太原　西安　成都　重慶
漢口　長沙　常德　潮州
杭州　蕪湖　南昌　福州

四四八六

书名：最新中学教科书水学
著者：伍光建 / 编辑
出版印行：商务印书馆
出版时间：光绪三十二年（1906）首版　光绪三十二年（1906）2版
册数：一

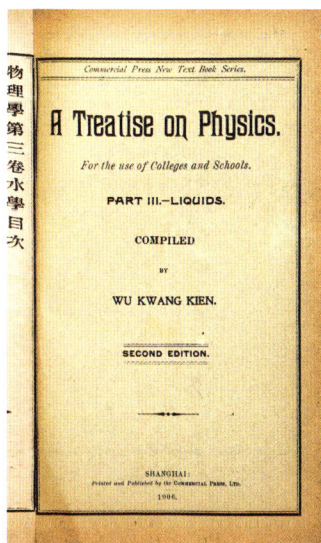

Commercial Press New Text Book Series.

A Treatise on Physics.

For the use of Colleges and Schools.

PART III.—LIQUIDS.

COMPILED

BY

WU KWANG KIEN.

SECOND EDITION.

SHANGHAI:
Printed and Published by the COMMERCIAL PRESS, LTD.
1906.

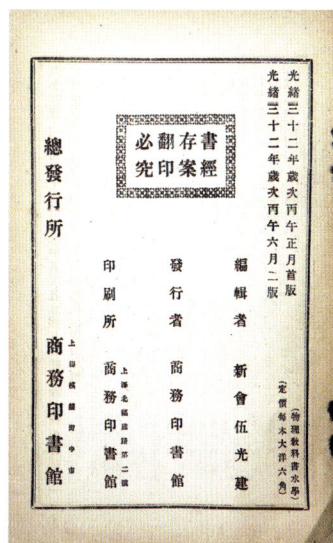

光緒三十二年歲次丙午正月首版
光緒三十二年歲次丙午六月二版

（物理教科書水學）
（定價每本大洋六角）

編輯者　新會伍光建

發行者　商務印書館

印刷所　商務印書館
上海北福建路北二號

總發行所　商務印書館

書存翻必
經印案究

370

书名：初等小学堂五年完全科手工教授书
著者：学部编译图书局 / 编译
出版印行：学部编译图书局
出版时间：宣统元年（1909）
册数：不详

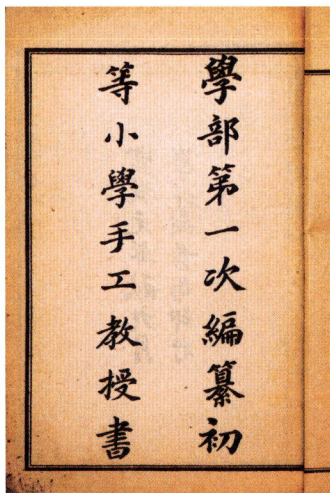
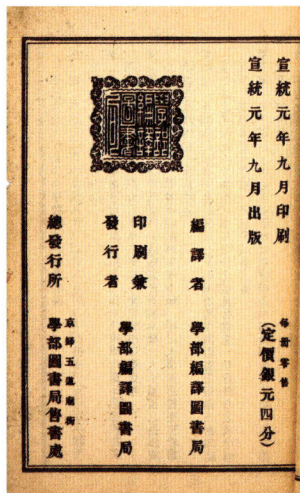

书名：国粹教科书
著者：廉泉／编辑
出版印行：文明书局
出版时间：不详
册数：不详

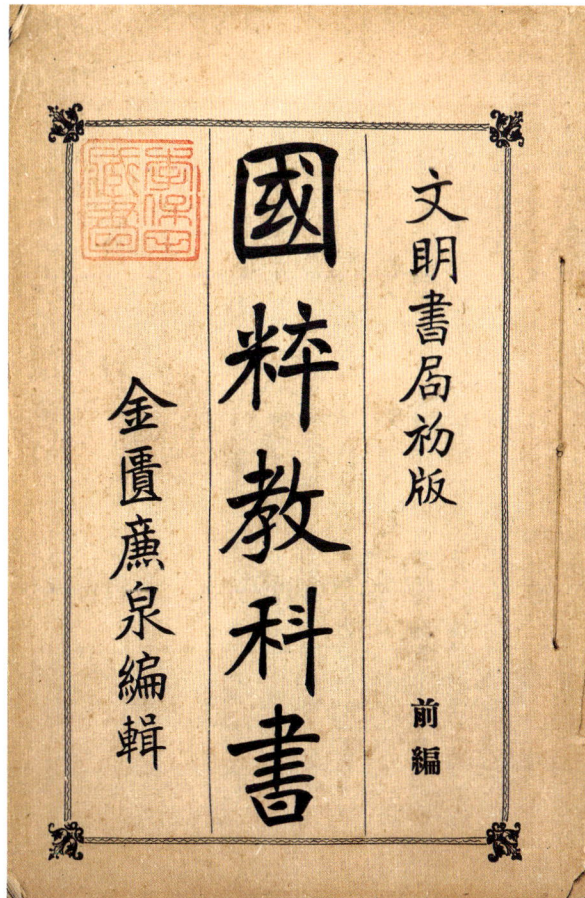

國粹教科書

文明書局初版

前編

金匱廉泉編輯

372 书名：高等小学游戏法教科书

著者：不详

出版印行：不详

出版时间：不详

册数：不详

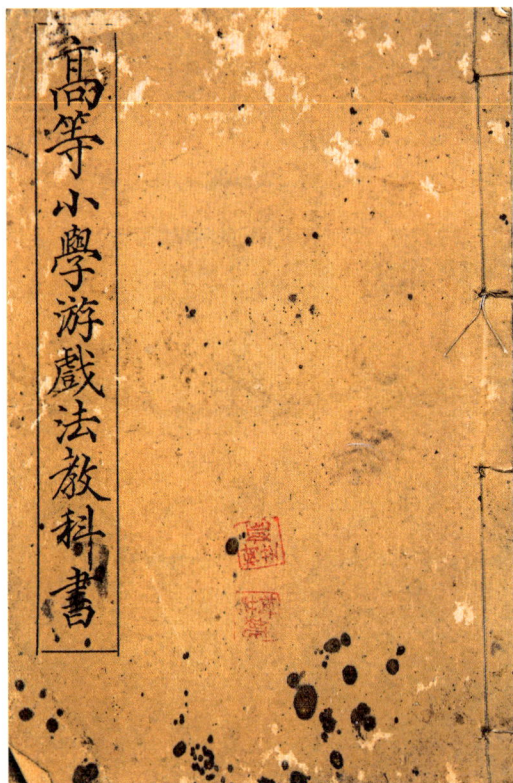

书名：初等植物学教科书

著者：不详

出版印行：文明编译书局

出版时间：不详

册数：不详

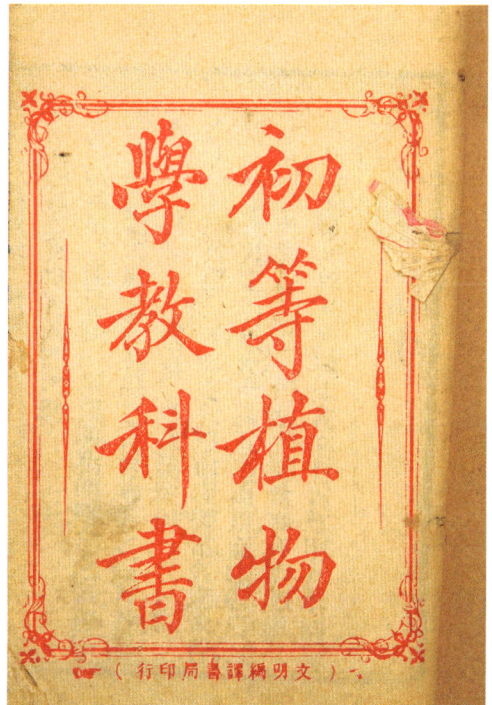

374　书名：清文评注读本
著者：不详
出版印行：文明书局
出版时间：不详
册数：四

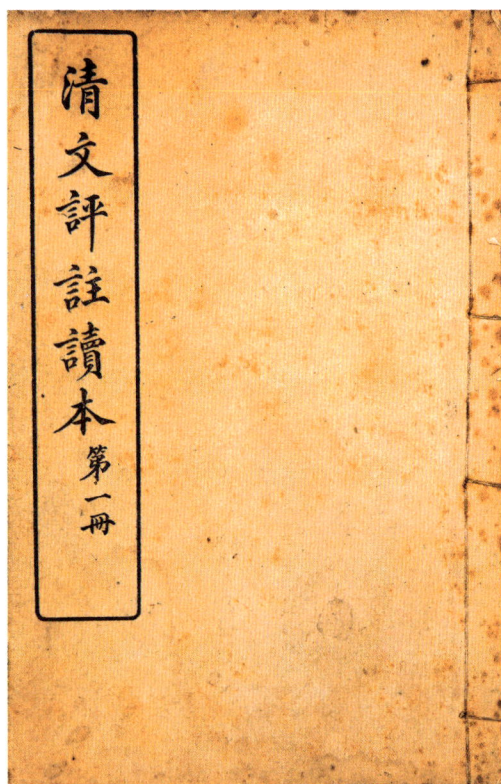

清文評註讀本 第一冊

上海文明書局發行

超前絕後之選本

歷代文評註讀本

高小學校！師範學校！大中學校！文學專修科！均宜用此讀本！

三國秦漢 文評註讀本 二冊 價洋四角
南北朝文評註讀本 二冊 價洋五角
唐文評註讀本 二冊 價洋四角
宋元明文評註讀本 二冊 價洋五角
清文評註讀本 四冊 價洋八角

特色
一 評註精當　■體格完備　■淺深合度
一 音釋詳尤　■與味醲郁　■價值極廉

各省中華書局代售（7元）

书名：训蒙趣味新书

著者：不详

出版印行：不详

出版时间：不详

册数：不详

西学启蒙类教材

① 西学直译类教材

以下各种"须知"教材，是英国传教士傅兰雅将西方自然科学直接翻译刊行，并在我国直接传播，但不具现代教科书要素之类课本

书名：地志须知

著者:［英］傅兰雅 / 著

出版印行：不详

出版时间：光绪八年（1882）

册数：不详

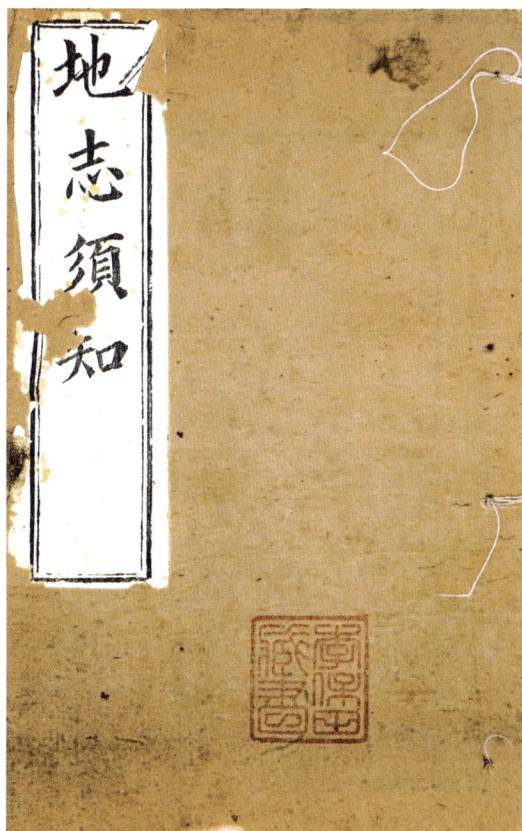

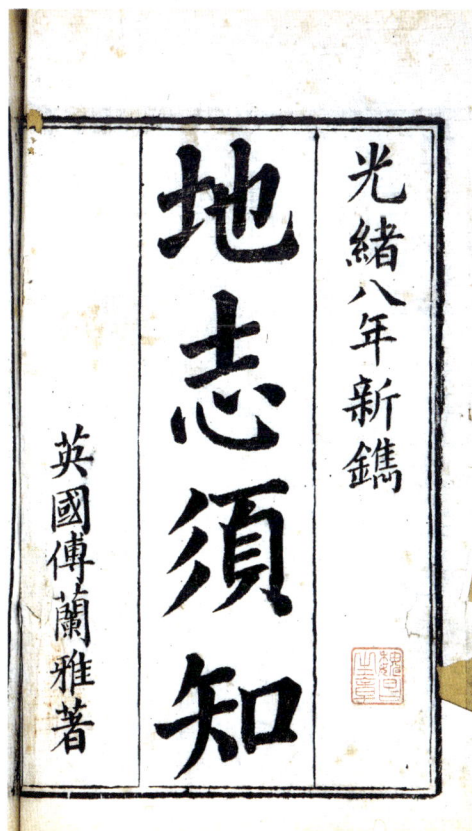

382　书名：地学须知

著者：［英］傅兰雅／著

出版印行：不详

出版时间：光绪九年（1883）

册数：不详

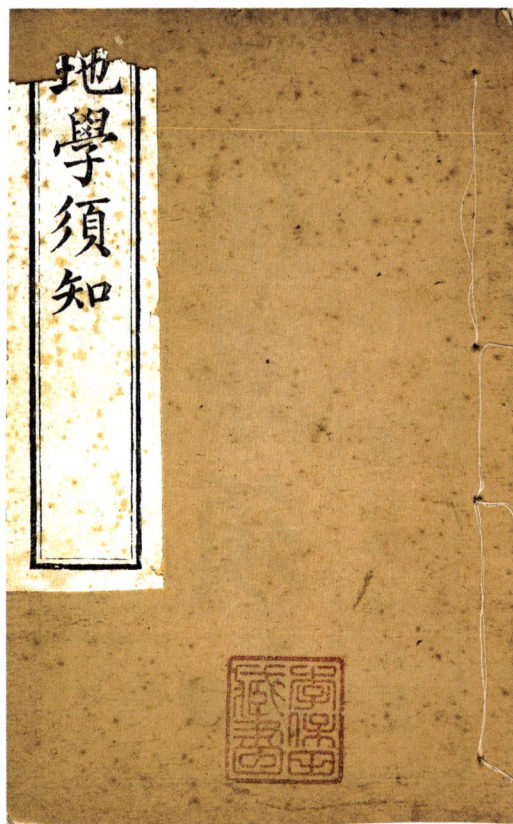

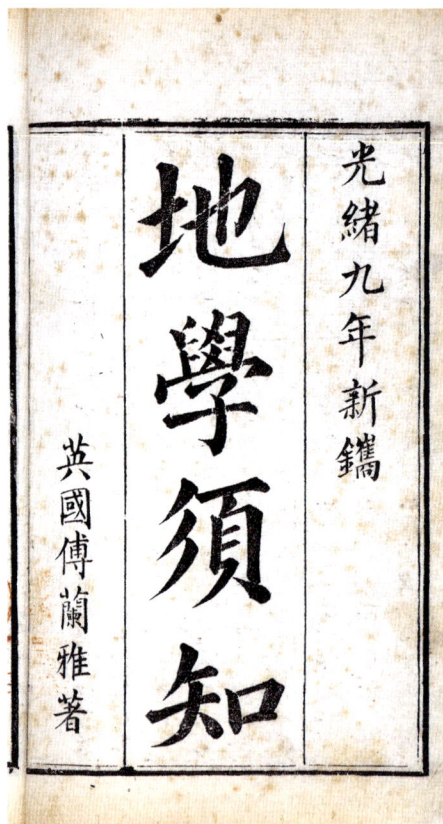

书名：地理须知

著者：［英］傅兰雅 / 著

出版印行：不详

出版时间：光绪九年（1883）

册数：不详

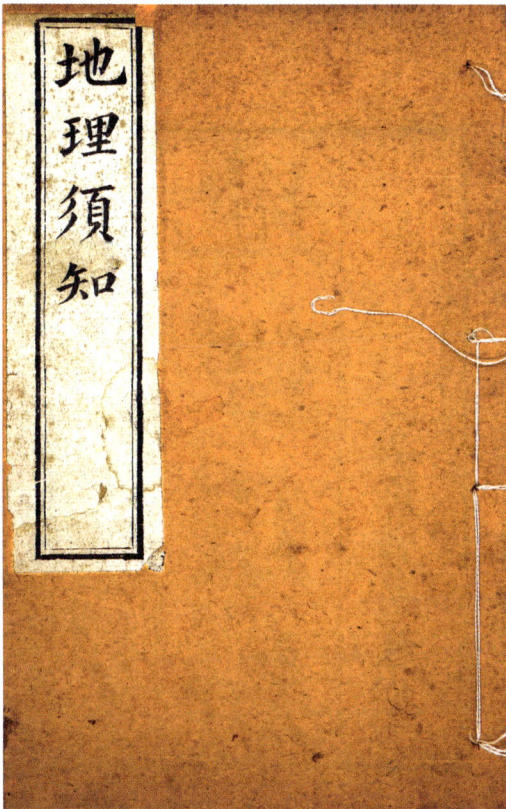

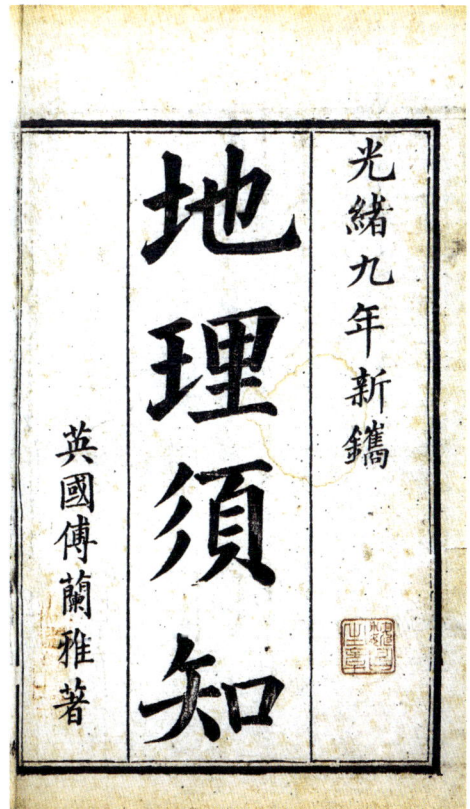

384 书名：气学须知

著者：[英]傅兰雅 / 著

出版印行：不详

出版时间：光绪十二年（1886）

册数：不详

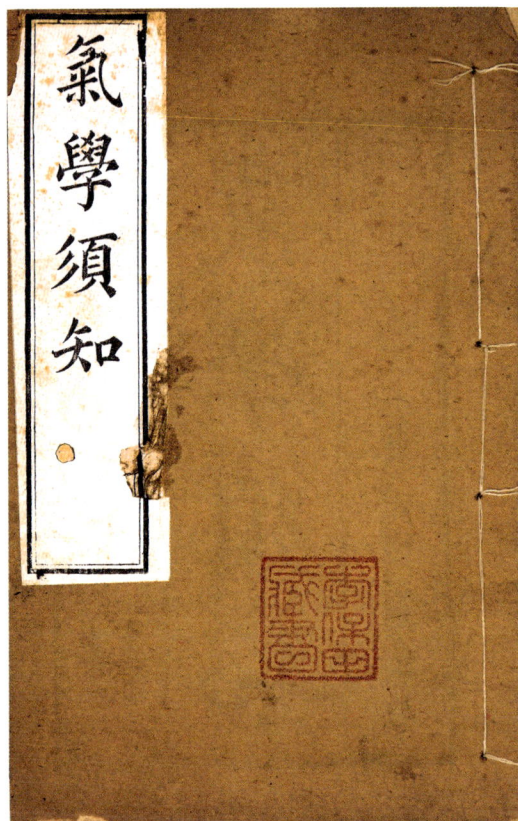

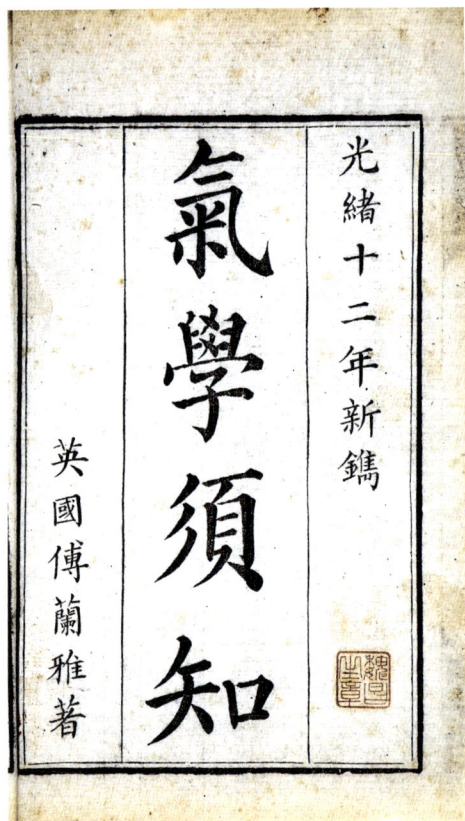

书名：声学须知

著者：[英]傅兰雅 / 著

出版印行：不详

出版时间：光绪十三年（1887）

册数：不详

书名：算法须知

著者：［英］傅兰雅／著

出版印行：不详

出版时间：光绪十三年（1887）

册数：不详

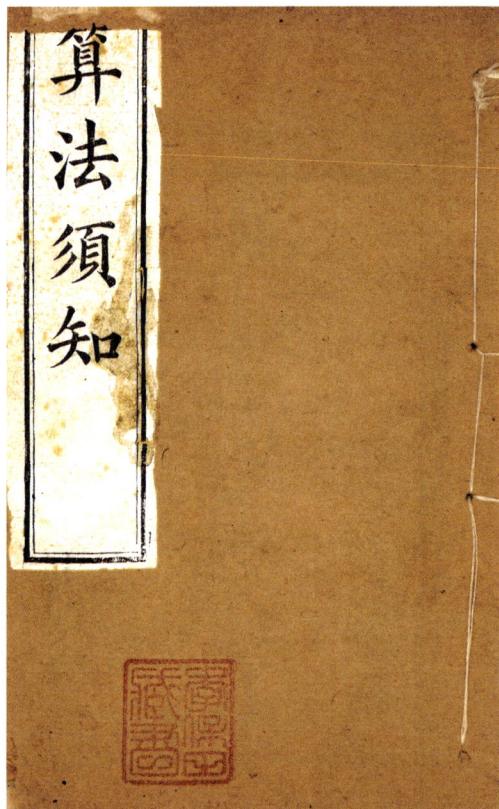

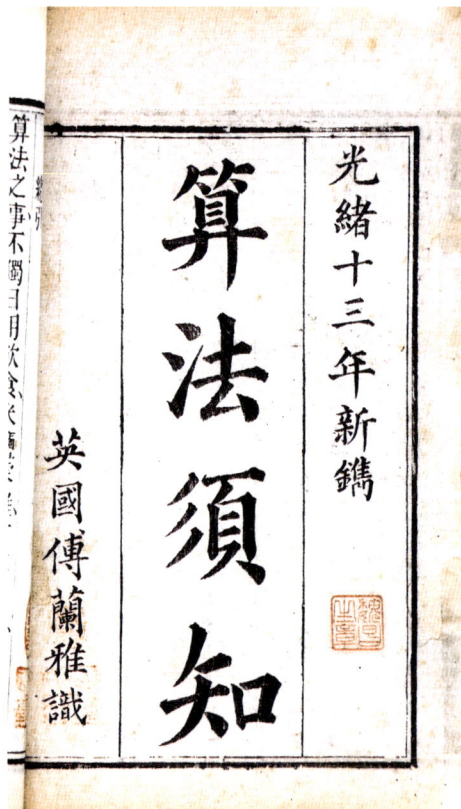

书名：量法须知

著者：［英］傅兰雅 / 著

出版印行：不详

出版时间：光绪十三年（1887）

册数：不详

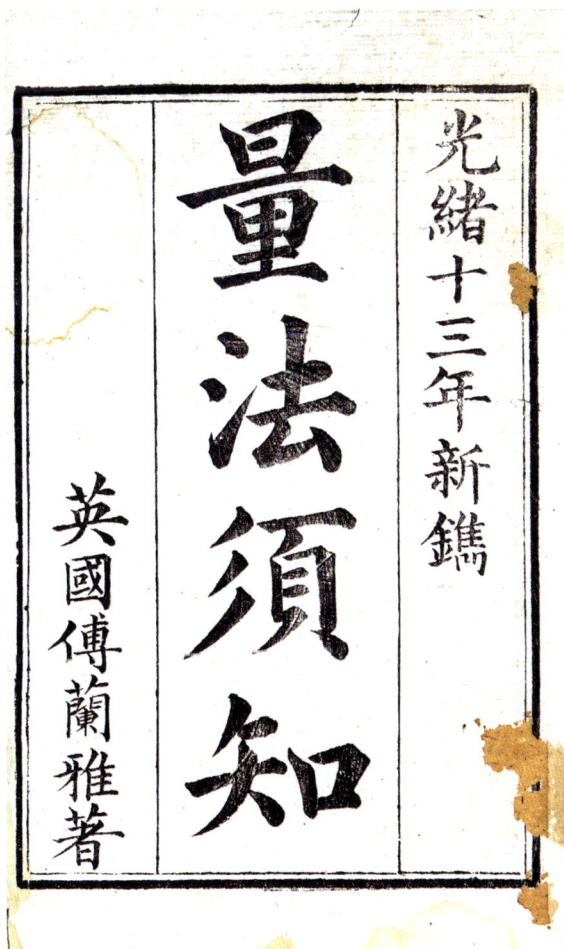

光緒十三年新鐫

量法須知

英國傅蘭雅著

388 书名：天文须知

著者：[英]傅兰雅 / 著

出版印行：不详

出版时间：光绪十三年（1887）

册数：不详

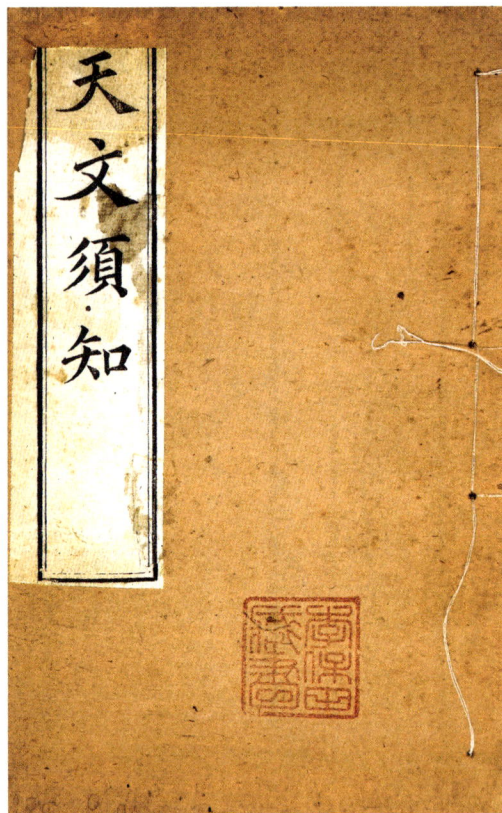

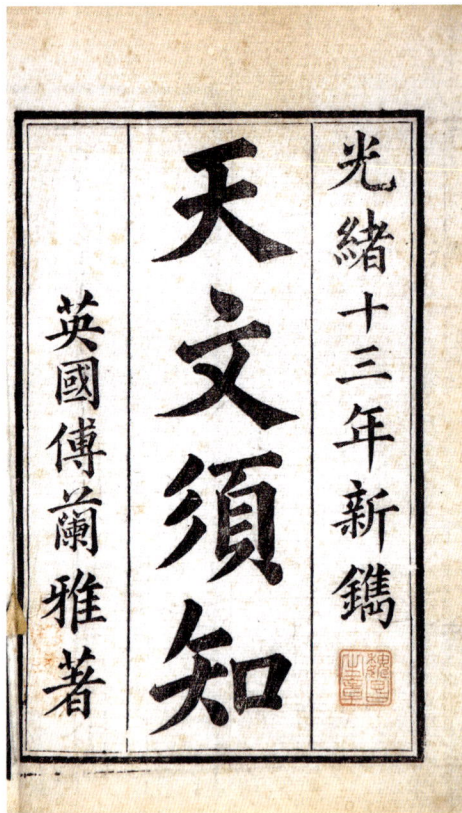

光緒十三年新鐫

天文須知

英國傅蘭雅著

书名：代数须知

著者：[英]傅兰雅/著

出版印行：时宜书室

出版时间：光绪十三年（1887）

册数：不详

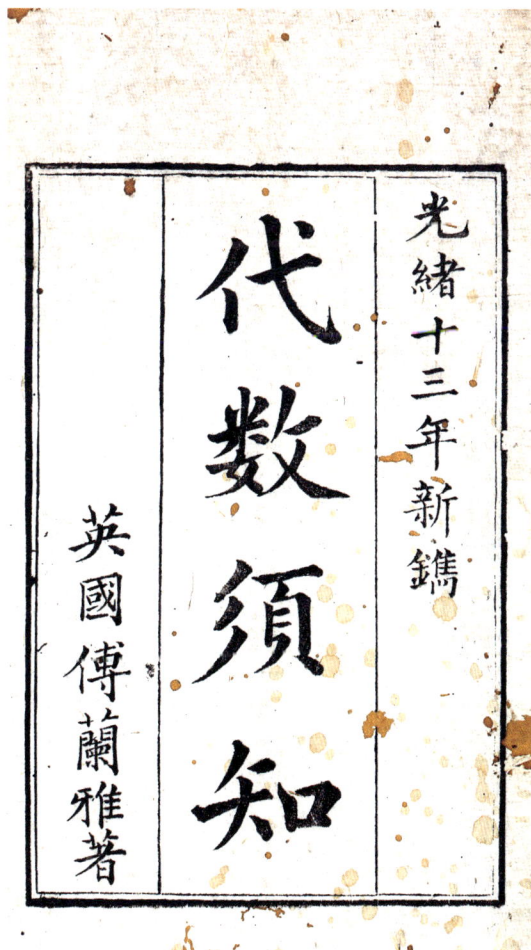

390　书名：三角须知

著者：［英］傅兰雅／著

出版印行：不详

出版时间：光绪十四年（1888）

册数：不详

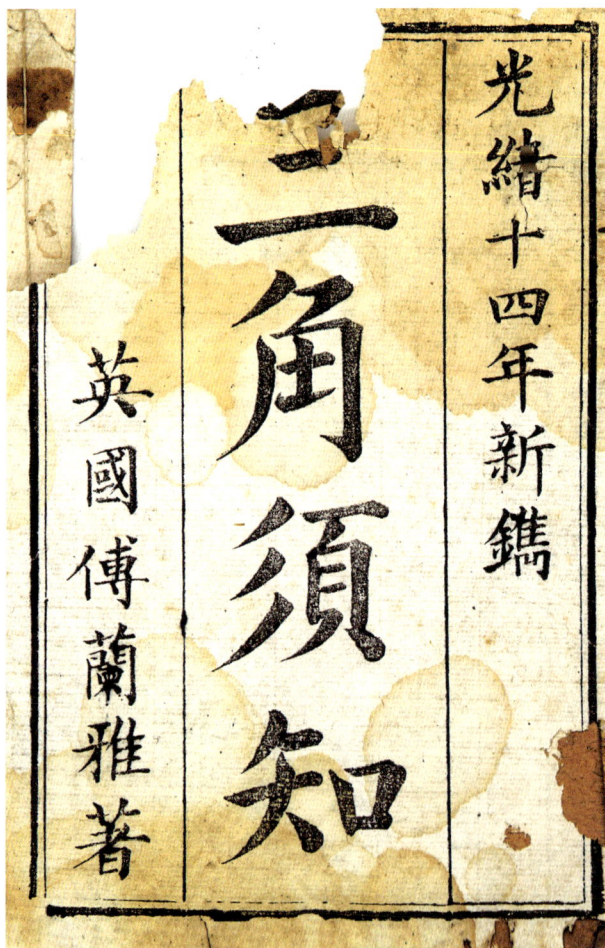

书名：微积须知

著者:［英］傅兰雅 / 著

出版印行：不详

出版时间：光绪十四年（1888）

册数：不详

392 书名：画器须知

著者：［英］傅兰雅 / 著

出版印行：不详

出版时间：光绪十四年（1888）

册数：不详

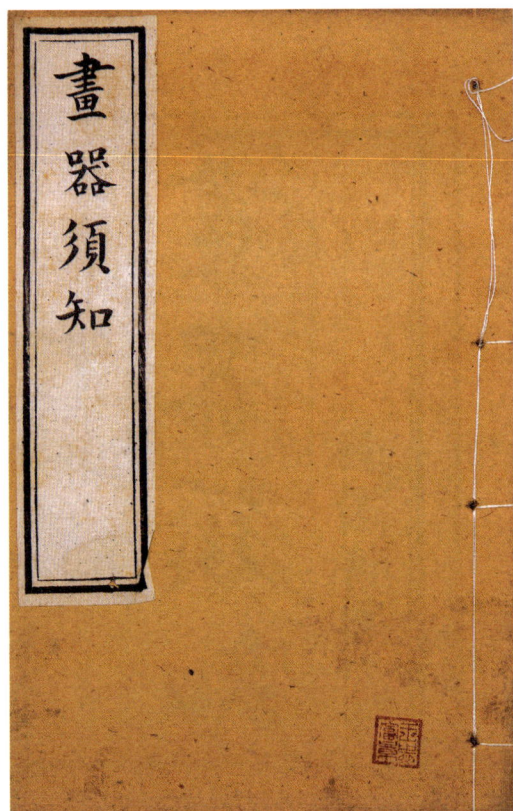

书名：重学须知

著者：[英]傅兰雅 / 著

出版印行：不详

出版时间：光绪十五年（1889）

册数：不详

394 书名：富国须知

著者：［英］傅兰雅／著

出版印行：不详

出版时间：光绪十八年（1892）

册数：不详

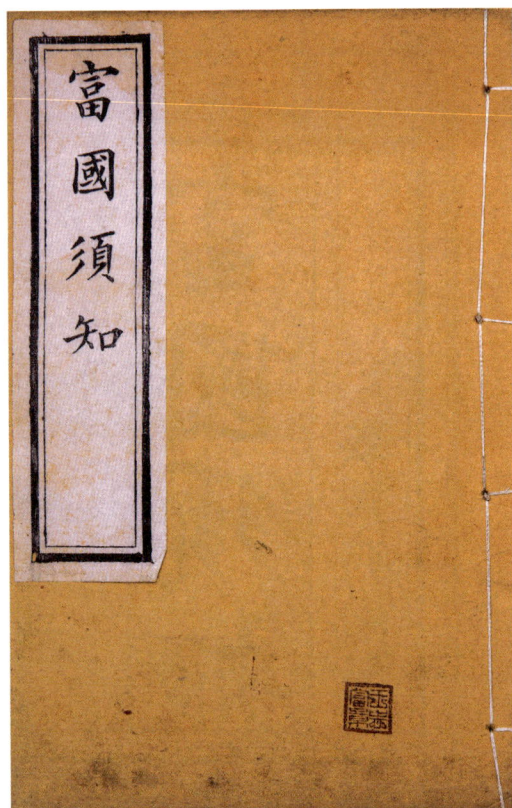

书名：曲线须知

著者：[英]傅兰雅 / 著

出版印行：时宜书室

出版时间：光绪二十三年（1897）

册数：不详

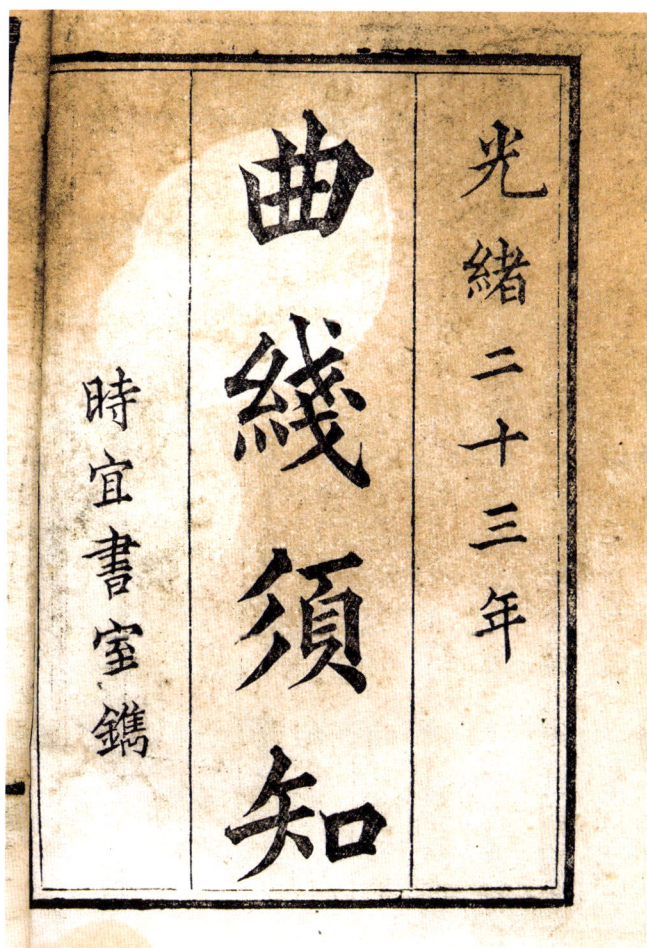

396 | 书名：矿学须知
著者：[英]傅兰雅 / 著
出版印行：不详
出版时间：不详
册数：不详

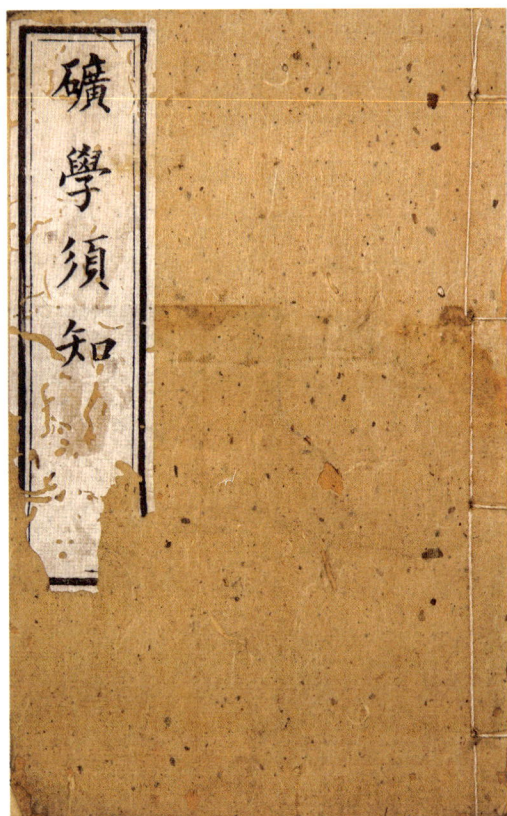

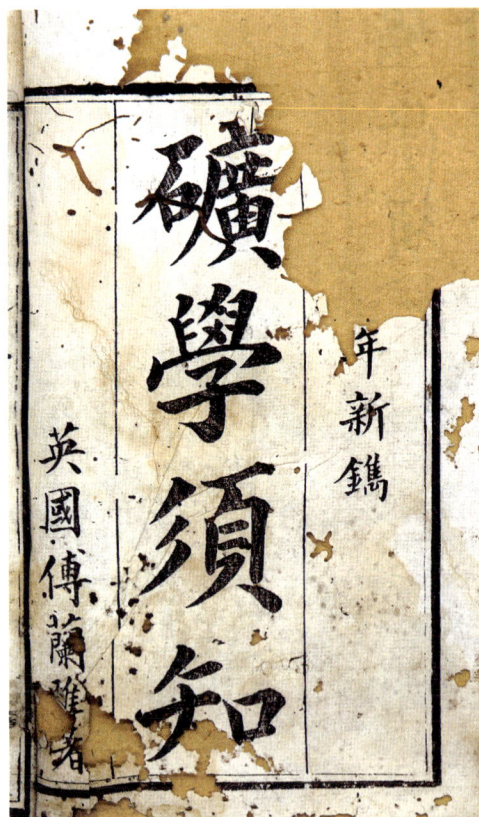

书名：化学须知
著者：不详
出版印行：不详
出版时间：不详
册数：不详

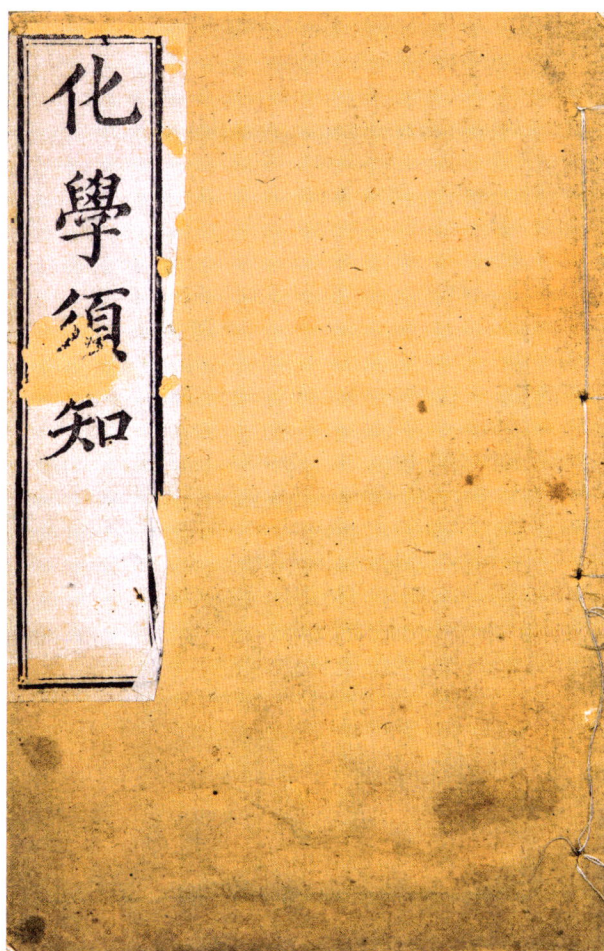

化學須知

② 书院课艺类教材

书名：西学大成

著者：不详

出版印行：上海醉六堂书坊

出版时间：光绪乙未年（1895）

册数：不详

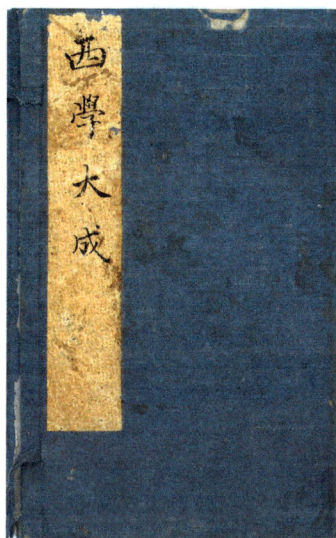

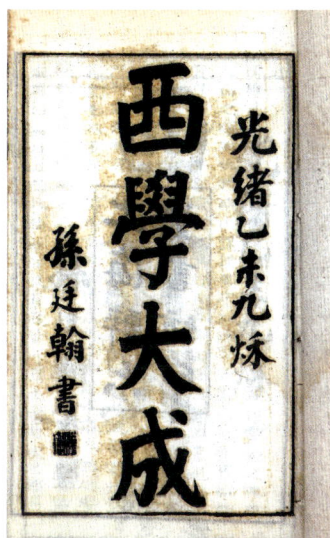

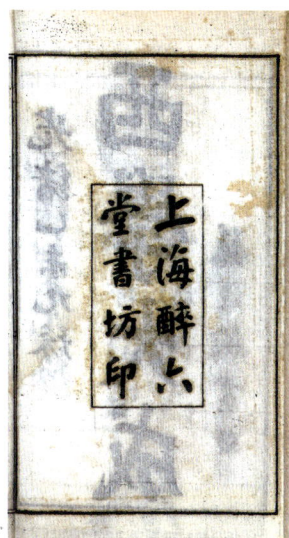

402　书名：格致启蒙

　　著者：不详

　　出版印行：不详

　　出版时间：光绪丙申年（1896）

　　册数：不详

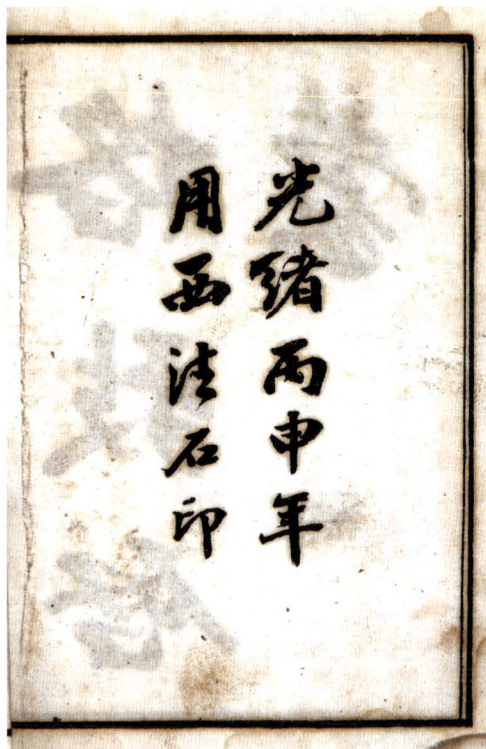

书名：格致书院课艺

著者：不详

出版印行：上海书局

出版时间：光绪丁酉年（1897）

册数：不详

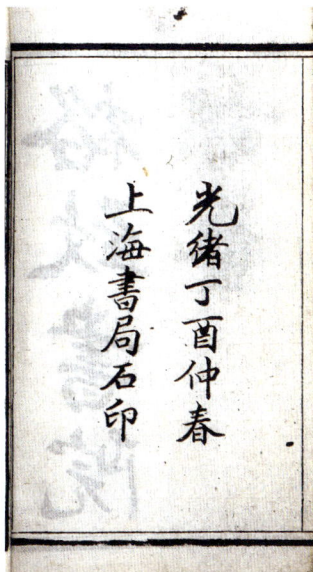

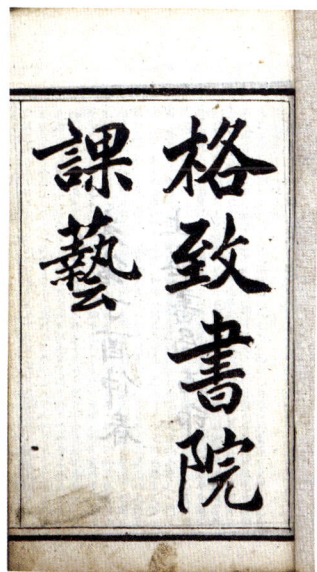

404　书名：格致书院课艺

　　　著者：不详

　　　出版印行：上海图书集成印书局

　　　出版时间：光绪二十四年（1898）

　　　册数：不详

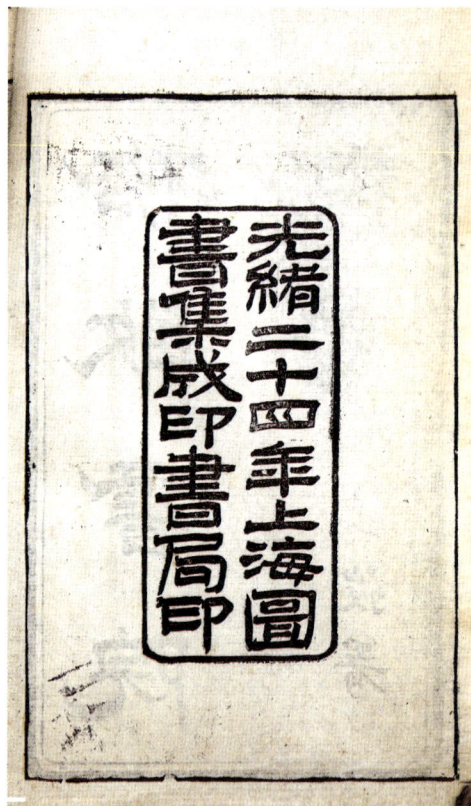

书名：江南各学堂课艺

著者：不详

出版印行：扫叶山房

出版时间：宣统三年（1911）

册数：不详

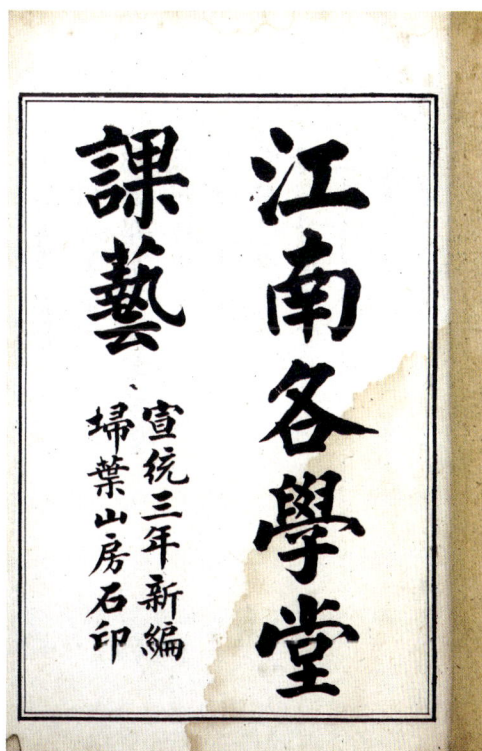

书名：西学大成·电学
著者：不详
出版印行：不详
出版时间：不详
册数：不详

书名：西学大成·史学
著者：不详
出版印行：不详
出版时间：不详
册数：不详

书名：西学大成·天学
著者：不详
出版印行：不详
出版时间：不详
册数：不详

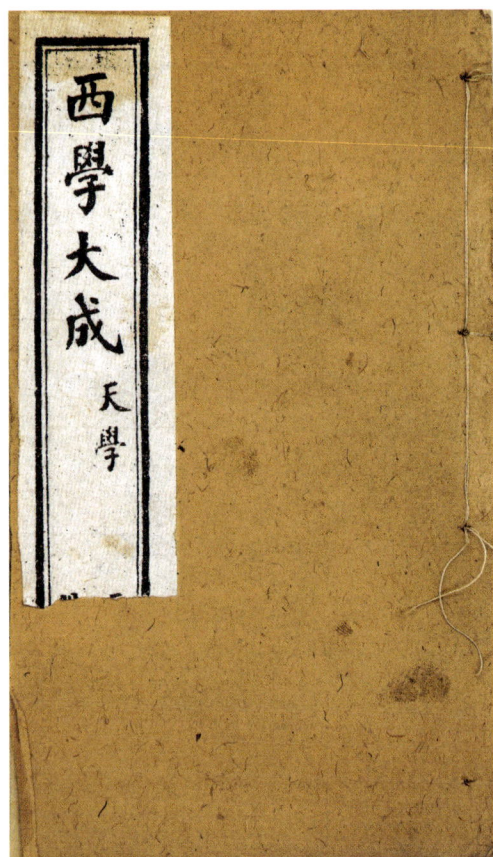

书名：西学大成·地学
著者：不详
出版印行：不详
出版时间：不详
册数：不详

书名：西学大成·化学

著者：不详

出版印行：不详

出版时间：不详

册数：不详

书名：西学大成·公法学
著者：不详
出版印行：不详
出版时间：不详
册数：不详

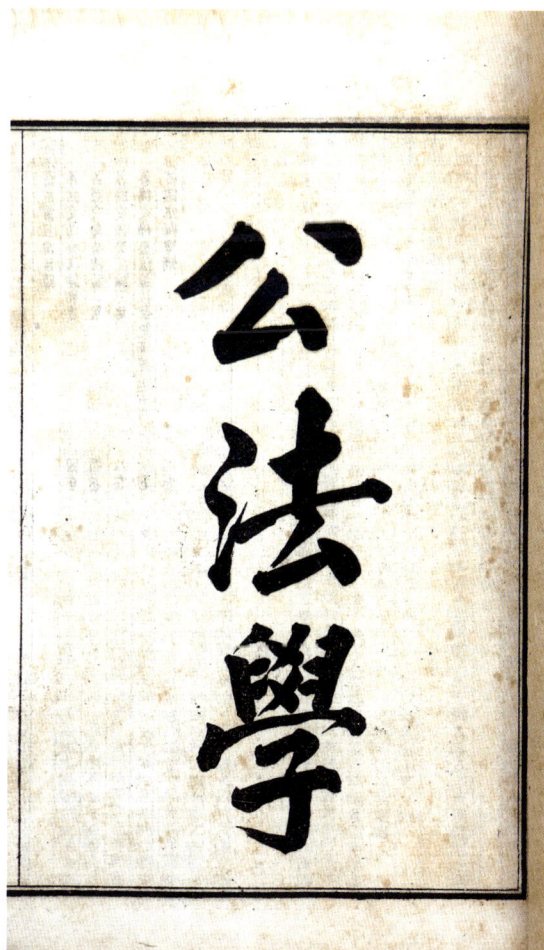

412　书名：西学大成·兵学

著者：不详

出版印行：不详

出版时间：不详

册数：不详

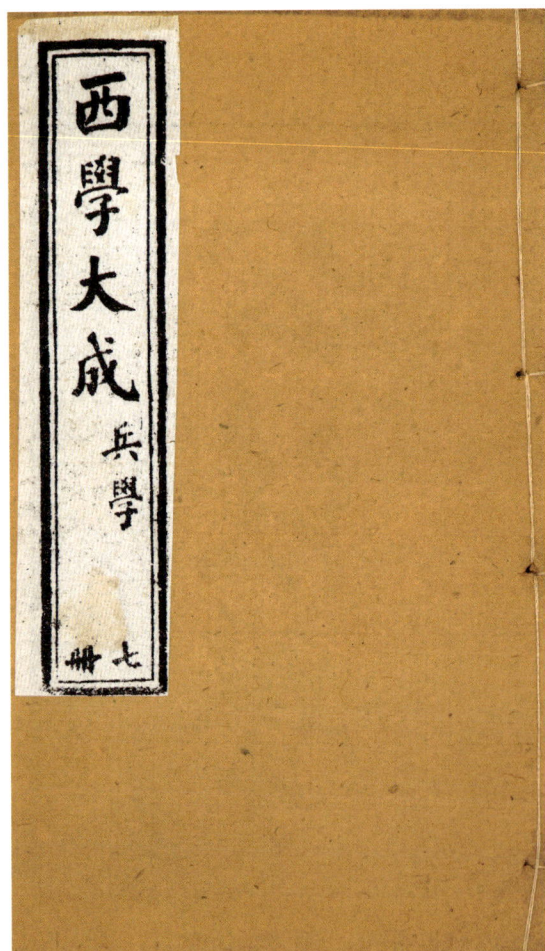

书名：西学大成·矿学、重学

著者：不详

出版印行：不详

出版时间：不详

册数：不详

413

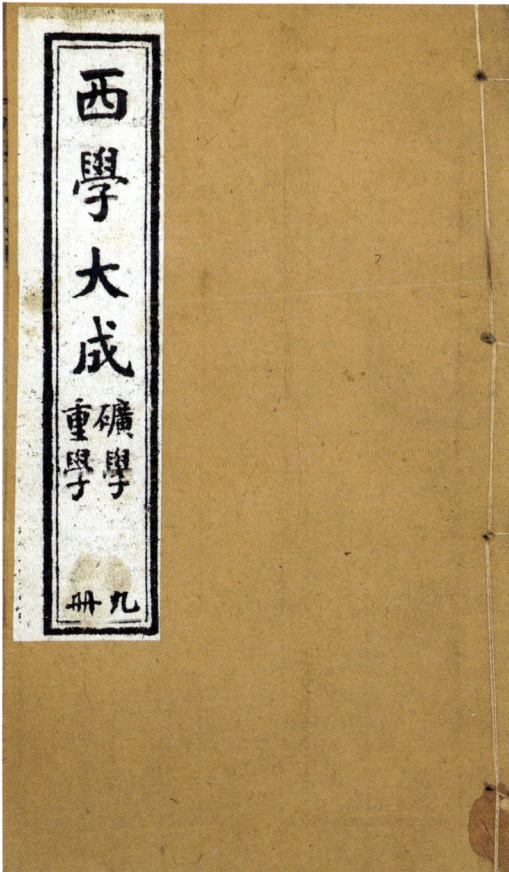

414 书名：西学大成·汽学

著者：不详

出版印行：不详

出版时间：不详

册数：不详

书名：西学格致大全

著者：不详

出版印行：香港书局

出版时间：不详

册数：不详

西學格致大全

416　书名：质学课本
著者：不详
出版印行：不详
出版时间：不详
册数：不详

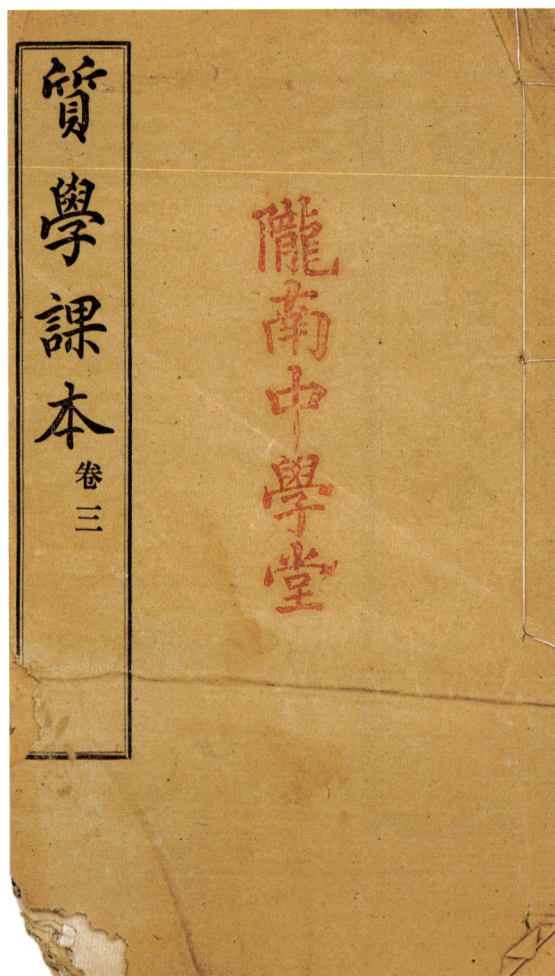

質學課本 卷三

隴南中學堂

书名：西学富强丛书
著者：俞樾（号曲园居士）
出版印行：不详
出版时间：不详
册数：不详

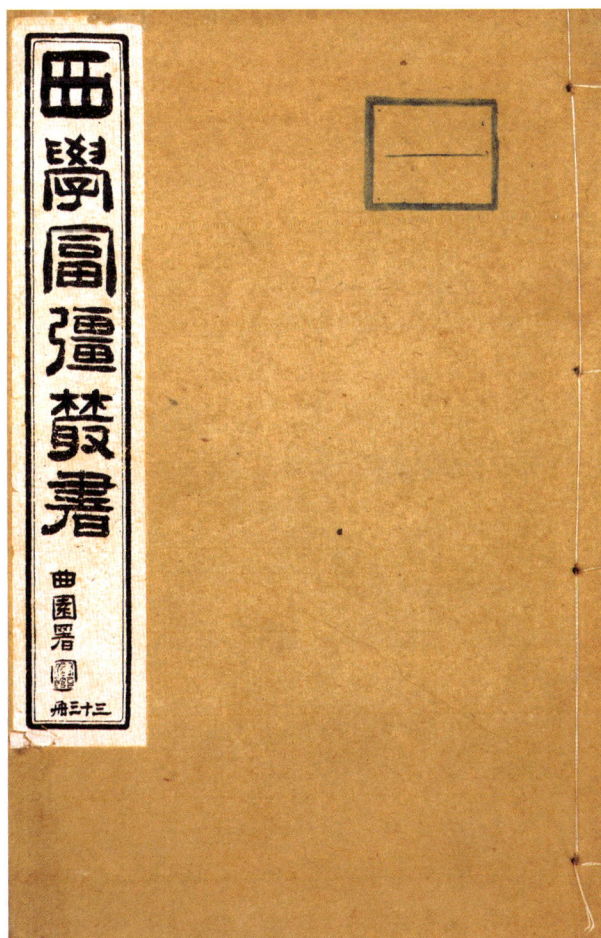